王冠楠◎著

中美经济相互依赖及其
非对称性研究

Research on Sino-U.S. Economic Interdependence
and Its Asymmetry

社会科学文献出版社
SOCIAL SCIENCES ACADEMIC PRESS (CHINA)

中国博士后科学基金资助出版
(编号: 2017M621196)

序

美国与中国之间贸易关系的开端，可以追溯到美国独立战争胜利后不久即1784年2月22日美国商船"中国皇后号"（Empress of China）从纽约起航开往中国广州的航程。这艘360吨的商船横渡大西洋，绕过好望角，经印度洋和太平洋，于同年8月23日抵达广州黄埔港。"中国皇后号"装载了40多吨皮货、人参等美国土特产，在广州受到"十三行"的欢迎。该船在4个月后返航时装载了茶叶、瓷器、丝织品、漆器、南京紫花布和福建的肉桂，其首航的成功在美国引起了轰动，来自中国的货物被抢购一空（据说连华盛顿这位国父本人也专程去购买了一只绘有飞龙图案的茶壶）。这次航行为船主带来了3万美元的利润。当时美国国会议员们兴奋地认为："对中国的贸易可能为美国开辟一条巨大的发财之路。"两年后，美国国会正式任命在"中国皇后号"负责贸易事务的Samuel Shaw（山茂召）为美国第一位驻广州领事。据史料记载，到达广州的第二艘和第三艘美国商船分别为"希望号"和"大突厥号"。不久以后，一家名为"广元行"的美国商行在珠江边的夷馆区开业。1789年和1791年，美国国会两次通过对华贸易特惠法案，由此证明了早期美中民间贸易受到了美国政府的重视。美国很快就超过法国、荷兰以及葡萄牙等国，成为仅次于英国的对华贸易第二大国（据统计，在1786~1833年这一期间，美国来华的商船达到1004艘）。从总体上看，直到中英鸦片战争之前，中美双边贸易基本上是平等互利的，是纯粹的商业关系。相比较而言，美国商人比其他列强更守法和更友善，因此更受到中国人的欢迎。在华的美资洋行生生灭灭，拆分重组，形成了以"旗昌洋行"（Russell & Co.）占主导地位（根据1829年的统计，当时该洋行占美中贸易的50%）和"同孚洋行"（Olyphant & Co.）独树一帜（该洋行是美国对华贸易商中唯一不参与鸦片贸易的洋行）的格局。1844年的中美《望厦条约》作为中美两国之间签订的第一个不平等条约，确保了美国在对华贸易上保有与其他列强均等的权利；而最惠国待遇则是该条约中最重要的内容，它使美国在当时的对华贸易中处于更有利的地位。据统计，1860年美中双边贸易总额从1845年的900万美元增长为2300万美元。到1905年，美国从中国的进口总额已经超过1亿海关两。美国成为近代以来对中国产生最大影响的三个国家之一。

在中日甲午战争之前，双边贸易是中美经济关系的主要形式。尽管当时中国对外国投资的大门已经打开，但是美国企业对华投资的规模较小，且主要是美国私人企业的投资。如在1902年仅为1750万美元（而同年英国的对华投资已经超过1.5亿美元）。此后，在"门户开放、利益均沾"以及最惠国待遇原则的促进下，美国的对华投资从第一次世界大战前的4930万美元增长为1931年的1.55亿美元（但是依然远远低于同年英国的9.63亿美元和日本的9.12亿美元）。尽管如此，中美经济关系在1927～1937年这一期间已经成为南京政府对外经济交往的重要组成部分。审视中美经济关系的过去，是为了更加看清现在和未来。

20世纪70年代初，中美两国在几乎没有任何经济、社会以及文化交往的情况下，从各自的安全战略需求出发，开始实现双边关系的正常化。1978年底的中国共产党十一届三中全会的召开与中美关系的决定性进展，则构成了中国对内改革与对外开放的基本格局。自以中美建交和邓小平访问美国开始的1979年起，双边经济关系作为整个中美关系的核心以及"压舱石"和稳定器迅速发展。特别是中国加入世界贸易组织，为中美经济关系的发展奠定了一个良好的基础，美国国会给予中国"永久正常贸易关系"的地位，在政治与经济之间筑起了一道防火墙，中美双边经济关系从此被置于世界贸易组织的框架之中，并且成为全球最重要的双边经济关系之一（同时也是当今世界最复杂的双边经济关系）。2008年爆发的这场被经济学家称为"改变未来的金融危机"以及它所带来的影响，使中美经济相互依赖关系成为举世瞩目的焦点。中美两国作为全球经济体系中最具系统重要性的大国，其相互依赖关系的发展模式对全球经济的发展具有重要的影响。从某种意义上说，如果没有中美两国的经济合作，全球经济中的许多重大问题都无法解决。同样，中美两国的经济和金融在事实上也是相互影响的，其中任何一个国家在把握其经济和金融运行时都无法脱离对方。进入21世纪以来，世界上没有任何两个国家的经济关系比中美两国更加紧密。按照美国经济学家史蒂芬·罗奇（Stephen Roach）的观点，中美两国在许多重要方面已经成为对方的镜像：终极生产者（中国）是终极消费者（美国）的镜像，而储蓄盈余者（中国）又是储蓄赤字者（美国）的镜像。因此，进入21世纪以来，相互依赖的中美经济关系被认为是经济全球化的最显著特征之一。值得关注的是，作为全球最大的发展中国家和经济发展速度最快的新兴大国的中国经济和作为全球最大的发达国家和守成大国的美国经济都处于极度失衡的状态，因此二者都面临着经济发展的瓶颈和经济结构转型的挑战；而深度融合和严重失衡又构成了全球金融危机以来中美经济关系的最主要特征，并且成为全球瞩目的焦点。

王冠楠博士在本书中基于对"国际经济与国际政治是密切相关的即经济联动模式与权力结构分配之间必然存在着相互作用的客观规律"这一认识，运用理论分析与经验分析相结合的研究方法，以开放宏观经济理论为基础，构建了两国的联动模型；并且揭示了经济的相互依赖性在DSGE模型框架下的主要表现。在此基础上，从贸易和金融两个维度，对中国在中美经济相互依赖关系中的敏感性和脆弱性进行了考察；并且运用经济学分析与国际政治经济学分析相结合的研究方法，探讨了中美经济相互依赖中的脆弱性及其非对称性形成的来源与基础；同时引入经济"暗物质"假说，即美国对外负债规模的存量调整方式，进一步证明了美元的"过度特权"的存在。作者在书中不仅揭示了中美两国之间非对称经济的相互依赖关系，是"金融国家"与"贸易国家"之间相互依赖的一种典型模式；而且从国际政治经济学的视角，分析和论证了中美两国应该如何通过加强双边经济和金融合作使这种经济相互依赖关系得以改善，特别是从"消极依赖"转变为"积极依赖"，即中国如何从已经在一定程度上被固化的投资驱动和出口导向型发展模式中走出来。

我认为，王冠楠博士的这项研究的创新主要体现在两个方面。第一，相对于以往从表现和后果上研究中美经济相互依赖关系的诸多研究，本书突出了通过动态随机一般均衡模型对中美经济相互依赖进行研究的方法，对中国在中美经济相互依赖关系中的敏感性和脆弱性进行了阐述；特别是进一步从敏感性和脆弱性的分析中指出非对称性的来源和基础，对中美两国的权力结构进行了深入的分析，从而将有关中美经济相互依赖关系的研究推进了一步。第二，本书对美国经济学家史蒂芬·罗奇所提出的"中美两大经济体必须实现从消极依赖到积极依赖的转变"这一重要论点进行了拓展，同时对他所提出的"消极依赖"和"积极依赖"这两个名词的含义进行了阐释；特别是在此基础上，对实现这种转变的动力机制进行了深入的研究和探索。

从国际经济学的视角看，在全球金融危机爆发之前，中美两国都受益于经济上的这种深度的相互依赖。在贸易领域，中国通过美元融入了全球价值链，从而成为美元本位制的最主要的受益者（但同时也成为该体系的最主要的支撑者）。但是双边贸易的严重失衡，却成为美国政府特别是部分美国国会议员和相关利益集团在人民币汇率问题上向中国施压的"理由"。在金融领域，中美两国的金融关系是一种既竞争又合作的博弈关系（从某种意义上说，这种博弈是一种

"金融恐怖平衡")。这种博弈不是简单的静态博弈,而是动态博弈。这种竞争合作关系不仅将长期存在,而且是一种动态的互动。在投资领域,中美双边投资的重要意义不言而喻,甚至比双边贸易更为重要(因为中国扩大对美国的直接投资可以平衡双边贸易关系的失衡)。然而这两个全球最大的经济体和接受外资最多的国家之间的直接投资却出乎意料地少,而且至今还没有一个可用于规范双边投资关系的双边投资协定。据此可以认为,中美经济关系研究是一个开放的课题或研究领域。这里有许多问题需要而且值得我们去进行不懈的探索。

十一年前,美国哈佛大学商学院教授尼尔·弗格森(Niall Ferguson)和柏林自由大学教授莫里茨·舒拉里克(Moritz Schularick)大声疾呼国际社会关注中美两国密不可分的现状,并且提醒世人关注中美经济之间"共生"关系的不断加深及其对全球经济格局的重要意义。弗格森和舒拉里克试图用"Chimerica"("中美国")这一新的地缘政治名词证明,由中国的出口导向型经济发展模式与美国的过度消费模式的合二为一所形成的世界经济秩序以及中美两国经济之间的相互依赖。然而弗格森和舒拉里克在2011年发表的题为《"中美国"的终结》(*The End of Chimerica*)一文中认为:过去十年里中美两国的"经济联姻"在全球金融危机以后已经"濒于破裂","中美国"这一形式不能长久,其解体是不可避免的。相较于弗格森和舒拉里克在短短的几年里先后提出的大相径庭的观点,我更赞同基辛格在《世界秩序》一书中所提出的"美中两国的关系是共同演进(co-evolution)的关系"这一观点。这是因为,无论从哪个角度来看,包括双边经济关系在内的整个中美关系都已经呈现"难舍难分"之势;合作共赢应该而且必须是中美两国的"宿命"。

国际经济学研究应该包括三个维度,即历史、逻辑以及数据。如果以这个"标准"来判断王冠楠博士的这项研究,我认为,除了历史这个维度的研究相对薄弱一点以外,其余两个维度的研究都有一定的功力和深度。作为她攻读博士学位的导师,我为她能够在短短的三年里在《当代亚太》、《国际金融研究》以及《世界经济研究》等核心期刊上发表了六篇具有一定学术价值的论文，特别是其博士学位论文被评为"吉林大学 2016 年优秀博士学位论文"和"2017 年吉林省优秀博士学位论文"而感到欣慰；并期待她在今后的学术研究中不断进取。

是为序。

项卫星

2018 年 4 月于吉林大学中心校区

摘 要

中美两国作为当今全球经济体系中最具系统重要性的大国，其双边经济关系需要放置在一个更宽泛的全球和历史背景中加以分析。中美贸易相互依赖依托于全球价值链而形成，中美金融相互依赖则围绕着人民币对美元的货币依赖而展开。那么，在本轮全球金融危机推动国际社会呼吁重建全球经济秩序的背景下，中国需要厘清中美之间的这种由一个国家负责出口和储蓄，而由另一个国家负责进口和消费的依赖方式是否合理而且是否可持续？更为重要的是，如同过去十几年里中美经济关系的迅速发展对世界经济格局的塑造一样，今后两国经济关系中的竞争与合作仍将对全球经济的发展轨迹产生重要影响。那么，在后危机时代，特别是在中国已经超越日本成为全球第二大经济体以后，中美两国之间能否继续开展经济上的良性互动与合作？依赖关系产生权力关系，中国又将如何在中美经济相互依赖中创造和施展影响力？这些问题构成了本书的逻辑起点。

首先，本研究运用实证方法，从贸易和金融两个维度，对中国在中美经济相互依赖关系中的敏感性和脆弱性进行了考察。在贸易领域，这种相互依赖程度的加深主要表现为中美两国都互为对方重要的出口目的地和进口来源地。在以全球价值链为核心的贸易形态下，中美双边贸易的失衡主要表现为两国在全球价值链中处于不同的位置，以及中国处于东亚生产网络中的加工贸易产业链的终端。由于中美贸易的相互依赖关系依托于全球价值链而形成，因此，中国与美国在全球价值链中的不同角色和地位，构成了驱动双边贸易关系发展和演变的关键因素；美国对中国中间品市场的贸易依赖受到中国加工贸易模式的影响；而中国对美国最终商品市场的依赖受到美国进口消费能力的影响。在金融领域，中美金融相互依赖关系主要围绕着人民币对美元的货币依赖而展开。这种相互依赖的具体形式，存在于两国的双边资本循环之中。中国对美国的投资主要是官方外汇储备，而美国对中国的投资主要来自其跨国公司。这一投资结构上的差异，与两国不同的经济增长模式以及市场运行规则的差异密切相关。至于中美两国在证券投资领域的资本依存度远远高于在直接投资领域的资本依存度，其背后的逻辑则主要表现为：第一，中国将外汇储备投资于美国债券市场构成了中国吸引美国对华直接投资的重要前提；第二，这种双边资本循环的特征来源于中美两国金融发展水平之间的巨大差异，即中国欠发达的金融体系难以促进国内形成有效的资本积累，而只能通过美国金融市场发达的国际金融中介功能完成本国的资本积累过程。中美经济相互依赖关系的密切程度，决定了美国经济衰退对中国造成的外部冲击是通过接触性传染，即明确的贸易渠道和金融渠道进行传播的。在贸易领域，从直接渠道的视角来看，美国的个人收入水平与个人消费水平对于中美进出口贸易存在显著影响，说明美国对华外部冲击的溢出效应集中在收入效应上，美国宏观经济条件的恶化对于中国出口市场而言，是最为重大的威胁。从间接渠道的视角来看，美国对华外部冲击的溢出效应来源于它对亚洲生产网络的影响。中国对美出口贸易在美国宏观经济下行时反应迅速，几乎所有类型的贸易商品都受到了冲击；但是从贸易恢复的角度来看，中国对美出口贸易的恢复能力非常强劲，甚至高于美国国内宏观经济的复苏水平。在金融领域，美国通过金融渠道对中国经济造成的冲击主要来自两个方面：第一，美国联邦储备委员会的量化宽松货币政策；第二，美国金融机构和跨国公司对海外资金的重新分配。更为重要的是，中国对美国的贸易依赖与中美金融相互依赖关系之间有着紧密的内在联系。中国国内金融市场发展的滞后以及对净出口拉动经济增长的过度依靠，使中国陷入一种对外部冲击反应过度敏感的对外开放模式之中。

其次，本研究运用经济学与国际政治经济学分析相结合的研究方法，探讨了在中美经济相互依赖中非对称性形成的来源与基础，分析了这种非对称性对两国权力结构的影响。中美经济相互依赖关系背后的"金融恐怖平衡"与"债务人逻辑"，是分析中国经济脆弱性的概念基础。其中，"金融恐怖平衡"揭示了中国在美国金融市场上的投资行为，实际上是确保本国美元资产与出口战略实施的无奈之举，并由此引发了中国货币当局在政策选择上面临的两难困境。中国与美国金融发展水平之间的差异，影响着两国在经济分工格局中的位置，从而也进一步影响着两国在"金融恐怖平衡"背景下经济相互依赖关系的演进趋势，即中国作为国际货币体系中的"外围国家"或"贸易国家"，与美国之间的双边资本循环很难绕过"美元陷阱"和"斯蒂格利茨怪圈"。至于主导现行国际金融规则的"债务人逻辑"，则揭示了中国在美元本位制下，陷入美元体系越深，就越会受到"路径依赖"效应的影响。对中国而言，美元体系作为制度层面上可替代性极低的"国际商品"，在中国经济的增长模式中是至关重要的"投入要素"；这一"投入要素"的缺失将使整个经济遭受巨大的损失。中国不具备获得替代选择的能力这一点，是中国在中美经济相互依赖关系中的脆弱性的最本质体现。在中美经济相互依赖关系中，中国的脆弱性体现为无法以较小的代价摆脱对美国的市场依赖与货币依赖，即中国难以承担改变这一依赖框架必须付出的成本。这种脆弱性的形成与中美经济相互依赖关系背后的"金融恐怖平衡"与"债务人逻辑"等问题密切相关。从某种意义上说，中国对美元本位制的过度依赖是引发这种脆弱性加剧的根本原因。

通过以上分析可以发现，中美两国之间的非对称经济相互依赖关系，是"金融国家"与"贸易国家"之间相互依赖的一种典型模式。

从总体上看，中国对美国的商品依赖和金融依赖远远超过美国对中国的商品依赖和金融依赖。货币金融霸权（即由美元本位制所支撑的美元霸权）是美国霸权结构中的核心。在美元本位制的框架下，中国的崛起与其他新兴大国一样，在本质上都是美国霸权主导的"系统内的地位提升"。为此，承认并支撑美元在国际货币体系中的主导地位，是中国融入全球自由贸易体系的必然选择。美国所建立的美元体系使其部分地与外围国家分享了经济增长尤其是贸易发展方面的权力，即所谓的"权力扩散"。中美两国的非对称经济相互依赖关系，影响着美国对中国权力扩散的模式，从而影响着两国之间的权力划分的现状。中国在融入全球自由贸易体系之时，凭借本国丰裕的劳动力资源占据了全球生产网络的一端，从而在参与亚太地区事务时也逐渐获得了更大的影响力；而美国在允许一部分权力向中国扩散的同时，也在特定领域里遏制了中国对其他合理权力的争取。如果说"权力"是对事件过程和结果的控制，那么美国只允许别国参与到国际事务的过程之中，而自己却始终保持对各类事务的执行结果的高度控制。就共同利益而言，中美两国在商品市场和金融市场上的相互依赖关系，使两国之间存在着明显的利益交集：中美两国的宏观经济气候依然以正向相关为主；但是在利益交集的基础上，美国则凭借美元霸权和由此形成的非对称相互依赖关系，占有了更大的利益份额。在不对称的经济相互依赖关系的格局下，美国将有能力继续谋取不对等的利益划分。也正是为了维护这种不对等的利益，美国在对华政策上试图尽可能地维持这种非对称的经济相互依赖关系。然而，相比于遏制中国经济的发展，美国更多的是从影响力的角度维持这种非对称性。在两国竞争和角力的新焦点中，网络安全问题和亚太地区再平衡问题日趋突出。当然，日趋紧密的中美经济相互依赖关系在一定程度上对美国的汇率政治形成了制约，充分证明了美国作为非对称依赖较小的一方，不能完全通过经济手段将经济影响力转化为政治影响力，进而对依赖较大的一方（即中国）形成权力。

最后，本书从国际政治经济学的视角，分析和论证了中美两国应该如何通过加强双边经济和金融合作，使这种经济相互依赖关系得以改善，特别是从"消极依赖"转变为"积极依赖"。建设新型大国关系对于确保两国关系的长远发展具有重要的意义。中美新型大国关系建设的顺利与否，在很大程度上首先取决于中美两国彼此之间能否正确定位。中美两国之间的经济利益既存在冲突性，又存在明显的互补性与共生性。全球金融危机后中美两国围绕新型大国经济关系建设的博弈，与两国经济结构失衡的调整密切相关。中美新型大国关系既存在一定的战略竞争，又能在一定范围内实现较为稳定的合作。在这个竞争与合作的过程中，无论是中美战略与经济对话机制，还是中美双边投资协定谈判的实质性进展，都将发挥关键性的作用。新型大国关系的建设不可能一蹴而就，需要中美两国在制度与政策协调的过程中做出长期而持续的努力。

本研究的创新主要体现在两个方面。第一，相对于既有的主要从表象和后果上研究中美经济相互依赖关系的成果，本研究突出了利用 DSGE 模型对中美经济相互依赖关系进行研究的方法，对中国在中美经济相互依赖关系中的脆弱性进行了深入的研究；并且进一步从非对称性的视角，对中美两国的权力结构进行了分析，从而将有关中美经济相互依赖关系的研究推进了一步。第二，本研究对美国经济学家史蒂芬·罗奇（Stephen Roach）所提出的"中美两大经济体必须实现从消极依赖到积极依赖的转变"这一重要观点进行了拓展，即对他所提出的"消极依赖"和"积极依赖"这两个名词的含义进行了阐释，在此基础上，对实现这种转变的动力机制进行了深入的研究和探索。

Abstract

The bilateral economic relationship between China and the United States, who are the most systemically important countries in the global economic system, needs to be analyzed in a broader global and historical context. The Sino – U. S. trade interdependence relies on the global value chain and the Sino – U. S. financial interdependence unfolds as Chinese yuan mainly pegged to U. S. dollar. So, under the background of calling for a reconstruction of global economic orderafter global financial crisis, China needs to clarify whether the interdependent mode between China and the United States is sustainable or not. More importantly, as in the past decades, the rapid development of Sino – U. S. economic interdependence has shaped the world economic landscape, the competition and cooperation in this bilateral economic relationship in the future will continue to influence the evolution of the global economy. Therefore, in the post-crisis era, especially when China has replaced Japan as the second largest economy in the world, will the economic cooperation between China and the United States continue? Dependency produces power dominant relations, and then how will China establish and exert its influence in this economic interdependence? These questions constitute the logic starting point of this book.

In the framework of DSGE model, economic interdependence is mainly determined by the economic structure of the individual country. The change of the counterparty's economic policy will weaken the traditional macroeconomic policy's influence on domestic economic variables, so changes of one country's economic policy would be a non-ignorable disturbance to another country. The large "marginal effect of foreign income to net export" of China makes China's export highly depend on the final goods consumption market in the United States; Meanwhile, The small "marginal impact of interest rates on the foreign bond holdings" makes the fiscal policy and the regulation effectiveness of monetary policy of China to be significantly affected by currency market environment changes of the United States. The trade and capital circulation pattern between those two countries determines the sensitivity and vulnerability of China to be significantly higher than that of the United States, which is also the outstanding performance of the asymmetry of the interdependence.

In the field of trade, the two countries are viewing each other as the most important export target and import source. The imbalance of the Sino – U. S. bilateral trade manifests as their different positions of the global value chain, with China being the terminal of processing industry chain in the East Asian production network. In the financial sector, the specific form of the interdependence exists in the bilateral capital circulation. The investment from China to the United States comes mainly from official foreign exchange reserves, while the investment from the United States to China mainly comes from the multinational companies. The difference is closely related to the different patterns of economic growth and the varying rules of market operation of those two countries. More importantly, there is internal connection between financial and trade interdependence. Lagging development of the domestic financial market in China and excessive reliance on the role of net exports to economy growth has made China oversensitive to external shocks from the outside world.

Behind the Sino – U. S. economic interdependence, "financial balance of terror" and the "debtor logic", are fundamental concepts to analyze the economic vulnerability of China. The "financial balance of terror" reveals that China's investment behaviors in the U. S. financial markets are intended to ensure the value of own national U. S. dollar assets and the implementation of export strategies, which also put the China's monetary authorities in a dilemmaon policy choices. As long as China being the "periphery" or "nation who give priority to trade" in the international monetary system, it is difficult to bypass the "Dollar Trap" and "Capital Doubtful Recycling". The deeper that China getstrapped into U. S. dollar system, the more China will be affected by the "path dependence" effect. In Sino-U. S. economic interdependence, the vulnerability of China is that China cannot get rid of the dependence on the U. S. market. In a sense, China relies too much on the standard of U. S. dollar is the root cause of this vulnerability.

Overall, dependence of China on the United State goods and financial marketis far more than that of the United States on China towards commodity and finance. Monetary and financial hegemony supported by U. S. dollar standard system is the core of the fabric of American hegemony. Therefore, acknowledging and supporting the U. S. dollar in international monetary system is the inevitable choice of China to integrate into the global free trade system. The asymmetrical economic interdependence between those two countries affects the status of power division of China and United States. If "power" is the process and result of event control, the United States only allows others to participate in the process of international affairs, but always keeps itself high degree control over the implementation results. Under the pattern of economic interdependence, the United States will be able to continue to seek interests from the unequal division. However, compared to curbing the development of China's economy, the United States tries to maintain this asymmetry from the angle of the influence. Among the new competition and wrangling points between those two countries, network security problems and rebalance issues in the Asia-pacific region have become increasingly prominent.

Then, how will the two countries strengthen bilateral economic and financial cooperation, and improve the economic interdependence, especially from "negative dependence" to "positive dependence"?

Construction of new power relationship between China and the United States can ensure the long-term development of the relationship between those two countries. Between those two countries, there is obvious complementarity and symbiosis. The new type of power relationship has certain strategic competition, and can realize a relatively stable cooperation in a certain range. In the process of this competition and cooperation, the strategic and economic dialogue mechanism will play a key role in the substantial progress of Sino – U. S. Bilateral Investment Treaty negotiations.

The innovation of this study is mainly reflected in: first, compared with the existing literature research, this study highlights the use of DSGE model in the study of Sino – U. S. economic interdependence; and further explore from the perspective of asymmetry of the power structure between China and the United States. Second, this study has expanded the view "China and the United States must make the transition from negative dependence to positive", and on this basis the dissertation realizes an exploration for the transition of dynamic mechanism.

目 录

第一章 为什么要研究中美经济相互依赖关系？ … 1
第一节 研究背景 … 1
第二节 研究目的 … 4
第三节 研究意义 … 9
第四节 对相关研究成果的回顾 … 11
第五节 本研究的基本思路、研究方法及逻辑主线 … 27

第二章 宏观经济相互依赖的理论分析框架 … 29
第一节 概念的界定与研究视角 … 29
第二节 宏观经济的结构性相互依赖 … 34
第三节 中美经济相互依赖中的敏感性与脆弱性 … 54
第四节 中美经济相互依赖关系中的非对称性 … 60
本章小结 … 64

第三章 中国在中美经济相互依赖关系中的敏感性 … 65
第一节 中美经济相互依赖关系中的贸易依赖与金融依赖 … 65

第二节 中美贸易相互依赖关系及其敏感性 …………… 76
第三节 中美金融相互依赖关系及其敏感性 …………… 87
本章小结 ……………………………………………………… 103

第四章 中国在中美经济相互依赖关系中的脆弱性 ……… 105

第一节 中美经济相互依赖关系中的"金融恐怖平衡"问题
…………………………………………………………… 105
第二节 中美经济相互依赖关系中的"债务人逻辑"问题
…………………………………………………………… 116
第三节 中美经济相互依赖关系与"美元陷阱" ……… 127
本章小结 ……………………………………………………… 137

第五章 中美经济相互依赖关系的非对称性与权力制衡 …… 139

第一节 "贸易国家"与"金融国家"的非对称经济
相互依赖关系 ………………………………………… 139
第二节 中美经济相互依赖关系的非对称性与美国对
中国的施压性策略 …………………………………… 147
第三节 中美经济相互依赖关系与美国的汇率政治 …… 156
本章小结 ……………………………………………………… 177

第六章 经济相互依赖与中美"新型大国关系"的构建 ……… 179

第一节 经济相互依赖在构建中美"新型大国关系"
中的作用 ……………………………………………… 179
第二节 中美金融合作与双边投资协定谈判的进展 …… 192

  第三节 中美经济相互依赖如何从"消极依赖"转变

      为"积极依赖" ……………………………………… 204

 本章小结……………………………………………………… 215

结语 对中美经济关系前景的展望 ………………………… 217

参考文献 …………………………………………………………… 220

后 记 …………………………………………………………… 244

Contents

目 录

Chapter 1 Why should we study Sino – U. S. economic interdependence? / 1

Study background / 1

Study purpose / 4

Study significance / 9

A review of the related research / 11

The mentality, method, and logical mainline / 27

Chapter 2 The theoretical analysis framework of macroeconomic interdependence / 29

Definition of the concept and study perspectives / 29

Macroeconomic structural interdependence / 34

Sensitivity and vulnerability of Sino – U. S. economic interdependence / 54

Asymmetry of Sino – U. S. economic interdependence / 60

Conclusion / 64

**Chapter 3 The sensitivity of China in the Sino – U. S.
economic interdependence** / 65

Trade dependency and financial dependency
   in Sino – U. S. economic interdependence / 65
Sino – U. S. trade interdependence and its sensitivity / 76
Sino – U. S. financial interdependence and its sensitivity / 87
Conclusion / 103

**Chapter 4 The vulnerability of China in the Sino – U. S.
economic interdependence** / 105

Balance of financial terror in the Sino – U. S.
   economic interdependence / 105
The debtor logic in the Sino – U. S. economic interdependence / 116
Sino – U. S. economic interdependence with Dollar Trap / 127
Conclusion / 137

**Chapter 5 Asymmetry of Sino – U. S. economic
interdependence and the power balance** / 139

Asymmetric economic interdependence between trading
   country and financialization country / 139
The U. S. strategic pressure on China along with Sino – U. S.
   economic interdependent asymmetry / 147
Dollar Trap along with Sino – U. S. economic interdependence / 156
Conclusion / 177

**Chapter 6 Economic interdependence with the construction
of the new type of power relationship between
China and the United States** / 179

The role of economic interdependence in the construction
   of the new type of power relationship between China
   and the United States / 179

Sino – U. S. financial cooperation and the progress
   of the Bilateral Investment Treaty negotiations /192
How to shift Sino – U. S. economic interdependence
   from "passive dependence" to "positive dependence" /204
Conclusion /215

The prospects of Sino – U. S. economic relationship /217

References /220

Postscript /244

第一章
为什么要研究中美经济相互依赖关系？

> 中美之间究竟是共存关系还是竞争关系？毋庸置疑，作为世界上最大、实力最强的两个经济体，它们之间的关系可谓意义深远，而这或许也正是世界经济风波诡谲的关键所在。然而，中美关系却为一种独特的病理所困扰，两个国家都陷入了相互依赖的迷魂阵：中国的经济发展越来越依赖于美国；同时，美国的经济增长也严重依赖着中国。
>
> ——〔美〕史蒂芬·罗奇：《失衡：后危机时代的再平衡》

第一节 研究背景

2008～2009年爆发的全球金融危机导致了"大萧条"之后最严重的全球经济衰退。在这场被经济学家称为"改变未来的金融危机"之后[①]，全球经济再平衡、国际货币体系改革以及区域经济一体化（如TPP和TTIP）三个问题，成为了国际社会关注的热点，这在一定程度上意味着全球经济、金融以及贸易秩序的重建。而更为重要的是，作为全球最大的发展中国家（也是经济发展速度最快的新兴大

---

① 朱民等认为："这场金融危机不仅是百年来最严重的一次危机，也改变着未来世界经济金融模式、格局和体系。"参见朱民等《改变未来的金融危机》，中国金融出版社，2009，序言。

国)和全球最大的发达国家(也是经济最发达的国家和守成大国),中美两国几乎都处于这三个问题的中心①。然而,一国经济从一种均衡向另一种均衡转型或调整是困难的。当这种转型或调整不可避免时,通常会面临规则或秩序的重建、成本与收益的分配以及风险和机遇的共存。同样,全球范围内的经济调整在一定意义上也是各国政治、经济以及军事实力综合较量的过程。需要指出的是,在经济全球化时代,各国经济之间是相互依赖的。以生产、贸易以及金融全球化为主要内容的经济全球化,使各国之间的经济相互依赖关系成为普遍现象。无论是发达国家之间,还是发达国家与新兴经济体之间,这种普遍的经济相互依赖关系使得在全球经济的调整过程中,制定规则的权力来源更加隐蔽、成本与收益的分配更为复杂、对风险与机遇的考量也更加困难。

尽管各国经济之间的相互依赖在经济全球化时代已经成为常态,但是这种相互依赖关系的发展是极不平衡的;至于各国经济之间的相互依赖程度,更呈现显著的非对称性。这种非对称性突出体现在两个国家的宏观经济波动对对方经济的影响程度存在巨大差异;其中更具有影响力的一方对另一方的依赖程度相对更低,反之亦然。这种相互依赖程度的非对称性,直接导致了各国在世界经济格局中的地位的差异,即对外依赖程度低的国家能够凭借更大的外部影响力,得以置身于国际经济体系的中心地位。在这一过程中,经济相互依赖的非对称性逐渐成为一国对外权力的新来源,即权力的来源不再仅仅依托于外部威慑力,而是包含以经济联动为核心的非对称的经济相互依赖关系。权力强弱的分配格局衍生出国家之间的支配关系,强国支配弱国并掌控

---

① 这不仅是因为中美两国经济失衡处于全球经济失衡的中心,而且也因为中国是支撑以美元为中心的现行国际货币体系的主要国家之一。全球金融危机后,市场已经认识到,中美两国过去的增长模式已不再适用,通过再平衡推进各自的结构改革,寻求新的经济、金融形势下的增长新常态,对中美两国乃至全球经济、金融体系的安全与发展都具有深远影响。

规则的制定权，甚至享有无须为适应变革而做出调整的特权。

毋庸置疑，中美两国处于典型的非对称的经济相互依赖之中。这种相互依赖关系曾经推动了中美两国经济和全球经济的增长。自20世纪90年代末以来，中美经济的融合成为全球经济增长最主要的推进器之一。据统计，在1998~2007年即全球金融危机爆发前的20年里，中美两国经济构成了全球经济产出的1/3以及全球经济增长的2/5。同样重要的是，在中国实现改革开放后的仅仅四十多年里，"中国就从'后进生'变成了世界第二大经济体。中国这种非凡的变化同中美关系的快速发展几乎是同时发生的。在这个时期中，净出口对中国的国内生产总值（GDP）有着巨大的贡献，其中来自美国的需求是促进出口增长的主要动力"。[1] 需要指出的是，在中美两国之间的这种以贸易—资本的双重循环为载体的经济相互依赖中，美国是中国重要的出口对象国，而中国是美国国债的最大海外持有者。这种相互依赖的模式在21世纪初的前几年曾经发挥了积极的作用。然而自2005年开始，美国的巨额经常账户逆差与中国国际收支的双顺差以及急剧增长的外汇储备加剧了全球经济的失衡。在中美两国的经济关系格局中，中国扮演着贸易大国与储蓄大国的角色，而美国则扮演着消费大国与金融大国的角色。依赖关系产生权力关系。在全球金融危机前后以及国际社会一致呼吁全球经济再平衡和重建全球经济、金融秩序的背景下，中国需要知道如何在中美经济相互依赖关系中创造和施展影响力。中国需要厘清中美两国之间的这种由一个国家负责出口和储蓄，而由另一个国家负责进口和消费的依赖方式是否合理而且是否可持续。更为重要的是，如同过去十几年里中美经济相互依赖关系的迅速发展对世界经济格局的积极影响一样，今天中美两国之间在贸易和投资方面能否继续进行良好的合作，将决定全球经济未来的发

---

[1] 引自〔美〕沈大伟（David Shambaugh）主编《纠缠的大国：中美关系的未来》，丁超等译，新华出版社，2015，第136页。

展轨迹。而时至今日，中美两国之间的经济关系却极不平衡：美国是世界上最大的赤字国和债务国，而中国是美国最大的贸易逆差来源国和国债持有者。尽管全球金融危机后中美两国政府都屡次承诺实现本国经济的内外部再平衡，但是以经常账户失衡为主要标志的两国经济的外部失衡依然很严重。那么，中美两国之间能否通过在贸易和投资方面的合作走出这种失衡？中美双边经济相互依赖关系能否从"消极依赖"走向"积极依赖"①？这些问题构成了本研究的逻辑起点。

第二节 研究目的

2007年，美国哈佛大学商学院教授尼尔·弗格森（Niall Ferguson）和柏林自由大学教授莫里茨·舒拉里克（Moritz Schularick）大声疾呼国际社会关注中美两国密不可分的现状，并且提醒世人关注中美两国经济之间"共生"②（symbiosis）程度的不断加深及其对世界经济格局的重要意义。弗格森和舒拉里克创造了"Chimerica"（中美国）这一新的名词，试图用这一新的地缘政治名词证明，中国的出口导向型经济发展模式与美国的过度消费模式的合二为一构成了中美两国经济之间的相互依赖和当今的世界经济秩序。他们在《华尔街日报》上发表的《"中美国"再认识》一文中声称，"中美国"这一概念是指最大的储蓄国即中国与世界上最大的消费国即美国构成的利益共同体：中国和美国之间是一种共生关系，一个消费一个储蓄，一个进口一个出

---

① 中美经济相互依赖关系中的"消极依赖"和"积极依赖"这两个概念是美国耶鲁大学杰克逊全球事务学院教授史蒂芬·罗奇（Stephen Roach）在《失衡：后危机时代的再平衡》一书中提出的。
② "共生"这一名词被引入社会科学领域后，是指为研究社会共生现象而建立的一种社会哲学。其基本观点认为，全球体系是一个共生体系，以发展问题为其本质；其着力点是如何实现均衡、平衡以及和谐的发展；其目标是如何建立相互包容、相互克制、互利共赢、共同发展的共生关系。参见胡守钧《社会共生论》，复旦大学出版社，2012，第3页；金应忠《共生国际体系与中国和平发展》，《国际观察》2012年第4期，第46页。

口,一个提供服务一个提供产品,一个印制美元一个储备外汇。然而,爆发于2008年的全球金融危机揭示了这一"天作之合"(a marriage of heaven)的中美经济"共生"关系是一种非对称的相互依赖关系(asymmerical interdependence)。耶鲁大学杰克逊全球事务学院教授史蒂芬·罗奇(Stephen Roach),在分析全球金融危机后的中美经济相互依赖关系时明确指出:"在很多重要方面,中美两国已经成为对方的镜像:终极生产者是终极消费者的镜像,而盈余储蓄者是赤字储蓄者的镜像";"危机以及它所带来的影响使得中美的相互依赖关系成为举世瞩目的焦点",但是这种"相互依赖正在进入一个日趋不稳的阶段"。① 无论是弗格森和舒拉里克对中美经济相互依赖程度的关注,还是罗奇对中美经济相互依赖关系重要性及其发展趋势的判断,都印证了这一关系对整个世界经济格局的重要意义。为此,本研究的目的主要集中在以下三个方面。

第一,探寻中国在中美经济相互依赖关系中的敏感性与脆弱性的形成机制。

马丁·雅克(Martin Yacques)在论述中国加入世界贸易组织(WTO)对世界经济格局的影响时指出:"2001年中国加入世界贸易组织,标志着世界贸易体系自20世纪70年代末期全球化开始以来的一次最大延伸。中国的加入改变了该体系的性质和动力"。② 此后,中美经济相互依赖关系迅速发展。而推动这一相互依赖关系迅速发展的主要动因,是中美两国对经济增长的强烈渴望。对中国来说,增长是脆弱国家的生存之道;而对美国来说,增长是维持霸权与繁荣的必要条件。"两个国家都是为了增长而联合在一起,并且进入了一个全新的有力协作中,旨在达到增长目标。"③ 然而,在中美经济相互依

---

① 引自〔美〕史蒂芬·罗奇(Stephen Roach)《失衡:后危机时代的再平衡》,易聪等译,中信出版社,2014,前言。
② 引自〔英〕马丁·雅克(Martin Yacques):《当中国统治世界》,张莉等译,中信出版社,2010,第156页。
③ 引自〔美〕史蒂芬·罗奇《失衡:后危机时代的再平衡》,易聪等译,中信出版社,2014,第4页。

赖促进增长的背后，事实上存在着两国国内经济结构（或产业结构）的严重失衡。相互依赖等同于两国各取所需，但却使得各自的经济失衡失去了修正的激励。"在相互依赖关系中，满足需要对于双方来说不一定都是正确的。"[①] 中国缺少市场就由美国来提供，美国缺少储蓄则由中国来供给，这种看似非常契合的互补实际上却导致各自的经济发展都存在投资与储蓄的失衡，并且越来越受到对方的制约。诚然，中国不能脱离由美国主导的全球经济体系而独自发展，但中国作为一个已经可以影响全球经济运行的大国，需要找到一条平衡而稳定的发展道路，否则中国经济发展的进程将不断受到外部环境的冲击。在这场百年不遇的全球金融危机中，中国经济增长的外部环境受到了剧烈的震荡：从国际商品市场到国际金融市场，中国出口导向型的经济发展模式都受到了冲击，并在应对危机冲击的过程中暴露出中国经济在长期依赖外部经济的背景下所产生的敏感性与脆弱性。中国的出口市场在危机爆发后首当其冲，进而在产业结构僵化的制约下推出巨额的财政刺激政策；而这一政策与美国联邦储备委员会的量化宽松货币政策（QE）的外溢效应一起，引发了中国的商品价格以及资产价格的巨大泡沫。另外，由于中国外汇储备资产的配置主要集中于美元资产，从而使本国的经济利益特别是国家金融安全被捆绑于美国金融市场。这种明显的敏感性与脆弱性，是中国经济长期对外依赖尤其是对美国经济的依赖从而使本国经济结构严重失衡的突出表现。中国的产业结构、对外贸易结构以及收入分配结构等方面的不平衡发展，特别是中国的商品价格与资本价格形成机制的缺陷，使中国经济在面对外部环境变化时尤为敏感和脆弱。那么，在中美经济相互依赖关系中，这一系列结构性失衡究竟在中国的敏感性与脆弱性的形成中扮演了什么样的角色？为此，本研究将从开放的宏观经济学这一视角出

[①] 引自〔美〕史蒂芬·罗奇《失衡：后危机时代的再平衡》，易聪等译，中信出版社，2014，第39页。

发，对中国在中美经济依赖关系中的敏感性和脆弱性的形成机制进行深入的探索。

第二，研究中美经济相互依赖的非对称性及其对中美权力结构的影响。

相互依赖是彼此相互需要的依赖关系。但由于各自所需对象的差异性，往往很难直观地评判这种依赖关系是否对称，或者说究竟"谁更依赖谁"，以及当经济危机来临时"谁将牺牲更多"？因此，非对称性成为当代相互依赖理论的核心内容。如果说经济层面的依赖程度有大小之分，那么在政治层面也存在不对等的权力分配结构。如果一方的相对依赖程度过高，那么这种依赖关系就更趋近于依附关系，即依赖程度过高的一方所拥有的权力也就越小。由于国家权力在当代国际社会已经呈现为制定规则并主导其他国家遵守规则的能力，因此，对外依赖程度高的国家往往只能成为国际规则的接受者和执行者，而依赖程度低的国家则能够成为国际规则的制定者和监督者。相互依赖关系的非对称性还存在另一种表现形式，即当双方遭受同样的外部冲击时所产生的非对称的应对机制：冲击后的双方经济都面临调整；而在相互依赖的背景下，"谁将需要调整更多"？由此可见，相互依赖关系对依赖双方而言，都同时存在相对收益和相对成本的考量。为此，"谁将获得更大的相对收益"和"谁将承担更多的相对成本"这两个问题构成了相互依赖非对称性的核心内容。

在当今的世界经济格局中，无论是从市场的角度还是从货币的角度来考量，美国都是全球经济体系中的中心国家。由于中美经济相互依赖关系是外围国家与中心国家亦即贸易国家与金融国家[①]之

[①] "金融国家"是指掌握金融霸权的国家。所谓"贸易国家"有两方面的含义：一方面是指国内金融市场封闭且不发达，无法引领国际金融市场发展潮流并制定其规则的国家；另一方面是指那些主要依靠出口拉动经济增长，并且本币尚未成为世界性货币，不得不依赖出口贸易赚取外汇收入的国家。参见李晓、丁一兵《亚洲的超越》，当代中国出版社，2006，第14页。

间的相互依赖关系，因此这一关系天然地存在着非对称的特征。中美两国在世界经济格局中的这种地位的差异，使中美两国之间存在着什么样的非对称相互依赖关系？这种非对称性在全球经济秩序体系下对两国的权力分配将产生何种影响？如果做一简要的总结，这些问题的答案是显而易见的：中国对美国最终商品消费市场的依赖要大于美国对中国外汇储备的依赖；中美两国之间的权力格局的分配关系也相差悬殊，即美国在掌控国际规则制定的主导权上具有压倒性的优势，而中国则仅仅是相关国际规则的被动接受者。然而问题的关键在于：这种非对称相互依赖关系形成的前提和基础是什么。中国是否能够从这一非对称的相互依赖关系中找到一个平衡点，从而在重建全球经济、金融经济秩序的进程中学会如何创造和施展自身的影响力。特别是如何掌控国家权力从而维护自身利益。为此，本研究力图从国际政治和国际经济的视角对这些问题进行深入的探索。

第三，从再平衡过程中探寻改善中美经济相互依赖关系以及完善双边经济合作的激励机制。

在中美经济相互依赖关系中，两国的周期性经济泡沫与结构性扭曲的相互结合，使得这种相互依赖关系并非稳定发展。"中美之间是共存还是竞争？"这一问题经常成为经济学家和政治学家关注的焦点。就中美两国的经济相互依赖关系而言，虽然在多个层面逐渐深化，但这种深化也导致了诸多的经济摩擦和冲突，而合作依然匮乏。从某种意义上说，中美经济相互依赖关系紧张的核心在于，两国各自对相对收益和成本的评价存在主观性，同时缺少有效的对话平台和制度规范，以消除信息的不对称性和不确定性。尽管目前中美两国已经进行了八轮战略与经济对话（S&ED），并且取得了阶段性的成果，但两国都试图在两国经济再平衡的过程中避免承担更多的调整成本，导致双方在战略规划上的合作远远落后于经济上的实际依赖程度。这种合作关系的建立，等同于一系列秩序与规则的确立。这些秩序与规则是保证两国经济相互依赖关系稳定发展的必要保障。但是，这种合作关系的建立也需要市场力量与国家力量的相互融合。可以肯定的是，中美经济相互依赖在形成伊始是符合市场逻辑的。在市场机制的驱使下，两国经济联系日益紧密并达到了促进本国经济增长的目的；但是这一机制并不能解决所有的效率问题，如国际收支失衡等严重的结构性问题。这种类似市场失灵的现象，需要两国政府在宏观经济政策层面上的相互协调。更为重要的是，如果是相互依赖关系使中美两国陷于一种失衡的经济发展模式，那么这种再平衡就需要双方的共同努力才能实现。换言之，两国需要相互配合的再平衡政策。那么目前是否存在同时符合市场逻辑和国际政治的激励机制以促进中美两国在宏观经济政策上的协调，进而加强双边经济合作？两国之间的经济摩擦和冲突能否借此摆脱零和博弈的困境，从而使两国的经济相互依赖关系得到改善，特别是从"消极依赖"向"积极依赖"转变？本研究力图对这些问题进行深入的探索。

第三节　研究意义

一　理论意义

随着中美经济关系的迅速发展，相关的研究成果也不断涌现。然而，现有的相关研究主要是从表现和后果上研究中美两国的经济相互依赖关系，而对于两国经济相互依赖关系的基础和本质的深入研究很少。更为重要的是，关于中美经济相互依赖关系的研究基本上存在两种研究范式，即基于国际经济学研究和基于国际政治经济学的研究。这两种研究范式是相互独立的，具有各自的概念体系和分析框架。然而，国际经济与国际政治是密切相关的，即经济联动模式与权力结构分配之间必然存在着相互作用的客观规律。这两种相互独立的研究范式，使得二者之间缺乏一个统一的基础。"从现实来看，国际经济和国际政治的相互联系越来越密切。在当前的国际层面上,既没有单纯的经济问题,也没有单纯的政治问题。"① 为此,系统阐述和研究中美经济相互依赖关系的形成和发展、基础和本质是十分必要的。同时,将国际经济学分析与国际政治学分析相结合,即以经济联动为基础,同时探讨权力的分配结构,不仅有助于我们正确地认识和把握中美经济相互依赖关系的特征、属性及其政治含义,而且也有助于我们正确地认识在这种相互依赖的经济关系中积极作用与消极作用并存的客观局面,为有关中美经济相互依赖关系的理论研究提供一个更为开放的视野,从而推动国内学术界对中美经济关系的深入研究。正如罗伯特·吉尔平所指出的:"在国际问题研究中,强调经济力量和政治力量的互动作用是专家学者研究的一个较新领域。"②

二 现实意义

2008年的全球金融危机,彻底改变了全球经济和金融的版图,新兴市场和发展中国家在全球GDP中所占的比重首次超过50%;而中国对全球经济增长的新增部分的贡献也超过50%。从世界经济增长的格局这一维度看,全球金融危机后中国经济的持续快速增长作为一支重要的稳定力量,在一定程度上抵消了发达国家经济衰退以及随后的缓慢复苏对全球经济增长的影响,成为全球经济复苏的主要拉动力。如2010年中国为全球名义GDP带来了6380亿美元的增长(而美国对全球GDP增长的贡献为4970亿美元)。继2007年中国的经济总量超过德国成为全球第三大经济体之后,2010年中国又取代日本成为全球第二大经济体。这是全球金融危机后世界经济增长格局发生的重大变化。2014年,中国国内生产总值为636463亿元人民币,在总量上首次突破10万亿美元,分别超过日本的两倍和印度的五倍。

---

① 参见张宇燕、李增刚《国际经济政治学》,上海人民出版社,2008,第9页。
② 参见〔美〕罗伯特·吉尔平(Robert Gilpin)《全球政治经济学:解读国际经济秩序》,杨宇光等译,上海人民出版社,2013,第1页。

按照世界银行和国际货币基金组织的购买力平价比较，中国的 GDP 已经超过美国。从某种意义上说，中国和美国作为当今全球最具系统重要性的两个大国，正在构筑国际经济关系的两极格局，中国的影响力在迅速上升。同样，2008 年的全球金融危机也催生了全球范围内的新一轮产业革命与分工布局的调整。为此，中国在这一全球性的调整过程中，需要正确把握本国经济结构调整和发展战略转型的步骤和节奏。同时，中美两国作为全球经济体系中最具系统重要性的大国，其相互依赖关系及其模式不仅对国际社会尤其是对贸易国家与金融国家之间的经济关系具有重要的影响；而且对全球经济的发展也将产生深刻的影响。为此，对中美两国而言，正确理解和把握中美经济相互依赖关系，是构建中美新型大国关系的重要理论基础。在新型大国关系中，中美两国如何增强战略互信、如何实质性地推进双边合作，都与由两国之间的经济相互依赖关系所衍生的权力关系密切相关。由此决定了本研究有助于为中国如何调整经济结构和转变经济发展方式提供决策参考，以及为中国有关部门如何制定对美经济战略（包括对美贸易政策、投资政策以及金融政策）提供理论支持。

第四节　对相关研究成果的回顾

一　经济相互依赖的理论发展：内涵与度量方法

相互依赖理论源自自由主义的传统，同时也是对现实主义仅仅关注国家关系所做出的回应。至于"经济相互依赖"（economic interdependence）这一概念在经济学中的运用，则源于美国经济学家 W·A. 小布朗的《国际金本位重新解释》[①]。1968 年，美国学者理查德·库珀（Richard N.

[①] 参见雷达、赵勇《中美经济相互依存关系中的非对称性与对称性》，《国际经济评论》2008 年第 3 期。

Cooper）在《相互依赖经济学》（*The Economics of Interdependence*）一书中将这一概念引入国际经济学，从而将经济相互依赖的内涵界定在更有研究意义的范围内。库珀认为，经济相互依赖是一国的国际经济交易（economic transaction）对国外经济发展状况的敏感程度（sensitivity）。由此可见，经济相互依赖的定义在最初与敏感性这一问题密切相关。以国际贸易为例：库珀认为，如果国际贸易的福利效应（对一国福利水平的影响）对国外价格或收入水平的变化不敏感，那么即使国际贸易量巨大也并不存在高度的经济相互依赖；相反，即使国际贸易量较低，但贸易的福利效应对国外经济变量的变化敏感性很高，则也意味着存在很密切的经济相互依赖关系。库珀由此得出结论：各国经济政策的冲突主要来源于商品、资金等跨国交易对国内外发展状况的敏感性，而非跨国交易的绝对或相对数额的大小。相互依赖理论的另外两位代表人物即罗伯特·基欧汉（Robert O. Keohane）和约瑟夫·奈（Joseph S. Nye），于1977年在《权力与相互依赖》（*Power and Interdependence*）一书中，对相互依赖这一概念做了更深入的阐述。首先，他们将相互依赖界定为所谓的"代价效应"（costly effects），并突破性地将相互依赖关系分为"敏感性相互依赖"（sensitivity interdependence）和"脆弱性相互依赖"（vulnerability interdependence）。其中"敏感性相互依赖"是指在现有政策框架内一国对外部冲击做出反应的程度，即"一国变化导致另一国发生有代价的变化的速度有多快？所付出的代价有多大？"[①]。他们将布雷顿森林体系中的国际货币状况作为敏感性相互依赖存在的例证：由于该体系对各国货币政策构成了一定限制，因而欧洲各国对美国货币政策的变化存在敏感性，而美国对欧洲各国将美元兑换成黄金的要求也存在敏感性。其次，他们认为"脆弱性相互依赖"是指一国为应对冲击改变政策框架所带来的成本，可用各国获得替代选择的

---

① 参见〔美〕罗伯特·基欧汉、约瑟夫·奈《权力与相互依赖》（第3版），门洪华译，北京大学出版社，2005，第12页。

能力及其付出的代价进行衡量。仍然以国际货币体系为例：历史上美国与英国都对其他国家对美元或英镑的兑换要求存在脆弱性，即两国以不履行货币兑换义务的形式改变政策框架所带来的成本。显然，美国的脆弱性小于英国，正如 1971 年 8 月 15 日所见证的，美国以可承受的代价改变了国际货币体系的规则。由此可见，基欧汉和奈对两种经济相互依赖的界定，均以外部冲击和应对成本作为出发点，以现有政策框架是否改变作为分界线，用所付出的成本或代价的大小作为衡量尺度，来定义其敏感性与脆弱性。需要指出的是，基欧汉和奈是在国际政治经济学的范畴内对相互依赖关系进行界定的。正如他们在该书中所指出的："敏感性相互依赖既表现在经济方面，也表现在社会或政治方面……我们指的是经济实体或政治实体间存在的敏感性，而不仅仅指经济学家常用的价格敏感性或利率敏感性，我们的概念建立在库珀的概念基础之上，但与后者又有所区别……如果（认为）相互依赖只包含敏感性，那么就会忽略相互依赖关系中最为重要的政治侧面。"[1] 事实上，他们提出敏感性与脆弱性的目的在于区分权力的来源，进而探究经济相互依赖关系将导致依赖双方是冲突加剧还是和平共处。

对经济相互依赖的度量问题是深化分析的关键，即运用哪些经济指标来衡量相互依赖关系中敏感性与脆弱性的大小。20 世纪 70 年代，以理查德·罗斯克兰斯（Richard Rosecrance, 1977）等人为代表的学者，致力于对经济相互依赖敏感性及脆弱性进行度量。他们首先区分了以生产要素的跨国流动为特征的"水平相互依赖"（horizontal interdependence）和以各国商品及货币价格趋同及相互影响为特征的"垂直相互依赖"（vertical interdependence），并强调后者更具备研究的价值。他们以此为基础，利用相关性分析方法（correlation methodology），考察消费品物价指数、工资价格指数以及制造业生产指数在各国间变动的相关程

---

[1] 参见〔美〕罗伯特·基欧汉、约瑟夫·奈《权力与相互依赖》（第 3 版），门洪华译，北京大学出版社，2005，第 13 页。

度，并将其作为衡量敏感性大小的数量指标。其次，罗斯克兰斯利用出口商品集中度（commodity concentration of exports）来刻画脆弱性的大小，认为当一国出口商品大量集中在少数类型产品时，对贸易禁运或高额关税的政策变动具有较大的脆弱性。然而，玛丽·坦特里尔特（Mary Ann Tetreault, 1980）利用两组区域数据对这种相关性分析方法提出了质疑。她认为，两国间经济指数的相关性是许多因素综合作用的结果，包括在同一体系内受公共外部环境的影响，或受体系内同一内生变量的冲击[①]，所有这些因素均可能导致同类经济指标的同向性运动，因而单纯以这种同向变动表现出来的相关性来衡量相互依赖是难有说服力的，结果往往是彼此间真实存在的经济相互依赖程度被高估或低估。

20世纪八九十年代，国际交往中商品和服务贸易占主导地位，因而大量研究经济相互依赖的文献以双边贸易量或其对国内GDP的比值作为依赖程度的指标。其中最具代表性的是约翰·奥尼尔（John R. Oneal）和布鲁斯·拉塞特（BruceM. Russett）在一系列文献中，利用对外贸易对总产出的比例来衡量敏感性及脆弱性的程度。他们认为，这一指标足以包含相互依赖关系中的成本因素。然而，也有许多学者对这种度量方法提出质疑。如马克·高索罗斯基（Mark Gasiorowski, 1986）认为，贸易流量指标无论是绝对值还是相对值，都不能包含国际贸易所导致的代价效应，它们最多只能体现两国间的相互联系（interconnection）。高索罗斯基认为，不同于单纯的贸易量指标，加入对通货膨胀传播机制（transmission of inflation）的探讨有助于将成本因素包括进来，对经济相互依赖的敏感性和脆弱性进行有效的衡量。一国的对外贸易将通过两种效应的综合作用影响国际通货膨胀的传播，而这一综合作用将取决于进口国的需求价格弹性

---

① 文中以石油价格上涨作为体系内共同的内生变量，对称地作用于多国物价水平为例，参见 Mary Ann Tetreault, 1980, "Measuring Interdependence," *International Organization*, Vol. 34, No. 3, pp. 429–443.

(import price elasticity of demand),即一国在进口商品相对价格变化时多大程度地将需求在进口商品与国内商品间进行转移,这一弹性的大小将衡量该国对外贸易会使本国物价水平对国际通胀水平具有多大的反映程度。张蕴岭(1988)指出,一项全面的相互依赖指标,不仅应表明相互关系密切的程度,即双方是怎样相互依赖的,也应包括不对称程度。非对称性有一个程度问题,也有一个结构问题,且过度的非对称性对相互依赖机制的正常运转是一个限制。雷达(1999)指出,在国际经济学领域中使用"相互依赖"的概念,仅从国与国之间的交易规模占国民总产出的比重来考察是不够的;而应该综合考虑以下三个方面:一是中断经济交往关系的经济成本;二是各国经济变量之间的相互依存关系要用边际值来衡量;三是"相互依赖"要重视经济结构的相互依赖。

进入21世纪以来,经济全球化的迅速发展使国与国之间的经济相互依赖现象更加普遍。更为重要的是,在经济全球化时代,国际贸易不再扮演唯一主要的角色,而资本的跨国流动则开始起到至关重要的作用。在全球经济发展变化的同时,理论上的归纳与创新也在不断进行。如基欧汉和奈在2001年对《权力与相互依赖》一书进行修订时,对敏感性与脆弱性的外延进行了补充。针对国际金融货币联系越来越密切的现象,他们指出:"金融中心利率的协变(covariation),纽约股市对亚洲股票价格的影响,1997年泰国金融危机向亚洲其他市场的蔓延效应,都是经济敏感性的事例。"而对于经济相互依赖的脆弱性,则特别强调在推出新政策以应对货币冲击时所付出的成本,"如果外在因素导致利息上涨,而后者对经济活动产生了负面影响,那么是否存在有效的应对措施?如果有,这样做的代价是什么?"Gartzke(2001)指出了仅以贸易作为衡量指标的局限性,认为国际资本市场的充分发展以及国家间的货币政策协调都显示了资本流动在经济依赖关系中扮演的重要角色。他引入盯住汇率制度、统一货币区域以及资本市场开放程度等变量,得出对外直接投资与国际贸易共同增进了跨国经济联系，进而加深了各国之间的经济相互依赖程度。Mansfield（2001）在对既有研究进行总结的同时，也对单纯运用贸易数据提出了质疑，并且在指出其缺陷的同时，强调了运用预期收益模型（gain theme）对敏感性及脆弱性做出度量的潜力[①]。这一思路是通过经济交往得出反映经济相互依赖的成本，通过度量进口需求弹性并利用非现实情形（counterfactual condition）的预测方法来衡量敏感性和脆弱性的大小。综上所述，相互依赖理论的内涵和度量方法伴随国际经济的发展逐渐深化和丰富，为该理论的深入分析提供和奠定了重要的条件与基础。

二 经济相互依赖的传导机制：国际经济学的分析视角

从国际经济学意义上描述的经济相互依赖，一方面考察两国经济交往的规模和结构，另一方面重视数理分析模型的建立以及对一系列体现"敏感性"参数的刻画。

"敏感性"参数的刻画与经济联动效应是紧密相关的，往往依托于大型的多国宏观经济联动模型。此类模型的构建思路基本上秉承了凯恩斯主义的总量分析的思想；而在方法上则基本采用 Tinbergen、Klein、Cowles 委员会等倡导的建模方法，将模型分为实体经济模块、金融模块、价格模块、政策模块等[②]。因为模块划分详细，所以规模庞大、变量众多。这种结构性模型可以清楚地显示不同部门的行为特征以及各部门之间的相互关系。模型中对于冲击影响的模拟建立在行为方程长期均衡状态以及短期调整过程的基础之上。其中多国联动模型的核心是对经济运行机制尤其是联动机制的设定，对联动机制的不同设定将演变出不同类型的联动模型。表 1-1 总结了早期具有代表性的联动模型。

---

① 这一思路最早由 Solomon W. Polacheck（1980）提出，他同时认为这一思路不仅适用于贸易关系，而且可以扩大到对国际投资、援助、对外交流的分析。
② 刘斌：《国内外中央银行经济模型的开发与应用》，中国金融出版社，2003，第 2 页。

表1-1 早期联动模型分类

模型	贸易联动条件	货币联动条件	汇率设定	所包含国家
联合计划模型（1973年）	克莱因-范·皮特森	短期资本流动	固定汇率	OECD国家
EPA世界计量经济学模型（1982年）	希克曼-劳	收入、资产和利率	固定或管理浮动	OECD国家
MCM（1982年）	进出口由收入和竞争价格决定	直接投资	固定汇率	美国、加拿大、日本、英国、德国
INTERLINK（1982年）	萨缪尔森-库瑞哈拉	无	固定汇率	23个OECD国家加上8个地区

资料来源：《国际经济学手册》，经济科学出版社，2008，第405页。

宏观经济联动模型是探究经济相互依赖中敏感性的核心工具。通过对冲击所造成的偏离稳态值的模拟，可以较好地刻画出一国对外部冲击"以多快的速度发生多大的变化"。20世纪80年代末，具有权威性的多国模型包括国际货币基金组织的MULTIMOD模型（Masson et al.，1988）、经合组织的INTERLINK模型（Richardson，1988）以及美国联邦储备委员会的多国模型（MCM，Edison et al.，1987）等[①]。国际货币基金组织的研究人员从全球贸易依赖的角度出发，在20世纪80年代石油价格上涨时，利用MULTIMOD模型进行仿真模拟，以石油价格持续按20%的幅度增加的假设考察对各国实际GDP、通货膨胀率和货币政策效果产生的影响。另有一些研究人员从全球金融依赖的角度出发，曾于1997年同样利用MULTIMOD模型对亚洲金融危机可能给全球经济带来的风险进行仿真模拟。模型将流向东亚新兴市场经济体的资本流动量缩减1000亿美元，以此考察亚洲金融危机通过种种传导机制对世界其他地区的影响。刘斌（2003）利用MULTIMOD模型，对美国债务比例上升的溢出效应进行模拟，即以美国债务水平对GDP的比例在长期增加10%为假设，考察了美国的

[①] 詹宏毅：《全球经济的非对称依存》，中国人民大学出版社，2010，第12页。

这一国内政策对世界其他经济体产生的影响。马跃、曾澍基（2004）也将 MULTIMOD 模型与中国内地和香港特区的开放经济宏观模型相结合，形成了一个新的世界模型，分析中国内地、香港特区和世界其他地区经济的相互影响。需要指出的是，所有这些模型由于分析视角的庞大常常存在某种缺陷，许多政策反馈作用并不能充分显示出来。为此，国际组织和相关机构的研究人员仍在不断完善此类多国宏观经济模型，以提高模型对现实经济的分析能力[①]。

三　经济相互依赖的政治意义：国际政治经济学的分析视角

在国与国之间的经济相互依赖现象显现的初期，许多经济思想家认为，经济相互依赖对和平的大国关系具有明显的促进作用。这类观点通常散见于早期的经济思想家的理论著作之中[②]，并带有主观价值判断的色彩；但此时"贸易和平论"还未上升为独立的研究问题。理查德·科布登（Richard Cobden, 1903）作为"相互依赖和平论"的首创者，其逻辑核心是经济相互依赖促进国家繁荣从而避免战争的爆发。[③] 诺尔曼·安吉尔（Norman Angell, 1933）在其巨著《大错觉》中指出，一国在比较贸易收益与战争收益之后，将倾向于维护由相互依赖带来的成果而避免战争。在第二次世界大战结束后，这种沾染自由主义色彩的理想化的相互依赖观与功能主义理论相结合，得到了更大的发展。卢林（1990）认为，相互依赖关系使两国的经济领域发生重叠，逐渐构成了一个更大的系统，在新的系统中某一部分的变化会导致整个系统出现连锁性的反应，并进一步指出，经济相互

---

① 例如 2004 年 IMF 研究员在第三代 MULTIMOD 模型的基础上发展出更完善的 GEM（Global Economic Model）以提高国际货币基金组织的政策分析能力。
② 从亚当·斯密、大卫·李嘉图、穆勒到孟德斯鸠、诺曼·安吉尔、弗朗西斯·德莱赛、戴维·米特兰尼、爱德华·卡尔等，参见邝艳湘《中美学者的相互依赖理论研究：一种比较的视野》，《世界经济与政治论坛》2011 年第 3 期。
③ 参见 Richard Cobden. *The Political Writings of Richard Cobden*. London: T. Fischer Unwin, 1903；常欣欣《和平与经济相互依赖关系的理论考察》，《北京行政学院学报》2001 年第 5 期。

依赖促进国际一体化进程，必然有助于国际和平的发展①。

然而，"贸易和平论"的观点并不完全符合国际政治的现实。从两次世界大战的爆发到第二次世界大战结束后各种地区性的政治军事冲突中可以看出，经济上的相互依赖并不能自动地保证国家之间的和平相处。20世纪70年代，国际关系理论对经济相互依赖问题有了一个更深刻的认识：相互依赖实际上仍然与现实主义理论中的"权力"密切相关，依赖关系事实上成为一种权力的来源；权力斗争并未消失，只不过体现为一种新的表现形式。基欧汉和奈最早在第一版的《权力与相互依赖》一书中，提出将"敏感性"与"脆弱性"作为理论分析工具，并系统论述了相互依赖（尤其是非对称的相互依赖）与权力之间的关系。基欧汉和奈认为，不对称的相互依赖关系逐渐替代政治军事实力成为越来越有效的权力手段。同时，鉴于权力的衡量标准和赖以产生的资源经常随时代而变化，当非对称相互依赖成为权力来源时，权力更突出地表现为"对资源的控制和对结果的潜在影响"②。罗伯特·吉尔平（Robert Gilpin, R., 1977）也提出了类似的观点。他指出，相互依赖并非第二次世界大战后的独特现象，历史上许多国家在特定问题上存在依赖关系；而当代相互依赖的特点是非对称性，非对称性是当代相互依赖关系政治含义的核心，构成了一方对另一方行使权力的基础③。权力与相互依赖是相互作用的，权力结构决定相互依赖的性质，相互依赖的非对称性反过来构成了权力资源（斯特兰奇，2006）。从这一时期开始，经济的相互依赖关系除了典型的自由主义色彩外，开始与现实主义的国家权力格局和权力分配相关联，并出现了现实主义学派与自由主义学派在经济相互依赖究竟是

---

① 参见卢林《国际相互依赖理论的发展轨迹》，《世界经济研究》1990年第7期。
② 参见罗伯特·基欧汉、约瑟夫·奈《权力与相互依赖》（第3版），门洪华译，北京大学出版社，2005，第35页。
③ 参见 Robert Gilpin, R. *Economic Interdependence and National Security in Historical Perspective*. Economical issue and national security, 1977；卢林《国际相互依赖理论的发展轨迹》，《世界经济研究》1990年第7期。

促进和平还是导致摩擦这一问题上的争论。彼得·沃勒斯丁（Peter Wallensteen，1973）认为，贸易促进和平是有条件的，当贸易结构不平等时反而会导致冲突。马克·高索罗斯基（Mark Gasiorowski，1986）认为，贸易与和平的关系会由于贸易收益与贸易成本的不同度量方法而出现不同的相关性。约翰·米尔斯海默（John Mearsheimer，1992）认为，一国出于对敏感性和依赖性的担忧，会诱发冲突的增长。爱德华·曼斯菲尔德（Edward D. Mansfield，1993）利用实证方法证明，当年贸易依赖程度的提高会在今后五年内减少爆发战争的次数。约翰·奥尼尔（John Oneal，1996）认为，当对外依赖关系举足轻重时国际冲突的概率将显著降低。这种自由主义与现实主义的辩论使一些学者发现，相互依赖对和平的促进作用是有条件的。罗伯特·吉尔平（Robert Gilpin, R.，1994）指出，依赖关系无法消除国家之间的竞争和不信任，贸易并不总是和平的力量；相反，随着相互依赖的增加，国家会更加担心失去自主权。肯尼斯·华尔兹（Kenneth N. Waltz，2003）也指出，如果相互依赖的双边关系无法得到规范，必然会发生冲突和摩擦。由此，国际制度也成为相互依赖理论的研究对象，并重点涉及减少国际制度中的不确定性和信息不对称性等问题。

除了和平与战争的辩论，还有一些研究探讨了相互依赖双方主动达成合作的可能性，并提出了导向合作的动力机制。如所罗门·波拉切克（Solomon W. Polacheck，1980）和理查德·罗斯克兰斯（Richard Rosecrance，1986）引入成本收益机制，认为冲突与合作都存在"机会成本"和"调整成本"的问题；而依赖程度如果提高了合作的收益就有助于依赖双方达成合作关系。罗纳德·罗格维斯基（Ronald Rogowski，1989）和爱特尔·索林根（Etel Solingen，1998）引入利益集团影响机制，认为相互依赖关系会在国内形成利益集团；集团受利益的驱使将倾向于影响政府保持和平稳定的对外依赖关系。戴维·米特兰尼（David Mitrany，2002）和厄恩斯特·哈斯（Ernst B. Hass，

2002）引入合作效应外溢机制，主张一个领域的合作成功将成为其他领域合作的动力来源，在某一领域一体化程度的提高将外溢到其他部门[①]。格里科（Greco，2001）与斯奈德（Snyder，2001）引入了博弈机制。但是格里科认为，依赖双方会由于对"相对收益"敏感度的不同而产生不同的博弈结果，即当敏感性足够大的时候，会组织任何类型的长期合作；而斯奈德认为，当绝对收益足够大时，即使相对收益的分配并不平衡，但合作仍可以继续下去[②]。尽管对于相互依赖关系的国际经济分析与国际政治分析极大地丰富了相互依赖理论的内涵，但仍然存在一定的理论弱点。其分析方法仍然主要停留在从国际政治和国际经济的现象和结果来论证相互依赖关系的经济意义与政治意义，而未能对相互依赖关系的形成、基础及其实质做出深入、系统的阐述，因此无法对相互依赖的积极作用和消极作用做出统一且深入的分析，从而导致有关经济相互依赖的国际政治分析和国际经济分析未能彼此融合，而基本上依然处于分离的状态。

四　中美经济相互依赖关系及其非对称性

自从中国加入世界贸易组织（WTO）即全面融入全球市场经济体系后，伴随中美经济相互依赖关系的迅速发展，相关研究成果不断涌现。在研究方法不断深化的同时，理论观点也得到不断的求证。

首先，一部分学者从经济联动的视角出发，关注了中美两国经济周期的同步性问题。如彭斯达和陈继勇（2009）对中国改革开放尤其是20世纪90年代以来中美两国经济周期的协动性进行了分析。其研究结论是：中美两国经济周期在现阶段的协动性较弱，但显示出逐渐增强的趋势；同时中国经济增长的速度和潜力高于美国，但经济运

[①] 参见〔美〕詹姆斯·多尔蒂《争论中的国际关系理论》，阎学通等译，世界知识出版社，2002。

[②] 参见大卫·A. 鲍德温《新现实主义和新自由主义》，肖欢容译，浙江人民出版社，2001。

行的稳定性低于美国。郑超愚和赵旸（2010）通过对中国经济景气感应美国经济景气理论假说的验证，得出由内部需求驱动的美国经济波动能够通过国际贸易途径从外部驱动中国经济波动从而使中国的经济周期必然与美国的经济周期耦合这一结论。

其次，一部分学者侧重从虚拟经济联动性出发，着重探讨了中美两国各类资本市场的相互影响（主要以股票市场、黄金市场的联动性为主）。如方毅、王雄威和桂鹏（2010）结合实体经济和虚拟经济，采用多元GARCH模型研究中美经济之间的关联性，认为中美实体经济联动的紧密性是时变的。王胜（2012）针对中美两国的主要宏观经济变量，对1993~2007年这一期间中美经济发展对中国货币政策传导机制和效果的影响进行实证分析后得出结论：第一，中美两国经济关系呈现高度的协同性，中国的净出口贸易量、工业产出水平等多项指标都受到了美国因素的影响；第二，中美经济的交流与互动对中国货币政策的传导机制与效果产生了影响，主要表现在利率效应的减弱、产出效应的增强以及汇率的支出转移效应得到了强化等方面。

再次，一部分学者重点关注了全球金融危机时期中美两国的联动机制。如黄在鑫和覃正（2012）研究了全球金融危机时期中美两国之间金融市场危机的传导途径：一是中国大陆金融市场与美国金融市场的传导途径；二是以香港金融市场作为传导链上节点的传导路径。王聪和张铁强（2011）从美国次贷危机对中国经济构成冲击这一角度指出，国际贸易渠道越来越成为外部经济波动向国内传导的重要渠道；在美国次贷危机发生期间，中国的出口速度、进口速度、上证综合指数以及吸收外商直接投资均由正增长变为负增长；而在贸易传播渠道中发挥作用的收入效应、价格效应以及财富效应，在美国次贷危机对中国经济构成冲击的过程中效果明显。李成、王彬和黎克俊（2010）运用实证方法研究了美国次贷危机前后中美两国利率之间的联动机制。其研究结果证明，中美两国利率之间存在显著的波动溢出效应；美国利率的上升或下降对中国利率的波动性以及对中美两国利率之间协动性的影响具有非对称效应。

最后，一部分学者关注了中美两国货币政策的溢出效应及其传导机制的问题。如王树同、刘明学和栾雪剑（2009）指出，美国货币政策对中国货币政策的溢出效应日益明显，并可能使中国面临比美国更为严重的通货膨胀压力和资产价格泡沫压力。肖娱（2011）检验了美国货币政策冲击对包括中国在内的6个具有不同汇率制度的亚洲经济体的传导渠道，探索性地运用了主成分分析（principal components analysis）方法，提高了对货币政策冲击的识别度。夏春秋和绍志勤（2011）在研究中美两国利率政策的有效性时指出，受人民币升值预期和外汇储备不断增加的影响，中国的利率政策越来越受制于美国的利率调整。张定胜和成文利（2011）利用一个一般均衡模型，通过刻画中美贸易关系的两个主要特征（中国的固定汇率制度与美元的国际货币地位），得出了美国货币扩张对中国经济的政策溢出效应表现为中国的财富向美国转移、中国的相对贸易条件下降以及中国出口部门与美国非贸易部门的扩张这些结论。丁志国、徐德才和赵晶（2012）基于FAVAR模型研究了美国货币政策对中国价格体系的溢出效应和传导机制，认为美国存款利率、货币市场利率以及以M_1和M_2为度量指标的货币流动性，通过贸易途径、信贷渠道、利率渠道以及预期渠道，对中国的宏观经济变量和中国的价格体系产生了直接与间接的影响；得出了中国货币当局在政策选择过程中必须充分考虑来自外部的影响这一结论。胡援和张朝洋（2012）一方面从资金输入渠道的角度指出，美国联邦基金利率走低和美元指数下滑会带动中国国内商品房销售价格和资本市场价格的结构性上升，进而拉动中国国内的通货膨胀（其中以市场利率和短期资本流动传导尤为显著）；另一方面从货币扩张渠道的角度指出，货币扩张主要通过外汇占款和人民币升值预期对国内的通货膨胀产生影响，而且以对消费领域的影响较为明显。

从国际政治关系的视角出发，学术界对中美两国经济相互依赖关系的变化分别形成了两种不同的观点。如同现实主义与自由主义的争论一样，学者们对中美之间是否会爆发冲突持有不同的观点。约翰·米尔斯海默（Mearsheimer, 2005）认为，中国不可能和平崛起，如果中国在未来继续保持高速的经济增长率，中美之间将有产生军事冲突的可能，亚洲其他国家将被美国联合起来共同遏制中国的力量。然而，兹比格涅夫·布热津斯基（Zbigniew Kazimierz Brzezinski, 2005）则指出，中国的发展并不必然伴随着历史上新兴力量崛起所带来的负面结果，目前的中国在融入现有国际体系中时分享到了巨大的经济利益，而这正是中国政府所追求的，有理由相信中美之间在政治分歧尤其是台湾问题上的敌对状态将由经济利益的密切相关性大大抵消。宋国友（2007）认为，中美之间已经形成了较深的经济相互依赖，但这种相互依赖表现出的是典型的现实主义特征而非自由主义色彩，"权力和安全等要素渗透到两国的经济交往中……在多重因素的共同影响下，中美经济相互依赖未必会导致和平"。而余万里（2007）从结构性角度出发指出，由于塑造国家相互依赖关系的主体并不是作为整体的国家（或政府），而是跨国企业和集团，因此相互依赖关系可以从结构上重新定义：相互依赖的国家内部必然形成某种跨国性的利益共存结构，并通过国内政治过程对双边的政治和外交关系产生影响。约瑟夫·奈（2010）指出，虽然中美之间的债权债务关系使得两国之间形成了某种制衡，但实际上，这种表面上的对称性犹如金融恐怖平衡，"类似于当年的核恐怖平衡，美苏两国可以通过核战争摧毁对方，但它们并没有这样做"；相反，关注中美之间非对称的相互依赖才是考察中美权力格局的关键。

对于如何判定中美之间的相互依赖的非对称性，学者们有不同的观点。如宋国友（2007）以美国对华出口占其出口总额的比重、美中贸易占美国对外贸易总额的比重、美中贸易额占美国GDP的比重与中国方面的对应数据之间的比较，衡量了中美贸易关系的非对称特征。他驳斥了美国哈佛大学前校长劳伦斯·萨默斯（Lawrence H. Summers）所提出的"金融恐怖平衡"——中国帮助美国政府实现财政收支平衡、美国为中国提供巨额贸易顺差，认为中美在金融领域的相互依赖仍然是非常不对称的。中国对美国的需求远远超过美国对中国的需求，两国并未形成对称性互惠共生关系。张宇燕和李增刚（2008）指出，无论是从经济还是贸易规模以及国际货币储备上，中国对美国的依赖都要大于美国对中国的依赖。外围国家由于对美国的严重依赖，而被动接受了后果非中性的体系。雷达和赵勇（2008）从贸易依存关系的视角，认为中美之间贸易依存的非对称性包括三个方面：一是中美贸易依存度的非对称性，具体表现为美国是中国最重要的商品出口国，而中国只是美国诸多的进口伙伴之一；二是中美两国贸易结构的非对称性，具体表现为中国对美国的出口集中在劳动密集型产品上，美国对中国的出口集中在资源和资本密集型产品上，而劳动密集型产品的需求价格弹性高于资源和资本密集型产品，这也决定了中国对美国商品的依赖远大于美国对中国商品的依赖；三是中美贸易对两国国民经济贡献的非对称性，中国对美出口的增长是国民经济增长的主要驱动力量，而美国通过从中国进口中间产品，可以实现经济增长的集约化转变，提高产品的生产效率和产业结构的优化调整，并实现低通胀情况下的经济高速增长。因此，中美经济相互依赖是一种非对称的相互依赖，即相互依赖程度较小的一方一定是利益分配占据优势的一方。王信（2009）从国际货币博弈的角度出发，指出中国对美国金融市场的依赖可能超过美国对中国资金的需求，这将削弱人民币在国际货币博弈中的地位。相对较强的实体经济和国际收支顺差并不能保证一国货币成为国际货币，金融实力在国际货币博弈中起到更加关键的作用。由于美国金融市场发达，金融实力遥遥领先，因此在国际货币博弈中的优势更明显。王帆（2010）指出，美国对中国开始实施一种新的合作型施压策略，该策略成为美国对华战略的手段之一。詹弘毅（2010）利用经济边际变动的定义设计了

"金融依存度"与"金融依存对称度"这一指标(见表1-2)。表1-2中衡量了 AB 两国间的金融依存度(Financial Dependence, FD),在刻画对称度时(以 θ 表示)将两国间较小的依存度数据比上较大的数据(min/max)。

表1-2 金融关系非对称性的衡量指标

金融领域	以货币供应量为指标	金融依存度	$FD_{AB} = \dfrac{\Delta m_{AB}/m_A}{\Delta m_B/m_B}$
		金融依存对称度	$\theta = \dfrac{\min(FD_{AB}, FD_{BA})}{\max(FD_{AB}, FD_{BA})}$
	以利率为指标	金融依存度	$FD_{BA} = \dfrac{\Delta r_{AB}}{\Delta r_B}$
		金融依存对称度	$\theta = \dfrac{\min(FD_{AB}, FD_{BA})}{\max(FD_{AB}, FD_{BA})}$

资料来源:詹弘毅:《全球经济的非对称依存》,中国人民大学出版社,2010。

夏立平(2010)对21世纪初的中美经济关系中的非对称特征进行了概括,认为非对称的中美经济关系具有以下几层含义:国际体系中占主导地位的大国与上升中的大国的关系、最大的发达国家与发展中国家的关系、后现代化国家与正在争取实现现代化的国家的关系。中美之间在经济发展水平和阶段上的差异不免会对两国经济相互依赖的非对称性的形成起到一定作用。项卫星和王达(2011)在对中美金融相互依赖关系中的非对称问题进行研究时,运用四个指标(即中国对美投资额占中国对外投资总额的比重、美国对华投资额占外国对华投资总额的比重、美国对华投资额占美国对外投资总额的比重以及中国对外投资额占外国对美投资总额的比重),分析了中美两国在资本依存度和双边资本流动结构上的非对称性,并揭示了这种双边资本循环对两国经济和金融影响的非对称性(即美国充当积极的借贷者和消费者的角色,而中国则扮演被动的储蓄者和廉价资金提供者的角色;相对分散的外部融资来源降低了美国对中国金融的依赖程度）。项卫星和王冠楠（2012）进一步认为，中美经济之间的这种非对称的相互依赖决定了中国的敏感性和脆弱性远远高于美国，中国难以在短期内摆脱对美国的市场依赖和金融依赖，中美之间的"金融恐怖平衡"是一种非对称的"恐怖平衡"。

以上的既有研究从不同角度论证了中美经济相互依赖关系中非对称性的存在，重点探讨了中美两国在经济交往规模与结构上的非对称性，也设计并运用了相关指标对这一非对称的程度进行测量。但是，大多数研究的视角仍然局限于对经济现象的描述，而缺乏从中美两国宏观经济影响机制的层面进行更为深入的研究，这也导致了对非对称性形成机制的研究不足。尽管已有个别学者指出了导致中美经济相互依赖中的非对称特征的成因，但是并未对其形成机制进行深入的研究。

第五节　本研究的基本思路、研究方法及逻辑主线

一　本研究的基本思路

运用相关的经济学理论和国际政治经济学理论以及数理模型，从"提出问题——分析问题——提出具体战略"这一研究思路出发，首先，构建一个有关宏观经济相互依赖的理论分析框架。在这个理论分析框架中，分别对宏观经济的结构性相互依赖、中美经济相互依赖中的敏感性与脆弱性以及中美经济相互依赖关系的非对称性进行理论上的阐述。其次，在此基础上，从贸易和金融这两个视角，对中国在中美经济相互依赖关系中的敏感性进行了分析；并对"金融恐怖平衡"和"债务人逻辑"这两个构成中美经济相互依赖关系中的脆弱性的问题进行了分析。基于这些分析，以人民币汇率问题为例，对中美经济相互依赖关系的非对称性与权力制衡进行了研究。最后，提出了具体的对美经济战略即中国如何应对中美经济相互依赖的非对称性。

二 本研究的研究方法

首先,运用理论分析与经验分析相结合的研究方法,以开放宏观经济理论为基础,构建两国的联动模型;在此基础上,运用实证方法考察中国在与美国经济相互依赖关系中的敏感性与脆弱性。其次,运用经济学分析与国际政治经济学分析相结合的研究方法,探讨中美经济相互依赖中非对称性形成的来源与基础,分析非对称性对两国权力结构的影响。最后,在此基础上,以国际政治经济学的视角,论证中美两国之间应该如何通过加强经济和金融合作,使两国的经济相互依赖关系得以改善,特别是从"消极依赖"向"积极依赖"转变。

三 本研究的逻辑主线

本研究的逻辑主线如图1-1所示。

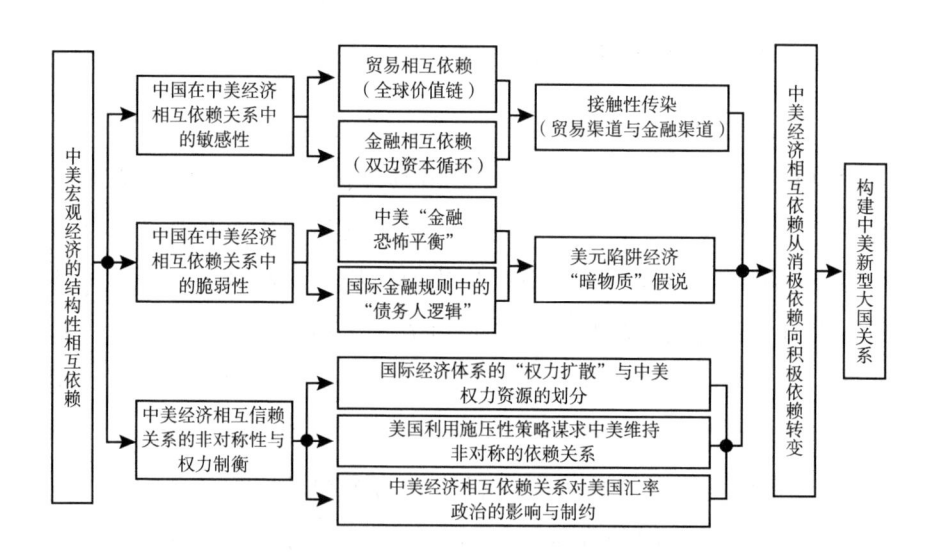

图1-1 逻辑结构

第二章
宏观经济相互依赖的理论分析框架

经济相互依赖的内涵包含两种：一种是指一国受到国外经济扰动的影响程度，一般从频率和强度两个方面考察，这类现象被概括为"敏感性相互依赖"；另一种是指一国为了降低敏感性而做出调整所带来的成本，一般可用各国获得替代选择的能力及其付出的代价进行衡量，此类现象被概括为"脆弱性相互依赖"。每一种定义的相互依赖在度量上都是多元（多维）的。

——〔美〕罗纳德·W. 琼斯，彼得·B. 凯南：《国际经济学手册》

第一节　概念的界定与研究视角

在学术研究中，"相互依赖"（interdependence）作为一个应用广泛的词语，在计量经济学、国际经济学以及国际政治经济学中都充当重要的概念，并且被视为复杂理论的分析基础[①]。相互依赖的核心含义，是描述两个对象之间互为因果、相互作用并且互相制约的双边关

[①] 中国学者在引入相互依赖理论时，对"interdependence"一词的翻译有"相互依赖"与"相互依存"两种表述，但这两种表述实际所指代的含义是一致的。本研究参照的是门洪华翻译的《权力与相互依赖》一书，采用"相互依赖"这一表述。

系。当我们在国际经济与国际政治的范畴内讨论相互依赖时，我们关注的是国际相互依赖关系将对依赖双方之间的资源配置产生何种影响？其中既包括经济资源，也包括政治资源亦即权力资源。

一　经济相互依赖的内涵与度量

经济相互依赖（economic interdependence）的形成归因于国际贸易和国际金融的发展，即两个国家在贸易和金融领域内的经济交易量的增长，是经济相互依赖关系形成的必要条件。但是，单纯的经济相互联系（economic connection）并不等同于经济相互依赖。经济相互依赖形成的充分条件是基于以下两种情形的发生：第一，对方国家发生的事情将对本国经济运行产生影响；第二，一国能够做的和将要做的事情在一定程度上依赖于对方国家的行动和政策。经济联系与经济依赖之间最大的不同在于，后者强调一种为外力所支配并受其巨大影响的状态。在20世纪70年代，有关国际关系的理论探讨几乎都以相互依赖作为问题的背景和现实渊源。国际关系学者通常以"代价性影响"（costly effects）对相互依赖进行定义，将相互依赖描述为"以国家之间或不同国家的行为体之间相互影响为特征的情形"，由于相互依赖关系限制自主权，因此相互依赖总是与代价相关。简言之，只有当两国建立了需要付出成本的经济相互联系时，才具有经济相互依赖关系。由此可见，经济相互依赖关系是在经济开放程度达到一定水平时产生的。事实上，经济开放路径的选择将在很大程度上决定经济相互依赖关系的属性。在经济相互依赖关系中，收益与成本是共存的：收益是促使相互依赖关系建立的动因，而成本则是建立起相互依赖关系后难以避免的利益损失。经济相互依赖关系的收益与成本的核心是如何分配，最大限度地趋利避害是行为体的本质特征。从以上逻辑出发，可以将经济相互依赖的内涵归纳为：国家之间基于双边贸易与金融交易的增长而形成的具有代价性和制约性的相互影响。从总体上说，我们可以从经济政策目标的独立性或自主权的部分丧失，来理解经济相互依赖的代价性与制约性。当两国之间形成经济相互依赖关系之后，两国将处在一个相互反馈的机制框架内，一国政策目标的实现需要将对方国家可能采取的行动考虑进来①。

对于经济相互依赖程度的度量问题，基本上存在以下几种度量方法。第一种度量方法是利用两国之间的经济交易价值（绝对价值与相对价值）来衡量依赖程度②，经济交易价值越大或比重越高，则依赖程度越高。这种方式最为直观，但存在较大的争议，即这种方式是否能将相互依赖中的成本与代价充分体现出来，值得怀疑。第二种度量方法对这一缺陷进行了弥补，即利用特殊商品或投资的不可替代性来评价相互依赖的程度。例如从对方国家进口的某种特殊商品在生产过程中是关键的投入要素，相似替代品的缺乏使得本国的这部分生产活动高度依赖这种特殊商品的进口。由于这种衡量方式关系到具体的交易行为，因此度量的标准是多元的。同时，这一方式往往关注特殊情况，例如由战争或贸易禁运引起的经济交易中断，而无法对正常经济交往时期的依赖程度给出比较全面的评价尺度。第三种度量方法从一般意义上的测算标准出发，以一国经济应对外部经济扰动所做的调整作为依赖性的评价标准，将一国在对外经济交往中的需求价格弹性、边际消费倾向以及产品替代弹性等多种边际分析指标作为度量的尺度。这种度量方法强调一国对外经济开放的特征，通过国际传导机制在依赖双方之间的传递效果来对依赖程度进行评价。第四种度量方法依托近些年来多国联动模型的普遍运用和越来越复杂的数学技术，使得多国模型得以刻画各种经济冲击，并能够较好地模拟出主要经济变量受冲击后所造成的路径偏

---

① 这里体现的是相互依赖关系的博弈性和战略性的一面：国家 A 的行动将会影响国家 B 的行动，反之亦然；同时每个参与者在构建自己的行动框架时，在总体上应该考虑这些预期到的反应。

② 部分文献以双边贸易量或其对国内 GDP 的比值作为依赖程度的指标，最具代表性的是约翰·奥尼尔（John R. Oneal）和布鲁斯·拉塞特（BruceM. Russett）。Gasiorowski（1986）认为，贸易流量指标无论是绝对值还是相对值，并不能包含国际贸易所导致的成本附加，它们最多只能体现两国之间的相互联系。

离。由于这一模拟技术可以对两国之间进行多种情景分析,并通过将严谨的数学逻辑与经典的经济学原理相结合来衡量两国之间的动态关系,因此成为未来进一步测算相互依赖程度的主要发展方向。

二 经济相互依赖中的敏感性和脆弱性

如前所述,经济相互依赖的敏感性与脆弱性是由国际政治经济学家提出的。由于国际政治关注国家权力以及相互依赖的非对称性,强调权力在相互依赖中的作用,因此相互依赖的敏感性与脆弱性成为分析此类问题的概念基础。敏感性(sensitivity)是指一国在现有政策框架内对外部冲击做出反应的大小,即"一国变化导致另一国发生有代价变化的速度有多快?所付出的代价有多大?";而脆弱性(vulnerability)是指"行为体因外部事件(甚至是在政策发生变化之后)强加的代价而遭受损失的程度。……衡量标准只能是,在一段时间内,行为体为有效适应变化了的环境做出调整应付的代价"[①]。脆弱性可以理解为一国为应对冲击而改变政策框架所带来的成本,可用各国获得替代选择的能力及为此付出的代价进行衡量。敏感性体现在国际传导机制之中,而传导机制离不开国际贸易与国际投资行为。例如以石油为代表的能源价格的上升,将对能源进口国造成冲击;热钱流入或资本外逃将对资本账户开放的国家造成资本市场的剧烈波动。而敏感性体现在各种外部冲击通过何种传导途径影响到本国经济。相比之下,脆弱性体现在一国为降低敏感性而人为改变传导途径所承担的调整成本。对现有制度的依赖性越大,则脆弱性越高。换言之,哪一方脆弱性突出,就表明哪一方是"别无其他情形下"的确定者,或者表明另一方是能够确定规则的行为体。随着国际金融的迅速发展,脆弱性也开始逐渐体现在一国推出新政策以应对货币冲击时所付出的成本,"如果外

[①] 参见罗伯特·基欧汉、约瑟夫·奈《权力与相互依赖》(第3版),门洪华译,北京大学出版社,2005,第13页。

在因素导致利息上涨，而后者对经济活动产生了负面影响，那么是否存在有效的应对措施？如果有，这样做的代价是什么？"①

三 经济相互依赖的宏观分析视角

相互依赖是国家之间相互产生代价性影响的情形。当把这种代价性影响限制在经济范畴内时，即为经济相互依赖。从以上的论述中可知，经济的相互依赖性存在敏感性与脆弱性两种类型，而每一种类型的评估标准都是多元的。本研究选取具有宏观经济意义的分析视角，即"国内宏观经济变量受到代价性影响"的视角，来对经济相互依赖进行研究。这一视角的研究方法主要是对于宏观经济多国联动模型的构建和应用。多国联动模型包含两部分内容，首先，在不同国家或地区的内部构建一般均衡模型，设定国民经济不同部门的行为特征以及各部门之间的相互关系；其次，建立各国或者各地区之间的联动关系。联动机制的不同，将演变出不同类型的联动模型。模型在构建完成后可以对外部冲击进行模拟，模拟过程是建立在行为方程长期均衡状态以及短期调整过程的设定基础上的。虽然根据建模思想的不同，多国联动模型存在多种类型，但共同的目标是希望模型可以较好地刻画现实经济，并能够对非现实情景进行模拟，从而提供经济政策建议。这一类模型在近二十年来最具革命性的突破是对微观经济最优化策略的引入，即新开放宏观经济学的诞生②。新开放宏观经济学将经济中的微观变量与宏观指标联系起来，设定了明确的效用函数、生产函数、约束条件和一般均衡条件，通过在效用函数或生产函数中加入

---

① 参见〔美〕罗伯特·基欧汉、约瑟夫·奈《权力与相互依赖》（第3版），门洪华译，北京大学出版社，2005，第284页。
② 传统的联动模型对政策分析的模拟存在卢卡斯批判（Lucas critique）的主要缺陷，许多政策反馈作用并不能被固定的模型参数充分显示出来。20世纪90年代末，以Obstfeld和Rogoff于1995年的代表性文献《Exchange Rate Dynamics Redux》为基础，新开放宏观经济学（New Open Economy Macroeconomics，NOEM）为宏观经济相互依赖的研究赋予了更合理的微观基础。

随机变量来考察经济冲击带来的影响。简言之，新开放宏观经济学作为一个建立在微观基础上的动态随机一般均衡模型，其最大的优点在于，可以将现实经济中的多种定价结构和多种汇率制度都刻画到模型之中；并以汇率传递即汇率变动的支出转移效应为切入点，分析外部冲击对一国宏观经济的影响。例如，当模型设定经济采用PCP出口定价模式时，汇率具有完全的传递效应，此时本国扩张性的货币政策会同等程度地增加国内和国外居民的福利水平；而当采取LCP定价模式时，汇率不具有完全传递效应，此时本国扩张性的货币政策会导致贸易伙伴国的福利的损失；最后，如果设定经济采用PCP-LCP综合定价模式时，扩张性的货币政策会导致本国居民在福利分配中出现损失，而其他国家居民的福利增加。根据不同的定价结构，新开放宏观经济学的动态一般均衡模型可以完成不同汇率制度框架下的福利状况的分析，用定量评价的方式比较不同的宏观经济政策的实施效果。而从经济相互依赖的角度来看，这种方法通过度量福利水平的动态变化可以衡量出经济相互依赖导致的成本附加，为观测敏感性与脆弱性提供了重要的分析手段[①]。

第二节　宏观经济的结构性相互依赖

从第一节的论述中可知，经济相互依赖的宏观分析强调国内宏观经济变量受到的代价性影响，宏观经济变量之间的运行规律反映一国经济的结构性特征。这里所谓的"结构性"，是指经济系统内各组成部分及其相互关系的变动规律。本章所讨论的"宏观经济的结构性相互依赖"，是指两国在经济相互依赖的背景下，经济政策的传导机制与溢出效应都将

[①] 该学派后续的研究进一步考虑不确定性因素，形成了新开放经济宏观经济学——动态随机一般均衡分析框架，即NOEM-DSGE模型。这一分析框架逐渐被引入中央银行的预测和分析之中，如欧洲中央银行的NAWM模型、美联储的SIGMA模型以及IMF的GIMF模型等。参见陈云《国际宏观经济学的新方法：NOEM—DSGE模型》，《经济学家》2010年第2期。

受到经济结构性特征的影响。与此同时，本国宏观政策工具对国内经济变量的影响，将在一定程度上受到对方国家经济结构或经济政策变化的干扰，从而使一国的政策行为在另一国变成一个不可忽视的扰动项。

一 边际分析框架下的结构性相互依赖

分析经济规律离不开对经济变量之间的数量关系的探索。边际分析方法的引入，使经济学从常量分析发展到变量分析，使经济理论能够更加精准地刻画经济现实的客观规律。边际分析讨论的是自变量的微量变动将在多大程度上引起因变量的微量变动，边际值是计算新增自变量所导致的因变量的变动量，直接根据两个微增量之比求解。由此可见，边际分析是对新出现的情况进行分析。这不同于总量分析和平均分析，后者用过去的总量或过去的平均值来总结经济行为，而边际分析则是考察增量之间的变化规律。之所以在经济相互依赖理论中强调边际分析，是因为评价相互依赖的程度同样需要这一增量变化的分析视角。1985 年，理查德·库珀（Richard Coope）将相互依赖划归到国际经济学的领域，通过一个刻画两国宏观经济结构的偏导数矩阵，将边际分析引入到经济相互依赖理论之中。以一个简约的开放一般均衡模型为例，我们首先考察一国国内基本的宏观经济运行模式：

$$Y = C(Y,r) + I(r) + NE(Y,Y') + G \qquad (2.1)$$

$$M = H + R = L(Y,r) \qquad (2.2)$$

$$B = \Delta R = NE(Y,Y') - \Delta F \qquad (2.3)$$

公式（2.1）、公式（2.2）、公式（2.3）分别刻画了国民收支账户、货币市场平衡以及国际收支平衡三个方面[①]。国民收入由各部分国民支出（消费、投资、净出口以及政府支出）构成；货币市场的

---

① 在模型中，Y 代表国民产出，C 代表国内私人支出，I 代表国内私人投资，NE 代表净出口，G 代表政府支出，M 代表高能货币供给，H 代表中央银行国内债券的持有量，R 代表中央银行国际储备的持有量，L 代表货币需求函数，B 代表国际收支余额，F 代表对外国债券的国内私人持有量，r 代表国内债券利率，Y' 代表外国国民产出。

供求平衡由一国的国民收入水平和利率水平所决定；国际收支余额由净出口水平和净海外资产水平共同决定。下面将公式转换成微分形式，为边际分析创造条件。假定经济处于短期均衡状态，汇率处在均衡水平使 $B = 0$；同时 $dY' = dr' = 0$；本国对外国债券的需求由两国利率之差决定，即 $\Delta F = dr' - dr$，$F_r > 0$。对公式（2.1）、公式（2.2）进行全微分，整理得到：

$$(s + m)dY - (C_r + I_r)dr = dG \tag{2.4}$$

$$L_y dY + (L_r - F_r)dr = dH \tag{2.5}$$

矩阵中的 $m = -NE_y$，表示国民收入对净出口的边际影响，$m > 0$；$s = 1 - C_y$，表示该国的储蓄率水平。以上两式以矩阵形式表达为：

$$\begin{bmatrix} s + m & -(C_r + I_r) \\ L_y & L_r - F_r \end{bmatrix} \begin{bmatrix} dY \\ dr \end{bmatrix} = \begin{bmatrix} dG \\ dH \end{bmatrix} \tag{2.6}$$

这一矩阵可以简写为 $Ax = y$ 的形式，$A = \begin{bmatrix} s + m & -(C_r + I_r) \\ L_y & L_r - F_r \end{bmatrix}$，$x = \begin{bmatrix} dY \\ dr \end{bmatrix}$，$y = \begin{bmatrix} dG \\ dH \end{bmatrix}$。之所以变换为矩阵形式，是因为矩阵 A 中的参数恰好刻画了均衡状态下的经济"结构"形态，矩阵 A 中的参数即为体现宏观经济结构的"结构性参数"，经济体与外界的联系由系数 m（国民产出对净出口的边际影响）和 F_r（国内利率水平对购买外国债券的边际影响）决定。在这一矩阵下，政策变量 G、H 对目标变量（Y 和 r）的影响可以表达为：

$$\frac{dY}{dG} = \frac{L_r - F_r}{\Lambda}, \quad \frac{dr}{dG} = \frac{-L_y}{\Lambda} \tag{2.7}$$

$$\frac{dy}{dH} = \frac{C_r}{\Lambda}, \quad \frac{dr}{dH} = \frac{s + m}{\Lambda} \tag{2.8}$$

$$\Lambda = (s + m)(L_y - F_r) + (C_r + I_r)L_y < 0 \tag{2.9}$$

由上式可见，一国的政策变量对国内宏观经济变量的影响机制取决于经济体系中的结构性参数,系数 m 和 F,衡量了一国在开放经济条件下的政策传递效果将如何受到本国对外开放程度的影响。在此基础上,模型进一步引入经济相互依赖的含义,即对方国家也设定类似公式(2.1)、公式(2.2)、公式(2.3)的等式,并允许外国收入 Y' 和 r' 对本国的收入 Y 和利率 r 做出反应,模型的偏导数矩阵将得出以下更为复杂的形式:

$$\begin{bmatrix} s+m & -(C_r+I_r) & 0 & -m' \\ L_y & L_r-F_r & F_r & 0 \\ 0 & F_r & L_r'-F_r' & L_y' \\ -m & 0 & -(C_r'+I_r') & s'+m' \end{bmatrix} \begin{bmatrix} dY \\ dr \\ dr' \\ dY' \end{bmatrix} = \begin{bmatrix} dG \\ dH \\ dH' \\ dG' \end{bmatrix} \quad (2.10)$$

新的偏导数矩阵显然更为复杂,但依然可写为 $Ax=y$ 的形式,结构矩阵 A 沿着主对角线被分为位于左侧的"国内方块"和位于右侧的"国际方块"。这一包含两国结构性参数的矩阵显示出:一国国内政策变量对本国宏观经济变量的影响,不仅依存于本国的经济结构特征,而且也依赖于对方国家的经济结构特征。在这一矩阵下,政策变量 G、M 对目标变量的影响由表 2-1 列出。

在此框架下,经济的相互依赖性体现在:由于贸易与金融联动增加,对方国家经济结构或经济政策的变化将在一般意义上弱化传统宏观经济政策工具对国内宏观经济变量的影响,并对本国经济造成冲击,从而使一国的政策行为在另一国变成了一个不可忽视的扰动项[①]。

表 2-1 相互依赖条件下本国政策变量对目标变量的影响

$\dfrac{dY}{dG}$	$\dfrac{1}{\Lambda}\{(s'+m')[L_rL_r'-F_r(L_r+L_r')]+(L_r-F_r)(C_r'+I_r')L_y'\}$
$\dfrac{dr}{dG}$	$\dfrac{1}{\Lambda}[L_y(s'+m')(L_r'-F_r')+L_yL_y'(C_r'+I_r')]$

---

① 参见项卫星、王冠楠《中美经济相互依赖中的消极依赖与积极依赖》,《经济学家》2015 年第 8 期。

续表

$\frac{dy}{dH}$	$\frac{1}{\Lambda}(C_r + I_r)[(s' + m')(L_r' - F_r') + L_y'(C_r' + I_r')]$
$\frac{dr}{dH}$	$\frac{1}{\Lambda}(s + m)[(s' + m')(L_r' - F_r') + L_y'(C_r' + I_r')]$
	$\Lambda = (ss' + m's + ms')[L_r L_r' - F_r(L_r + L_r')] +$ $(s+m)(L_r - F_r) C_r' L_y' + (s+m)(L_r' - F_r) C_r L_y +$ $C_r L_y C_r' L_y' - F_r(m C_r' L_y' + m' C_r' L_y)$

需要指出的是，如果两国的经济结构不相同，在贸易和资本方面的开放水平与开放结构的差异将形成不同类型的相互依赖关系。以中国的实际经济情况为例，中国经济的开放特征对于中美经济相互依赖关系的塑造发挥着重要的作用。首先，m、m' 和 F_r、F_r' 是一国经济开放度的集中体现。就中国的实际经济情况而言，由 m' 所代表的"外国收入对净出口的边际影响"较大，归因于中国的出口贸易高度依赖于美国的最终商品消费市场。就 F_r（F_r'）而言，由于中国需要确保对资本账户一定程度的控制，因而 F_r（F_r'）所代表的"利率水平对外国债券持有量的边际影响"较小。这些事实导致的中国财政政策的调控效果和货币政策的调控效果，都将显著受到对方国家货币市场环境变化的影响。

二 动态随机一般均衡模型（DSGE）的应用

上述模型的建立可以较为顺利地得出偏导数矩阵，从而较为直观地对经济依赖性进行刻画；但是传统的总投资函数、总储蓄函数以及总货币需求函数等设定难以揭示出实际经济的运行机制。动态随机一般均衡模型（DSGE）为总量分析提供了良好的微观经济基础，引入了市场经济垄断竞争和价格黏性的设定以及最优决策机制的分析模式。

（一）DSGE 模型中的经济主体

两国经济相互依赖关系的形成是国家政策与市场规律共同发挥作

用的结果。在国内分工与国际分工日益细化的背景下，相互依赖关系的形成是居民（劳动者）、中间产品生产厂商、最终产品生产厂商、零售商、金融部门以及政策制定部门等共同行为的结果。DSGE 模型对以上经济主体的最优决策过程进行设定：居民在预算约束条件下对消费、投资和劳动力供给进行最优规划；生产中间产品厂商选择劳动力与资本之间的最优比例；生产最终产品厂商将中间产品加工成最终产品。从需求的角度看，最终产品分为对国内产品的需求和对进口产品的需求；从供给的角度看，最终产品又分为国内产品的供给和出口产品的供给。而在垄断竞争和价格黏性的设定下，提供劳动力的居民和生产中间产品厂商都具有一定的定价权。本节的模型构建综合了 Christopher J. Erceg（2005）和刘斌（2010）DSGE 模型中的设定[①]。

（二）DSGE 模型中的行为方程

（1）最终产品的供给

考察最终产品的供给，首先需要从中间产品的需求与生产过程出发，以 i 表示中间产品的种类，中间产品的需求方程表达为以下形式：

$$QD_t(i) = \left[\frac{PD_t(i)}{PD_t}\right]^{\frac{-(1+v_t^P)}{v_t^P}} \cdot QD_t \qquad (2.11)$$

$$QX_t(i) = \left[\frac{PX_t(i)}{PX_t}\right]^{\frac{-(1+v_t^X)}{v_t^X}} \cdot QX_t \qquad (2.12)$$

$$QM_t(i) = \left[\frac{PM_t(i)}{PM_t}\right]^{\frac{-(1+v_t^M)}{v_t^M}} \cdot QM_t \qquad (2.13)$$

$QD_t(i)$、$QX_t(i)$ 分别表示国内市场和国外市场对本国第 i 类中间产品的需求，$QM_t(i)$ 表示国内市场对国外第 i 类中间产品的进口需求。此三类需求都与相对价格和总需求水平相关。$QD_t(i)$ 由

---

① Christopher J. Erceg、Luca Guerrieri、Christopher Gust. "SIGMA：A New Open Economy Model for Policy Analysis," *International Finance Discussion Papers*，Number 835，July 2005；刘斌：《动态随机一般均衡模型及其应用》，中国金融出版社，2010，第 163 页。

第 i 类中间产品在国内的相对价格水平 $\dfrac{PD_t(i)}{PD_t}$ 和国内总需求水平 QD_t 共同决定，其中相对价格的影响程度与中间产品的价格替代弹性 $\dfrac{-(1+v_t^D)}{v_t^D}$ 相关。$QX_t(i)$ 与 $QM_t(i)$ 的决定方式与 $QD_t(i)$ 相同[①]。完成对产品的需求设定之后，继续对产品的供给进行分析，中间产品的生产函数采用下面的 CES 形式：

$$YD_t(i) = ZT_t \left\{ \alpha^{\frac{1}{\varepsilon}} [u_t KD_{t-1}(i)]^{1-\frac{1}{\varepsilon}} + (1-\alpha)^{\frac{1}{\varepsilon}} [ZP_t \cdot ld_t(i)]^{1-\frac{1}{\varepsilon}} \right\}^{\frac{\varepsilon}{\varepsilon-1}} \quad (2.14)$$

$$YF_t(i) = ZTF_t \left\{ \alpha^{\frac{1}{\varepsilon}} [u_t KF_{t-1}(i)]^{1-\frac{1}{\varepsilon}} + (1-\alpha)^{\frac{1}{\varepsilon}} [ZP_t \cdot lf_t(i)]^{1-\frac{1}{\varepsilon}} \right\}^{\frac{\varepsilon}{\varepsilon-1}}$$
$$(2.15)$$

$YD_t(i)$ 是第 i 类中间产品的国内供给，$YF_t(i)$ 是第 i 类中间产品的出口供给，ZT_t 和 ZTF_t 分别是国内商品与出口商品的技术生产率。α 代表资本报酬占总产出的比重，u_t 是资本利用率，$KD_{t-1}(i)$ 是生产第 i 类国内产品使用的资本，$KF_{t-1}(i)$ 是生产第 i 类出口产品使用的资本，ε 是劳动与资本的替代弹性。ZP_t 是产出增长的总趋势，$ld_t(i)$ 是生产第 i 类国内产品使用的劳动力，$lf_t(i)$ 是生产第 i 类出口产品使用的劳动力。

考虑到厂商的最优产量问题，对中间产品的定价非常关键，模型假定中间产品定价策略采用 Calvo（1983）的形式，每期只有一部分厂商调整自己的价格水平，这一比例设定为 $1-d^D$，对于没有调整价格的厂商，$1-\gamma^D$ 比例的厂商盯住上期价格增长率，γ^D 比例的厂商盯住稳态时价格增长率。中间产品的定价过程是厂商利润最大化的过

---

① 模型变量具体含义如下：$PD_t(i)$ 是国内第 i 类中间产品的价格水平，$PX_t(i)$ 是第 i 类中间产品的出口价格水平，$PM_t(i)$ 是第 i 类中间产品的进口价格水平。PD_t 是国内价格水平，PX_t 是出口价格水平，PM_t 是进口价格水平。QD_t 是国内总需求，QX_t 是出口总需求，QM_t 是进口总需求。$\dfrac{-(1+v_t^D)}{v_t^D}$、$\dfrac{-(1+v_t^M)}{v_t^M}$ 和 $\dfrac{-(1+v_t^X)}{v_t^X}$ 分别是国内中间产品、进口中间产品以及出口中间产品的价格替代弹性。

程，利润由收入减去成本得出：

$$max\ E_t \sum_{j=0}^{\infty} \{(d^D \cdot \beta)^j \lambda_{t+j} [p\ d^a_{t+j}(i) - mc_{t+j}] y\ d_{t+j}(i)\} \quad (2.16)$$

E 表示预期，β 是贴现率，λ 是财富的边际效用，$[p\ d^a_{t+j}(i) - mc_{t+j}]$ 是每单位产量的利润水平，mc_{t+j} 是生产单位国内产品的实际边际成本，$y\ d_{t+j}(i)$ 是国内生产第 i 类中间产品的实际产量。产品的具体定价方式体现为公式（2.17）。

$$p\ d^a_{t+j}(i) = p\ d^*(i) \frac{(\pi^D_{ss})^{j(1-\gamma^D)} \cdot \prod_{h=1}^{j} (\pi^D_{t+h-1})^{\gamma^D}}{\prod_{h=1}^{j} \pi_{t+h}} \quad (2.17)$$

$p\ d^*(i) = PD^*_t(i)/P_t$，$P_t$ 是总价格水平，π^D_{ss} 是稳态时国内产品价格的增长率，$\pi^D_{t+1} = PD_{t+1}/PD_t$，$\pi_{t+1} = P_{t+1}/P_t$。上面优化问题的一阶条件是：

$$E_t \sum_{j=0}^{\infty} (d^D \cdot \beta)^j \lambda_{t+j} [p\ d^a_{t+j}(i) - (1 + v^D_{t+j}) \cdot mc_{t+j}] \frac{y\ d_{t+j}(i)}{v^D_{t+j} \cdot p\ d^a_{t+j}(i)} = 0 \quad (2.18)$$

以同样的形式，中间出口产品的定价也通过类似的最优化过程得到下面的一阶条件：

$$E_t \sum_{j=0}^{\infty} (d^X \cdot \beta)^j \lambda_{t+j} [re_{t+j} \cdot p\ x^a_{t+j}(i) - (1 + v^x_{t+j}) \cdot mcf_{t+j}] \frac{y f_{t+j}(i)}{v^x_{t+j} \cdot p\ x^a_{t+j}(i)} = 0$$

$$(2.19)$$

$$p\ x^a_{t+j}(i) = p\ x^*(i) \frac{(\pi^X_{ss})^{j(1-\gamma^X)} \cdot \prod_{h=1}^{j} (\pi^X_{t+h-1})^{\gamma^X}}{\prod_{h=1}^{j} \pi^F_{t+h}} \quad (2.20)$$

$re_t = EX_t P^F_t / P_t$，re_t 是实际汇率，EX_t 是名义汇率，mcf_t 是生产单位出口产品的实际边际成本，$y f_t(i)$ 是出口的第 i 类中间产品的实际产量。$p\ x^*(i) = PX^*_t(i)/P^F_t$，$P^F_t$ 是外国总价格水平，π^F_{ss} 是稳态时外国

产品价格的增长率，$\pi^X_{t+1} = PX_{t+1}/PX_t$，$\pi^F_{t+1} = P^F_{t+1}/P^F_t$。中间产品的最优产量确定后，最终产品的供求平衡条件由以下公式设定：

$$QD_t = \left[\int_0^1 QD_t(i)^{\frac{1}{1+v^P}} di\right]^{1+v^P} \quad PD_t = \left[\int_0^1 PD_t(i)^{\frac{-1}{v^P}} di\right]^{-v^P} \quad (2.21)$$

$$QM_t = \left[\int_0^1 QM_t(i)^{\frac{1}{1+v^M}} di\right]^{1+v^M} \quad PM_t = \left[\int_0^1 PM_t(i)^{\frac{-1}{v^M}} di\right]^{-v^M} \quad (2.22)$$

$$QX_t = \left[\int_0^1 QX_t(i)^{\frac{1}{1+v^X}} di\right]^{1+v^X} \quad PX_t = \left[\int_0^1 PX_t(i)^{\frac{-1}{v^X}} di\right]^{-v^X} \quad (2.23)$$

（2）最终产品的消费

从需求的角度出发，总需求可以看成国内商品与进口商品的复合产品，模型采用下面的 CES 形式对最终产品的消费进行设定：

$$C_t = \left[w_c^{\frac{\rho_c}{1+\rho_c}} \cdot C_D^{\frac{1}{1+\rho_c}} + (1-w_c)^{\frac{\rho_c}{1+\rho_c}} \cdot (\varphi_{c_t} Mct)^{\frac{1}{1+\rho_c}}\right]^{1+\rho_c} \quad (2.24)$$

$$\varphi_{c_t} = 1 - \frac{\varphi_{Mc}}{2}\left(\frac{\frac{M_{Ct}}{C_{Dt}}}{\frac{M_{Ct-1}}{C_{Dt-1}}} - 1\right)^2 \quad (2.25)$$

C_{Dt} 表示一国对国内产品的需求，M_{ct} 表示一国对进口产品的国内需求。φ_{c_t} 表示当调整国内消费与进口消费比例时所带来的调整成本，φ_{c_t} 采用了二次幂的形式，旨在刻画当家庭调整消费比例的时候能力是有限的。w_c 反映了消费者在国产商品与进口商品之间的需求偏好。

模型对最终投资品的设定采用了类似的模式：

$$I_t = \left[w_I^{\frac{\rho_I}{1+\rho_I}} \cdot I_D^{\frac{1}{1+\rho_I}} + (1-w_I)^{\frac{\rho_I}{1+\rho_I}} \cdot (\varphi_{I_t} M_{It})^{\frac{1}{1+\rho_I}}\right]^{1+\rho_I} \quad (2.26)$$

$$\varphi_{I_t} = 1 - \frac{\varphi_{MI}}{2}\left(\frac{\frac{M_{It}}{I_{Dt}}}{\frac{I_{t-1}}{I_{Dt-1}}} - 1\right)^2 \quad (2.27)$$

I_{Dt} 表示对国内产品的投资需求，M_{It} 表示国内对最终产品的国内进口投资需求。φ_{I_t} 同样表示调整比例时所带来的调整成本，刻画当调整投资比例的时候能力是有限的。w_I 反映了消费者在国产投资品与进口投资品之间的需求偏好。家庭在决定消费与投资的同时,还需要决定投入多少劳动时间,包括在垄断竞争的设定下,个人具有一定的工资定价能力。模型设定每一个家庭 h 是连续分布于区间 [0,1],并且具有垄断竞争的特点,为中间产品部门提供差别化的劳动服务,因而对工资具有一定的定价权。假设劳动力供给指数具备迪克西特-斯蒂格利茨模型(Dixit-Itiglitz Model,简称 D-I 模型)的形式[1]。

$$L_t = \left\{ \int_0^1 [\zeta_t N_t(h)]^{\frac{1}{1+\theta_w}} dh \right\}^{1+\theta_w} \tag{2.28}$$

$\theta_w > 0$,$N_t(h)$ 是家庭的劳动时间。ζ 表示 h 家庭的规模,$\zeta_t = g_t \zeta_{t-1}$(代表人口的规模与增长率)。对应的总工资指数的形式为:在每个家庭 $W_t(h)$ 给定的前提下,以提供劳动成本最小化的方式进行加总。

$$W_t = \left\{ \int_0^1 [W_t(h)]^{\frac{1}{-\theta_w}} dh \right\}^{-\theta_w} \tag{2.29}$$

企业对家庭 h 的劳动力的总需求为:

$$N_t(h) = \left[\frac{W_t(h)}{W_t} \right]^{-\frac{1+\theta_w}{\theta_w}} L_t / \zeta_t \tag{2.30}$$

居民选择的最优消费、劳动力供给以及实际货币余额将通过效用最大化的过程实现:

$$\tilde{E}_t \sum_{j=0}^{\infty} \beta^j \left\{ \frac{1}{1-\sigma} [C_{t+j}(h)]^{1-\sigma} + \frac{\chi_0 Z_{t+j}^{1-\sigma}}{1-\chi} [1 - N_{t+j}(h)]^{1-\chi} + \frac{\mu_0}{1-\mu} \left[\frac{MB_{t+j+1}(h)}{P_{C_{t+j}}} \right]^{1-\mu} \right\} \tag{2.31}$$

---

[1] Christopher J. Erceg、Luca Guerrieri、Christopher Gust. "SIGMA:A New Open Economy Model for Policy Analysis," *International Finance Discussion Papers*, Number 835, July 2005。

贴现率 $0 < \beta < 1$，上式所体现出的效用取决于家庭成员的消费 $C_t(h)$、非劳动时间 $1 - N_t(h)$ 以及期末的实际货币余额 $\frac{MB_{t+j+1}(h)}{P_{C_{t+j}}}$。家庭 h 面临现金流的预算约束，支出总和等于可支配收入的总和：

$$P_{C_t}C_t(h) + P_{I_t}I_t(h) + MB_{t+1}(h) - g_n^{-1}MB_t(h) + \int \xi_{t,t+1}B_{D_{t+1}}(h) - g_n^{-1}B_{D_t}(h) +$$
$$P_{B_t}B_{G_{t+1}} - g_n^{-1}B_{G_t}(h) + \frac{e_t P_{B_t}^* B_{F_{t+1}}(h)}{\Phi_{bt}} - g_n^{-1}e_t B_{f_t}(h) = (1 - \tau_{N_t})W_t(h)N_t(h) +$$
$$(1 - \tau_{K_t})g_n^{-1}R_{K_t} + \Gamma_t(h) + TR_t(h) + P_{I_t}\tau_{K_t}\delta g_n^{-1}K_t(h) - P_{D_t}\Phi_{I_t}(h) \quad (2.32)$$

在支出方面：等式中的最终消费品价格为 P_{C_t}，最终投资品价格为 P_{I_t}，g_n 表示人口增长率，资本存量遵守 $K_{t+1}(h) = (1 - \delta)g_n^{-1}K_t(h) + I_t(h)$，$\delta$ 代表折旧率。居民的最终资产包括名义货币余额的增加 $MB_{t+1}(h) - g_n^{-1}MB_t(h)$ 以及对各种债券的购买：$\int \xi_{t,t+1}B_{D_{t+1}}(h) - g_n^{-1}B_{D_t}(h)$ 表示对国内商业债券的净持有量，$P_{B_t}B_{G_{t+1}} - g_n^{-1}B_{G_t}(h)$ 表示对国内政府债券的净持有量。对于国内居民对外国债券的购买，$B_{F_{t+1}}(h)$ 表示外国债券数量，$P_{B_t}^*$ 表示以外币计价的债券价格，e_t 为名义汇率。根据 Turnoviky（1985）的理论分析[①]，模型中设定国内居民购买外国债券是存在中间成本的，以 $\Phi_{bt} = exp\left[-\Phi_b\left(\frac{e_t B_{F_{t+1}}}{P_t Y_t}\right) + v_{bt}\right]$ 表示，v_{bt} 是一个均值为零的随机干扰项。

在收入方面：居民的税后劳动收入为 $(1 - \tau_{N_t})W_t(h)N_t(h)$，居民向企业贷款后所得的资本报酬为 $(1 - \tau_{K_t})R_{K_t}$ 以及每单位资本折旧的费用 $P_{I_t}\tau_{K_t}\delta$，并得到企业利润的支付 $\Gamma_t(h)$，每个家庭每年将获得一定的转移支付 $TR_t(h)$。遵循 Chriitiano、Eichenbaum 和 Evani（2005）的结论，对总投资水平的变化是存在成本的，以 Φ_{I_t} 表示：

[①] Turnovsky, S. J. (1985). "Domestic and Foreign Disturbances in an Optimizing Model of Exchange - Rate Determination," *Journal of International Money and Finance*, 4 (1), 151 - 171.

$$\Phi_{lt} = \frac{1}{2} \varphi_I \frac{[I_t(h) - g_z g_n I_{t-1}(h)]^2}{I_{t-1}(h)} \qquad (2.33)$$

在家庭对工资水平的定价问题上,模型设定有 $1-\xi_\omega$ 比例的家庭可以在工资合约上进行谈判。而没有谈判能力的家庭将工资按照 $W_t(h) = w_{t-1} W_{t-1}(h)$ 进行设定,$\omega_t = W_t/W_{t-1}$,稳态状态下 $\omega = \pi g_z$,g_z 是技术增长率的决定因素。每个家庭 h 的成员在定价最优工资水平的过程中产生最优化决策的一阶条件:

$$\tilde{E}_t \sum_{j=0}^{\infty} \beta^j \xi^j \left\{ \frac{1-\tau_{N_t}}{1+\vartheta_w} \frac{\Lambda_{t+j}}{P_{t+j}} V_{w_{t+j}} W_t(h) - \chi_{0t+j} Z_{t+j}^{1-\sigma} [1 - N_{t+j}(h)]^{-\chi} \right\}$$
$$N_{t+j}(h) = 0 \qquad (2.34)$$

Λ_t 是单位消费的边际价值,同时 $V_{w_{t+j}}$ 被定义为:

$$V_{w_{t+j}} = \prod_{h=1}^{i} w_{t+h-1} \qquad (2.35)$$

家庭成员在最优化的过程中决策出最优消费、最优货币余额和最优工资水平。

(3)中央银行与政府的行为决策

模型设定两国中央银行的货币政策规则存在差异,首先假设 A 国选用盯住货币供应量的中介目标,政策规则采用较为广泛的 Taylor 规则形式:

$$(1 + R_t^b) = (1 + R_{ss}^b)^{1-\Phi_m}$$
$$\left[(1 + R_{t-1}^b)^{\Phi_m} \left(\frac{\pi_t}{\pi_{ss}}\right)^{(1-\Phi_m)\Phi_x} \left(\frac{y_t}{y_{ss}}\right)^{(1-\Phi_m)\Phi_y} \left(\frac{m_{t-1}}{m_{ss}}\right)^{(1-\Phi_m)\Phi_y} \right] e^{\varepsilon_t^{xm}} \qquad (2.36)$$

R_t^b 是同业拆借利率,π_t 是通胀率,y_t 是总产出,m_{t-1} 是广义货币增长率,π_{ss} 是稳态时的通胀率,y_{ss} 是稳态时的产出,m_{ss} 是稳态时的广义货币增长率,ε_t^{xm} 是货币冲击。其次假设 B 国的货币政策遵守利率反馈机制,具体表达为:

$$i_t = \gamma_i i_{t-1} + \bar{r} + \bar{\pi}_t + \gamma_\pi (\pi_t^{(4)} - \bar{\pi}) + \gamma_y (y_t - y_{t-4} - g_y) + \epsilon_{it} \qquad (2.37)$$

i_t 是名义年利率，r 和 π 是稳态时的实际利率和中央银行通货膨胀目标值。g_y 是稳态时的产出增长率，$\pi_t^{(4)} = \sum_{j=0}^{3} \pi_{t-j}$。对于政府行为而言，均采用通过税收、发行债券和货币的方法来维持预算平衡：

$$P_{B_t} B_{G_{t+1}} - B_{G_t} = P_{D_t} G_t + TR_t - T_t - \tau_{N_t} W_t L_t - (\tau_{K_t} R_{K_t} - \delta P_{I_t}) K_t - (MB_{t+1} - MB_t),$$
$$\text{其中 } T_t = \zeta_t \int_0^1 T_t(h) dh \tag{2.38}$$

（4）一般均衡模型的出清条件

一国的国内收支平衡公式可以表达为：

$$Q_{Dt} = C_{Dt} + I_{Dt} + G_{Dt} + \varphi_{It} \tag{2.39}$$

φ_{It} 是每个家庭增加投资所带来的调整成本的总和。对于每一个单一企业，都存在：

$$Y_t(i) = Y_{Dt}(i) + X_t(i) \tag{2.40}$$

外国净资产的变化可以表达为：

$$\frac{e_t P_{Bt}^* B_{Ft+1}}{\varphi_{bt}} = e_t B_{F,t} + e_t P_{Mt}^* M_t^* - P_{Mt} M_t \tag{2.41}$$

P_{Mt}^* 表示以外币标记的外国进口本国最终商品的价格，M_t^* 表示外国进口本国最终商品的数量。以上行为方程的设定是下文所进行的机制分析的数理基础。

（三）宏观经济相互依赖的形成机制

建立动态随机一般均衡模型（DSGE）的主要目的是为总量分析提供微观经济基础。各类微观经济主体的行为特征，是构成两国相互依赖机制的重要元素。通过经济行为体的最优决策过程，外部冲击将通过国内的经济运行机制进行传播，而传播的效果则取决于经济系统内各组成部分及其相互关系的变动规律，即宏观经济的结构性特征。图 2-1 反映了一个简约的外部冲击传导过程。这一传导机制着重从居民决策行为和厂商（中间产品）决策行为来刻画国内外利率差异通过汇率传递机制给宏观经济带来的影响。汇率水平的变化，将导致进出口价格发生变化。进出口价格的变化一方面将直接对通胀率产生影响；而另一方面也将通过影响居民和厂商的决策行为来影响宏观经济。对居民来说，首先，在家庭预算约束中的国外净资产的持有水平，即 $\dfrac{e_t P_{Bt}^* B_{Ft+1}(h)}{\Phi_{bt}}$ 将发生变化；其次，居民将调整国内消费与投资和进口消费与投资的比例，这一过程将产生调整成本 φ_{c_i}、φ_{I_i}，消费与投资的变化将导致总需求的变动；最后，居民也将会对劳动力供给 $N_t(h)$ 进行重新规划。对厂商来说，厂商的生产要素［劳动力 $ld_t(i)$ 和资本 $KD_{t-1}(i)$］需求将发生变化，劳动力需求连同供给的共同作用将对工资 W_t 产生影响。工资将对生产成本产生影响，而生产成本的变化一方面影响产品的定价，从而直接对通货膨胀产生影响；另一方面影响总供给。总需求与总供给的变化将对产出缺口产生影响，进而间接对通胀率产生影响。最重要的是，每一环节的变化水平都将取决于经济的结构性特征。经济相互依赖性在于描述一国受到外部冲击后所导致的代价效应。通过 DSGE 模型，这一效应的数值模拟将以冲击发生后经济变量对稳态值的偏离来刻画，下一节的实证研究将对此进行详细的说明。

三　中美两国宏观经济联动模型的实证研究

伴随着 DSGE 模型应用性的增强，国内外学者尤其是各国中央银行的研究人员不断对这一模型进行开发[①]，以开放经济的视角考察两国经济之间的交互影响。

[①] 当新开放宏观经济学逐渐成熟并开始应用于新兴经济体之后，相对于早期的传统经济联动模型，利用 NOEM—DSGE 模型进行规范分析的模式开始被广泛采用，参见和晋予《中美宏观经济政策协调研究》，北京师范大学博士学位论文，2008。

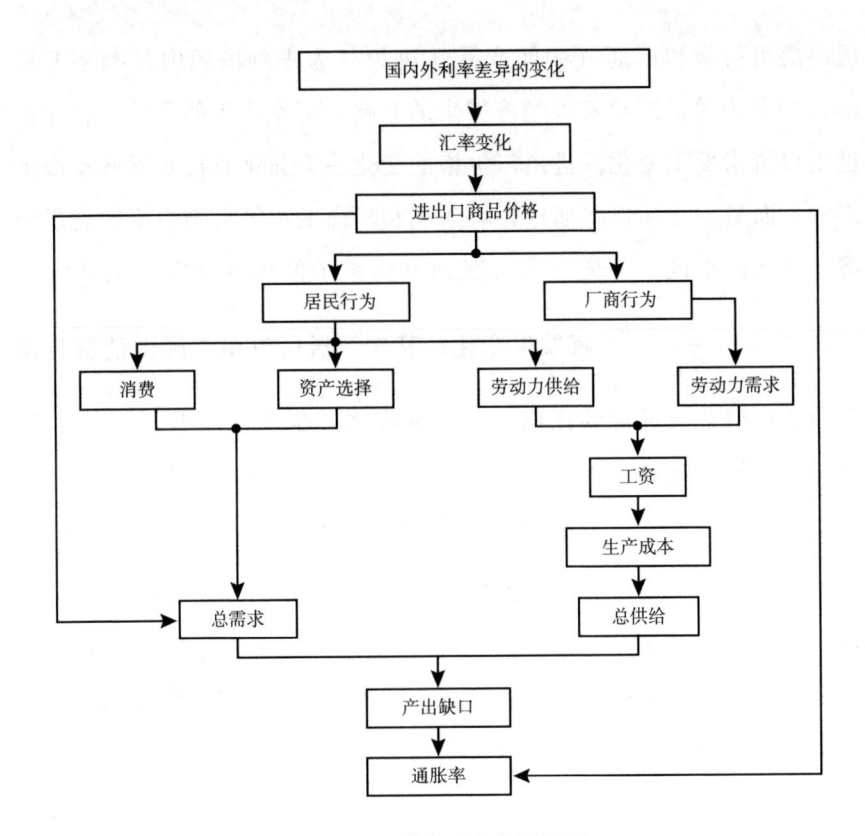

图 2-1　外部冲击传导机制

（一）数值模拟

DSGE 模型的参数校准与估计基本上需要以下步骤来完成：（1）确定模型的稳态进而校准稳态时候的大部分参数；（2）在稳态附近进行对数线性化从而得到模型的动态方程；（3）通过 Bayes 估计来确定模型的动态参数和少数稳态参数。在最近十年里，研究中美经济问题的部分学者开始应用 DSGE 模型进行各类情景分析。在参数校准与估计的过程中，中美两国经济结构性特征的差异性得到了较为显著的体现，表 2-2 总结了部分参数的校准与估计结果。

表 2-2 显示了部分参数的校准与估计结果，中美经济结构性参数的巨大差异主要集中在"国内需求占总需求的比重"和"国内中间品与外国中间品的替代弹性"上。中国的最终消费品主要由国内生

表 2-2　中美两国 DSGE 模型的参数校准与估计

主要参数释义	取值	
家庭部门的主观贴现率	中国	0.99
	美国	0.99
国内消费品与外国消费品的替代弹性	中国	[2,6]
	美国	[2,6]
国内需求占总需求的比重	中国	0.75
	美国	0.2
不动产在消费者效用函数中的比重	中国	0.2
	美国	0.1
企业向本国居民借贷的杠杆率	中国	0.7
	美国	0.9
企业向外国居民借贷的杠杆率	中国	0.6
	美国	0.8
最终生产厂商使用国内中间产品的份额	中国	0.7
	美国	0.92
国内中间品与外国中间品的替代弹性	中国	0.1
	美国	2
不动产在产出中的份额	中国	0.3
	美国	0.1
劳动力的替代弹性	中国	1.01
	美国	1.01
价格黏性	中国	0.75
	美国	0.75

资料来源：梅冬州等：《经常账户调整的福利损失——基于两国模型的分析》，《管理世界》2012 年第 4 期。刘斌：《我国 DSGE 模型的开发及在货币政策分析中的应用》，《金融研究》2008 年第 10 期。

产，而美国则恰恰相反。另外，由于中国在对外贸易模式上依旧停留在加工贸易上，因此中国的国内中间品与外国中间品的替代弹性非常小，而美国在这一弹性上远远高于中国。这种经济结构上的差异将使得两国之间的相互影响呈现不同的路径特征，中美两国对于来自对方国家的外部冲击也将呈现不同的反馈效应。本节参照梅冬州等

(2012)对情景分析的设定,对中美两国经济相互依赖的结构性特征进行了实证分析。

(二) 情景分析①

(1) 情景一:经济结构性参数的变化

中美经济相互依赖是一种结构性相互依赖,两国相互依赖的特征由两国宏观经济的结构性参数决定。在这一逻辑下,当结构性参数变化时,两国交互影响的路径也将发生变化。情景一以人民币汇率升值为例,分别设定两国进口中间品的比例从 0.3 上升到 0.5 和本国消费品与进口消费品的替代弹性从 2 上升到 6 两种情况,以考察经济结构的变化将对两国经济相互依赖带来何种影响。

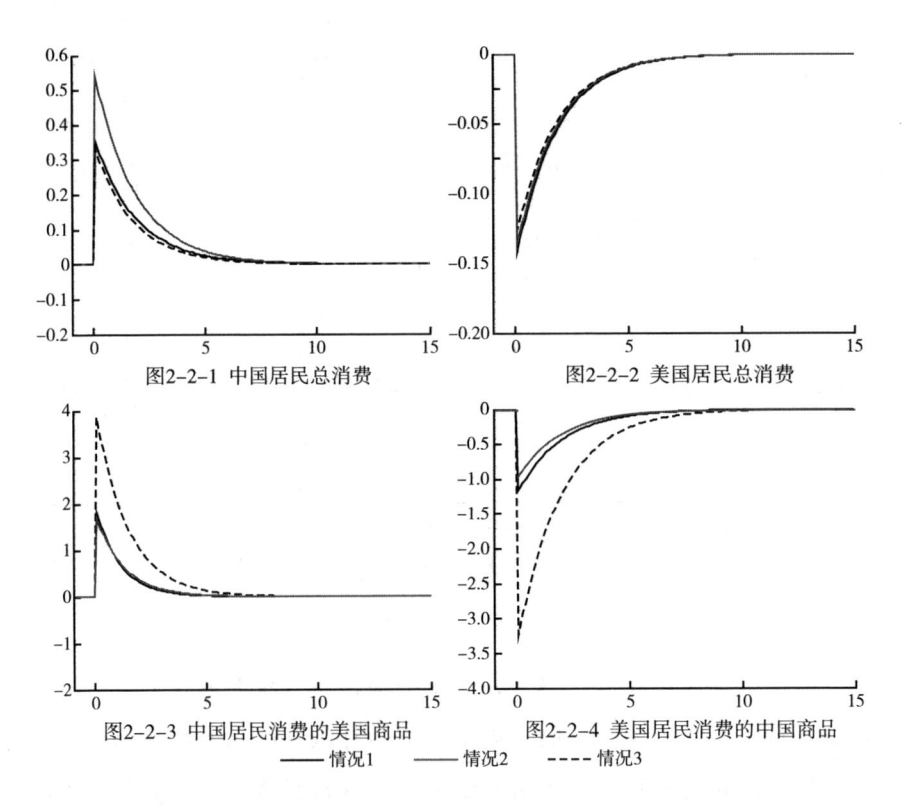

图2-2-1 中国居民总消费

图2-2-2 美国居民总消费

图2-2-3 中国居民消费的美国商品

图2-2-4 美国居民消费的中国商品

―― 情况1 ―― 情况2 ---- 情况3

---

① 本节情景分析的具体设定参见梅冬州等《经常账户调整的福利损失——基于两国模型的分析》,《管理世界》2012 年第 4 期。

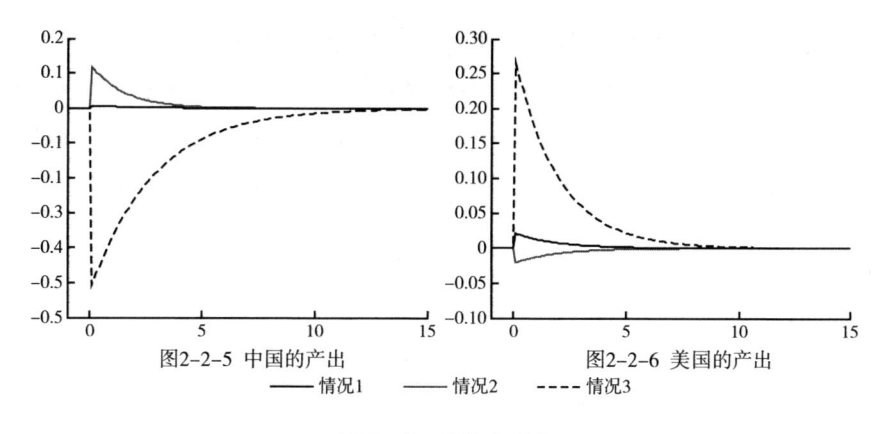

图2-2-5 中国的产出　　图2-2-6 美国的产出
—— 情况1　　—— 情况2　　---- 情况3

图 2-2　情景分析 1

图 2-2 中情况 1 的参数未发生变化并以此作为参照，情况 2 是进口中间品的比例从 0.3 上升到 0.5，情况 3 是本国消费品与进口消费品的替代弹性从 2 上升到 6。首先，从情况 1 来看，人民币汇率升值将提高中国居民的总消费水平，同时中国居民消费的美国商品也会显著上升，但中国的产出水平却变化不明显。美国则是正好相反，美国居民的总消费水平以及所消费的中国商品都有所下降，但产出水平也没有明显变化。其次，考察结构性参数变化所带来的影响。当两国进口中间品的比例上升时（情况 2），中国的总消费水平出现了更大程度的提高，同时国内产出水平出现了明显上升。产出水平的上升部分归因于进口中间品的比例升高时会导致汇率升值但对贸易条件的改善较小，配合消费品替代弹性较小的情况时汇率升值将有利于带动总消费水平与总产出水平的增长。然而当保持中间品进口的比例不变而提高本国产品与进口产品之间的替代弹性时（情况 3），由人民币汇率升值所导致的相对价格变化会使中美两国都较大程度地减少对中国产品的消费，因而此时将出现升值国产出下降而对方国家产出上升的现象。情景一将汇率升值作为一种外部冲击，我们可以看到，当两国经济的结构性参数发生变化时，这一冲击所带来的影响是明显不同的，这也从实证角度验证了中美经济相互依赖是一种宏观经济的结构性相互依赖。

（2）情景二：两国财政政策的实证模拟

如前所述，当两国处于经济相互依赖的关系时，一国对国内宏观经济的调控将受到外部扰动的影响。情景二假设了三种情况，分别为两国提高关税水平、中国政府扩大财政支出以及美国政府减少财政支出。

图2-3-1 中国居民总消费

图2-3-2 美国居民总消费

图2-3-3 中国产出水平

图2-3-4 美国产出水平

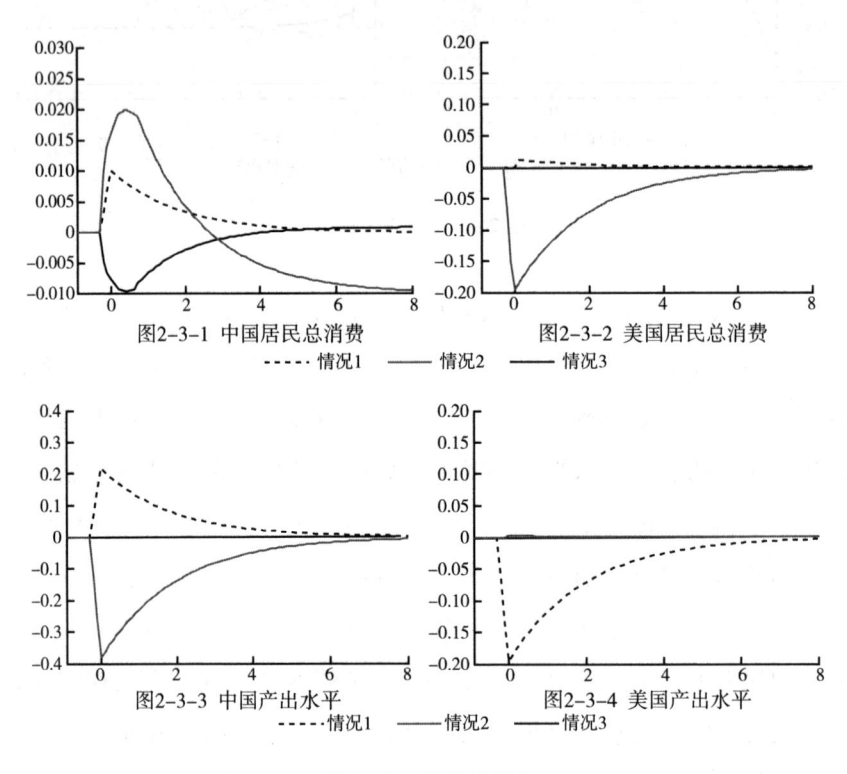

-------- 情况1　　—— 情况2　　—— 情况3

图2-3　情景分析2

首先，情况1设定两国增加关税水平，作为逆差国的美国必然价格水平上升，进而使得其居民购买力下降总消费水平降低。与此同时，美国对中国进口商品的减少将导致中国国内商品在本国的价格也有所下降，这将在短期内刺激中国居民消费的增加；但由于进口收入的减少会影响居民的总收入水平，从而消费水平在长期内也将下降。其次，在情况2的设定下，中国政府增加财政支出，公共支出的增加将同时导致对国内商品与进口商品需求的增加，这一方面能够促进本国产出水平的上升；另一方面也会导致商品价格上升进而降低居民的购买力水平。最后，在情况3的设定下，美国政府减少财政支出，在这一政策下首当其冲的是美国国内的消费与产出水平。另外，美国产出水平下降将导致中美两国中间品进出口贸易的减少，从而使两国中间品的价格水平将面临下降的趋势，这在一定程度上将导致中国整体物价水平的降低从而提高居民的购买力水平。从以上情景分析可以看出，一国宏观经济政策的实施效果将受到两国经济相互依赖关系的制约。

（3）情景三：扭转国际收支失衡的政策模拟

中美经济失衡主要体现在两国之间国际收支的严重失衡上，因此情景三假设了作为顺差国的中国刺激消费以及作为逆差国的美国提高储蓄的政策模拟。

图2-4-1 中国居民总消费水平　　图2-4-2 美国居民总消费水平

图2-4-3 中国产出水平　　图2-4-4 美国产出水平

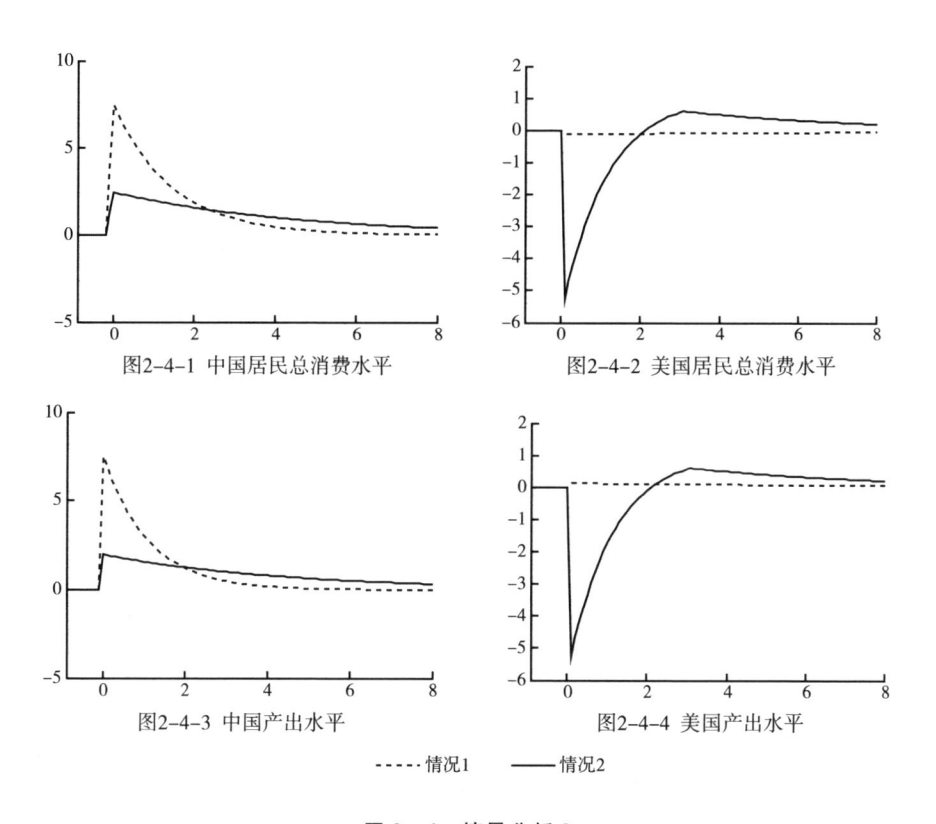

----- 情况1　　—— 情况2

图 2-4　情景分析3

首先，情况 1 设定美国通过提高储蓄的回报率来刺激居民增加储蓄。储蓄水平的上升会导致居民消费水平的下降，进而对本国商品与进口商品的需求都有所减少。美国总需求水平的降低所导致的对中间商品的进口下降，将导致中国出口商品价格水平的下降，从而间接影响到中国国内总体价格水平的下降以及居民消费水平的上升。由此将出现逆差国提高储蓄水平的政策将有利于顺差国消费水平的上升[①]。情况 2 设定了中国利用资本回报率的降低来限制国内的储蓄水平。由于中国的消费品主要来自国内商品，因此，当国内储蓄下降从而消费上升时，本国的产出水平将出现明显的上升趋势，而产出水平的上升将间接导致进口中间品的增加，从而使本国的经常账户收支状况得到改善。而对美国来说，其消费水平和产出水平都未受到显著影响。情景三的模拟结果显示，提供最终商品消费市场的美国所实施的提高储蓄的政策将对中美经济失衡产生较为显著的扭转作用。

第三节 中美经济相互依赖中的敏感性与脆弱性

如前所述，中美经济关系是两国在宏观经济结构上的相互依赖关系。为此，在宏观经济相互依赖的理论分析框架下，探讨如何衡量中美经济相互依赖中的敏感性与脆弱性以及这种敏感性与脆弱性对两国经济关系的影响具有非常重要的意义。中美经济关系的发展和演变带来了近十年来特别是全球金融危机后世界经济格局的最大变化，即中美经济关系不仅是全球最重要的双边经济关系，而且是最复杂的双边经济关系。而这一关系形成的一个重要背景是，中国已经不是消极面对客观存在的国际经济环境的外生变量，而是能够影响国际经济环境

[①] 梅冬州等（2012）的模型显示，在当前的中美两国贸易特征下，美国的紧缩政策能够改善经常账户，降低中国进口的中间品的价格，使得中国的物价水平下降，提高中国居民的消费水平，并且对中国的产出影响不大。

的重要内生变量。根据国际货币基金组织的测算：在 2008～2012 年这一期间，中国经济净增量在全球经济净增量中所占的比重为 29.8%；2014 年，中国对全球经济增长的贡献率为 27.8%，比位居第二的美国高出 12.5 个百分点。中国成为全球金融危机后全球经济增量的最大贡献者，为全球经济的复苏发挥了重要的稳定器作用。[①]

一 中美经济交往与相互依赖

在中美经济相互依赖关系中，中国对美国的依赖主要表现为：第一，为实施出口导向型经济发展战略，特别是扩大对美国的出口，中国必须为对美贸易创造一个稳定的汇率环境；由此决定了在汇率安排上将人民币盯住美元是中国货币当局的必然选择，并且支持美元汇率的稳定。第二，国内金融市场的不发达和由此导致的不能以本币进行国际借贷，决定了中国需要从美国引进直接投资和股权投资，并依靠加工贸易扩大对美国的出口；随着对美国出口的不断增长和贸易顺差的增加，中国货币当局必须不断买入美元以避免人民币升值。第三，为了"贮存"通过对美贸易顺差而不断增加的美元储备，中国必须为美国提供"卖方信贷"，即通过对美证券投资这一方式，向美国公共部门和私人部门提供低收益率的债务融资（受各种因素的制约，目前中国难以找到除美元资产之外的、可以有效"贮存"外汇储备的其他金融资产）。这些都充分说明，中国越是依赖对美国的出口，就越是依赖美国金融市场。至于美国对中国的依赖，则主要表现为：第一，美国通过从中国的进口实现了低储蓄和高消费[②]，从而维持了低通胀和借贷型经济增长；第二，美国的公共部门和私人部门凭借其

[①] 中国世界经济与政治研究所所长、中国世界经济学会会长张宇燕研究员在 2014 年中国世界经济学会年会上指出：过去我们主要研究世界经济对中国的影响，随着中国经济体量的增大，现在更应该研究中国对世界经济的影响。
[②] 赫尔默特·瑞森（Helmut Reisen）指出，美国的过度消费意味着在 2000～2008 年，其国民收入累计透支 45%，即国内总支出超过总收入 45%。参见 Helmut Reisen "Shifting Wealth: Is the U. S. Dollar Empire Falling?" http://www.VoxEu.org。

发达的国内金融市场，通过从中国的融资，即不断用低收益的债权资产换取中国高收益的股权资产[①]，维持了其国债市场的正常运转，特别是压低了其长期利率并维持了稳定的投资率。关于中美之间的经济交往和相互依赖见图2-5。

图2-5显示了中美两国之间的商品流动与资本流动的双循环特征以及中美经济交往的巨大差异。图2-5中A国经济和贸易结构的设定与中国相一致，B国的经济和贸易结构的设定与美国相一致。

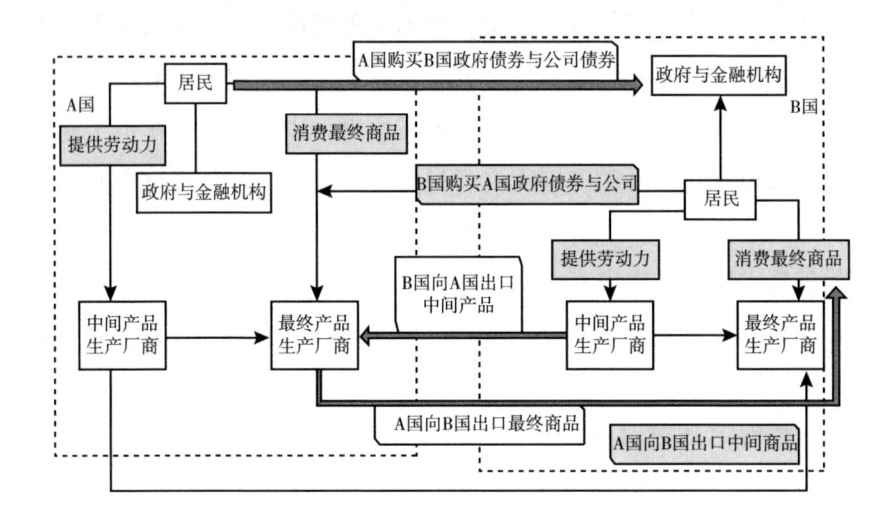

图 2-5 中美两国经济交往流程

二 中美经济相互依赖关系中的敏感性

中美两国在贸易和资本方面的开放水平与开放结构的突出特点是：中国以进口美国的中间产品为主，而美国则以进口中国的最终商品为主；在资本的跨国流动方面，中国投资者持有的美国政府债券与

[①] 根据潘英丽的研究，1999~2009年，美国对华直接投资的经营性净收益率为15%，加上资产价格上涨和人民币升值等因素，实际收益率为18%；美国对中国股票投资的收益率也达到13%。而同期中国对美国国债和机构债投资的实际收益率仅为3.22%；对美直接投资的实际收益率仅为2.3%；对美股票投资的收益率仅为1.77%。参见潘英丽《为何需要加快金融转型》，载《解放日报》2010年11月15日，第8版。

公司债券在数量上远远超过美国投资者持有的同类的中国证券。这一特点是中国出口导向型经济发展战略的典型写照。而由这一特点所决定的开放程度与开放结构，则增加了中国经济在中美经济相互依赖关系中的敏感性。

就敏感性而言，由于中国长期实施出口导向型经济发展战略，在政策选择上实行了盯住美元的汇率安排，并将通过扩大对美国的出口而获得的外汇储备投资于美国国债市场，因此中国经济尤其是出口部门对美元汇率波动的外部冲击存在高度的敏感性。更为重要的是，这种敏感性还集中表现为在双边经济交往中存在的"货币错配"（currency mismatch）现象[1]，即美元汇率的波动特别是美元对人民币的贬值，将引起中国国际资产负债表或收入支出表的恶化（即所谓的"逆资产负债表效应"[2]）。保罗·克鲁格曼（Paul R. Krugman）在2009年指出，中国经济对美元汇率波动的敏感性体现在，美元贬值可能导致中国在美投资资本损失20%~30%。更值得关注的是，在全球金融危机爆发后，这种敏感性体现在中国政府的宏观经济调控的后果上：美国作为全球金融危机的源头，其经济在危机爆发伊始急剧下滑，从而无法像危机前那样为中国提供最终商品消费市场；而中国面对外部环境的急剧恶化，为避免出口贸易下降而导致经济增速下降，推出了4万亿元人民币的财政刺激政策。但是这一刺激政策忽略了中美两国的经济结构与宏观经济政策之间的相互依赖特征，缺乏对美国联邦储备委员会的量化宽松货币政策（QE）可能对中国经济造

---

[1] 〔美〕罗纳德·麦金农（Ronald I. Mckinnon）认为，任何无法以本币提供信贷的国际债权国都将出现"货币错配"问题。在这里需要强调的是，与东亚金融危机前部分东亚国家净外币债务头寸的货币错配不同，中国面临的是净外币资产头寸的货币错配。参见罗纳德·麦金农《美元本位下的汇率——东亚高储蓄两难》，中国金融出版社，2005，第10页。

[2] 货币错配是指一国经济主体在国际经济合作和交易时，资产负债表及损益表的净值和净收入对汇率变动的敏感性。货币错配现象有两种情况，包括净外币债务头寸和净外币资产头寸。参见王三兴《亚洲的超额外汇储备：成因与风险》，中国人民大学出版社，2011，第118页。

成的影响的预判。在此后的几年里，这一财政刺激政策使中国经济一直陷于严重的流动性过剩和资产价格泡沫之中；中国政府在如何解决"保增长"和"调结构"这一矛盾上也没有取得显著进展，结构性调整依然艰难。"若干高频数据表明宏观经济依然面临较大下行压力"①。

三　中美经济相互依赖关系中的脆弱性

在这一背景下，如果中国试图降低这种敏感性的程度，就必须改变现行的政策框架并承担由这种改变所带来的高昂成本。然而在现实中，中国又难以在短期内摆脱对美国的市场依赖和金融依赖，即中国难以承担为改变这一政策框架必须付出的高昂成本，这一点正体现为中国在中美经济相互依赖关系中的脆弱性。约瑟夫·奈曾明确指出："脆弱性对国际关系产生的影响力，要高于敏感性对国际关系产生的影响力。如果中国政府抛售美元，中国的储备将因美元贬值而缩水，同时也会伤及美国继续进口中国廉价商品的意愿，从而造成中国国内的失业和不稳定。"② 约瑟夫·奈揭示的中国在中美经济相互依赖关系中的脆弱性，其产生的逻辑即体现在中美双边资本循环之中。这种双边资本循环作为一个环环相扣的过程，证明了中美经济关系中的相互依赖不仅是"敏感性相互依赖"（sensitivity interdependence），而且是"脆弱性相互依赖"（vulnerability interdependence）；而"脆弱性相互依赖"的重要性大于"敏感性相互依赖"。这种"脆弱性相互依赖"的含义是：一旦这种相互依赖关系中断，会给双方带来严重的损失，即中断这种相互依赖关系的机会成本很大。第一，中国停止为美国融资将影响美国继续进口中国的商品。根据国际收支原理，一国的经常账户逆差需

---

① 参见张明《如何走出当前的宏观经济困境？》，中国社会科学院世界经济与政治研究所工作论文，2014。
② 参见〔美〕约瑟夫·奈《金融危机后的中美实力》，载《文汇报》2010年12月25日，第6版。

要通过资本与金融账户顺差进行融资。中国停止购买或抛售美元资产以减少资金流向美国，将导致美国对中国商品的进口需求下降；而对美出口的减少将影响中国的经济增长速度和就业。第二，中国停止为美国融资将导致美国国内金融市场的流动性紧缺，从而影响美国对华直接投资和股权投资的规模。中国以购买美国国债的形式为美国政府赤字融资这一行为，避免了美国政府从国内金融市场借入资金而导致的"挤出效应"，同时压低了美国国债收益率进而促进其金融市场上整体可贷资金价格的下降，使其经济体系中的私人部门的资金得以释放。所以，中国减少对美国国债的需求将影响美国公共部门与私人部门对资金的竞争，推高美国的信贷利率[①]，不利于其私人部门增加投资，从而间接影响美国以对华直接投资和股权投资的形式使资金流向中国。由此可见，改变现行中美双边资本循环的政策框架对两国经济都将造成严重的负面影响。约瑟夫·奈在全球金融危机后曾经明确指出："中国壮大的金融实力或许增强了其拒绝美国请求的底气。但是，抛开有关中国债权人实力的耸人听闻的预测，这对它迫使美国做出政策改变并没有太大帮助。……中国能以抛售美元、影响美国经济进行威胁，但美国经济的削弱就意味着中国出口市场的缩小，而且美国可能以加征中国商品关税作为回击。"[②] 与此同时，中美两国商品市场和金融市场不对称的开放度和不均衡的开放结构，使中美经济相互依赖关系对中国经济的消极影响进一步加剧并且自我强化。如中国对美国最终商品市场的高度依赖，促使中国的经济增长在很大程度上依赖出口，以至于中国国内的商品价格体系、资本价格体系以及政策优惠方向都偏向于出口贸易部门的发展，从而

[①] 弗兰西斯·瓦诺克（Francis E. Warnock）曾估计，如果不存在外国官方机构对美国政府债券的购买，则2004年7月至2005年5月的长期利率将高出90个基点。参见 Francis E. Warnock "InternationalCapitalFlowsandU. S. InterestRates"，2006.

[②] 参见〔美〕约瑟夫·奈《金融危机后的中美实力》，载《文汇报》2010年12月25日，第6版。

导致了中国宏观经济结构的严重失衡。正如史蒂芬·罗奇所指出的："无论是经济体内部还是外部，失衡的程度都十分严重，包括储蓄、贸易赤字和债务危机，还有过度的资源开采、收入差距、环境污染与恶化。"① 而越是如此，中国就越难以降低对美国最终商品市场的依赖。然而作为经济增长潜力较小的美国，不是通过贸易顺差的方式输出资本，使国内储蓄流向国外以获得比国内更高的投资收益率；而是作为一个资本净输入国，即借用中国以及其他国家的储蓄支持消费。

第四节　中美经济相互依赖关系中的非对称性

一　非对称的相互依赖

国际政治经济学家通常将非对称的相互依赖（asymmetric independence）定义为"相互的但又不平等的依附关系"；而相互依赖的非对称特征隐含着一个国家对另一个国家依附的可能性，因此最有可能影响行为体在依赖关系中的应对过程。这主要是因为，经济相互依赖的非对称性与依赖双方的经济发展水平之间的差异性是密切相关的。"由于世界经济中各国经济发展水平不同，实力不同，外部参与的内容和结构不同，从而在相互依赖体系中造成了关系结构上的不同层次和格局。"② 在相互依赖关系中，所谓对称结构，是指依赖双方对彼此的依赖程度均等，形成一种均衡的对等形式；所谓非对称结构，则是指双方各自对对方的依赖程度不均等，形成一种非均衡的关系格局。因此，相互依赖的评价指标，不仅应该证明相互依赖关系的密切程度即双方是如何相互依赖的，而且也应该包括非对称的程度。

---

① 参见〔美〕史蒂芬·罗奇《失衡：后危机时代的再平衡》，易聪等译，中信出版社，2014，第24页。
② 参见张蕴岭《世界经济中的相互依赖关系》，《西欧研究》1988年第4期，第1~10页。

现实中的相互依赖体系是由大量的非对称关系构成的，非对称性既有一个程度问题，也有一个结构问题。过度的非对称将对相互依赖关系机制的正常运转产生不利的影响。

二 基于贸易和投资视角的非对称相互依赖

在当今的国际体系中，中美两国之间的关系是已经占主导地位的大国即美国与"系统内上升"中的大国即中国之间的关系。中美两国在经济发展水平和发展阶段上的差异，不免会对两国经济相互依赖的非对称性起到一定作用。在贸易领域，首先，从中美两国的市场对彼此出口的重要性来看，2014 年中国对美国的出口占中国出口总额的比重为 16.9%，对中国 GDP 的贡献率达到 3.8%；而美国对中国的出口占其出口总额的比重则为 7.6%[1]。由此可见，美国是中国最重要的商品出口国，而中国只是美国诸多的进口伙伴国之一，中国对美国市场的出口依赖远远大于美国对中国市场的出口依赖。其次，从贸易结构上看，中国对美国的出口商品主要集中在劳动密集型产品上，而美国对中国的出口商品则主要集中在资源类产品和资本密集型产品上。根据经验分析，前者的需求价格弹性往往高于后者，这也决定了中国对美国商品的依赖远远大于美国对中国商品的依赖。最后，从出口商品的重要程度来看，中国对美国出口的商品"不可替代性"较低，而美国的高技术产品是中国很难通过从其他国家进口获得的。毋庸置疑，在中美两国的贸易结构上存在的这种非对称性，是与全球产业分工格局的不断演进特别是中美两国制造业在全球产业链中的地位密切相关的。在投资领域，首先，2013 年美国对华实际投资的流量占中国接受外资总额的比重为 2.4%，而中国对美国的直接投资占其接受的外资总额的比重则是微乎其微。更为重要的是，美国是中国

---

[1] 沈建光：《中美金融关系进入再平衡》，FT 中文网，2015 年 9 月 29 日，http://www.ftchinese.com/story/001064190?full=y。

吸引外资的重要来源地,而且美国对中国的投资对于其他国家来说,具有重要的参考意义。其次,在间接投资即证券投资领域,虽然中国将很大一部分外汇储备资产投资于美国国债市场,但这并不构成中美两国在金融关系上的平衡。这是因为,"来自美国的贸易顺差是中国购买美国国债数量的三倍多,中国购买的美国国债数量占美国国债总额的比重很难对美国国债市场产生重大影响,更谈不上对美国整个金融市场产生重大影响"[1]。换言之,中国持有的美国国债在数量上尚未达到能够对美国金融市场产生决定性影响的水平,更不可能以此改变中国在总体上对美国的依赖地位。与此同时,中国外汇储备的持续增长则意味着巨额的成本和很大的风险,即面临美国国债价值的缩水与美元贬值的双重挤压。无论是美国国债的市场价值缩水、还是美元汇率的贬值,中国的外汇储备资产都难逃购买力显著下降的厄运。根据有关研究,中国很大一部分外汇储备投资于美国国债。由于未经通胀调整的美国国债的年收益率为3%~5%,而外商投资企业在华的平均投资收益率则高达22%左右[2]。这意味着中国是以一种"股权换债权"的交易方式,即以很低的利率将资金借给美国,同时又以高利率引进外资。美国作为债务中心国获得了国际资本流动的净收益;而中国作为不成熟债权国[3],则无法利用本国的货币在国际金融市场上有效地规避风险,而只能在国际资产价格中被动地承受损失[4]。此外,从国际货币博弈的角度分析,中国对美国金融市场的依赖超过美

---

[1] 宋国友:《中美经济相互依赖及其战略限度》,《现代国际关系》2007年第5期,第58~64页。

[2] 张明:《外储如何逃出"金融恐怖平衡"》,中国社会科学院世界经济与政治研究所工作论文,2014。

[3] "不成熟债权国"这一概念是由麦金农和施纳布尔在2009年提出的,是指不能将本币借贷给外国以平衡其积累的经常账户顺差的国家。根据这一定义,非国际货币债权国只能是一个不成熟债权国。参见石巧荣《不成熟债权国困境与人民币国际化》,《世界经济研究》2010年第2期,第27~31页。

[4] 廖泽芳、雷达:《全球经济失衡的利益考察——基于估值的视角》,《世界经济研究》2012年第9期,第3~10页。

国对中国的资金需求的现实,将削弱人民币在国际货币博弈中的地位[①]。这是因为,相对较强的实体经济和国际收支顺差并不能保证一国的货币成为国际货币;而金融实力在国际货币博弈中则起到更加关键的作用。由于美国金融市场发达,金融实力遥遥领先,因此在国际货币博弈中的优势更为明显。

综上所述,中美之间的经济相互依赖是一种非对称的相互依赖。首先,美国庞大的国内市场和美元的特殊地位决定了它能够吸引来自全球各国的商品,即许多国家特别是东亚国家都有对美贸易顺差的"冲动"[②]。其次,美国发达的金融市场以及美元在国际货币体系中的特殊地位决定了它能够吸引来自全球的资本,即中国并非是美国唯一的资本提供者(如中东石油出口国、日本以及韩国等东亚高储蓄率国家对美国都有大量的资本输出)。从表面上看,中国作为美国国债的最大海外持有者似乎意味着美国依赖从中国融资;但是,只要中国的外汇储备继续增长,中国在配置增量外汇储备之时就很难撇开美国国债[③]。因为美国国债毕竟是全球规模最大、最富流动性的金融资产之一。从这个意义上说,中国持有如此规模的美国国债,其实是一种无奈之举[④]。这种非对称的相互依赖决定了美国必然成为

[①] 王信:《经济金融全球化背景下国际货币博弈的强与弱》,《国际经济评论》2009 年第 4 期,第 15~19 页。

[②] 项卫星、王达:《论中美金融相互依赖关系中的非对称性》,《世界经济研究》2011 年第 7 期,第 10~16 页。

[③] 张明:《中国投资者在持续减持美国国债吗?》,中国社会科学院世界经济与政治研究所国际金融研究中心工作论文,2014。

[④] 康奈尔大学教授埃斯瓦尔·普拉萨德(Eswar S. Prasad)指出:"拥有庞大金融市场的美国已成为全球最大的安全性资产供给者。……由于安全性资产缺少合适的替代品,使得全世界的官方投资者与私人投资者都在变本加厉地依赖以美元计价的金融资产。在人们眼中,代表美国政府的美国国债依旧是全世界最安全的金融资产。"引自〔美〕斯瓦尔·普拉萨德《即将爆发的货币战争》,刘寅龙译,新世界出版社,2015,第 10 页。

中国最大的出口目标国和中国最主要的证券投资国。[①] 换言之，中国对美国的市场依赖和金融依赖远远超过美国对中国的商品依赖和金融依赖。

本章小结

本章基于宏观经济结构性的视角，对中美经济相互依赖的理论研究框架进行了阐述。在此框架下，经济的相互依赖性体现在：由于贸易与金融联动增加，对方国家经济结构或经济政策的变化将在一般意义上弱化传统宏观经济政策工具对国内宏观经济变量的影响，并对本国经济造成冲击，从而使一国的政策行为在另一国变成了一个不可忽视的扰动项。就中国与美国的实际经济情况而言，中国的"外国收入对净出口的边际影响"较大，导致中国的出口贸易高度依赖于美国的最终商品消费市场；而其"利率水平对外国债券持有量的边际影响"较小，导致中国财政政策和货币政策的调控效果都将显著受到对方国家货币市场环境变化的影响。中美双边经济关系处在以宏观经济结构为主要特性的相互依赖背景之下，两国之间的贸易与资本循环模式决定了中国在这一相互依赖关系中的敏感性与脆弱性都显著高于美国，而这也正是中美相互依赖关系中的非对称性的突出表现。中美关系是已经占主导地位的大国（即美国）与"系统内提升"中的大国（即中国）之间的关系，两国在经济发展水平和发展阶段上的差异是构成两国经济相互依赖的非对称性的主要原因。

[①] 华民在分析中国贸易顺差的根源时指出："美国依靠来自于中国的投资所形成的资本项顺差平衡了它的经常项逆差。而中国通过对外投资却形成了一个福利下降的正反馈，即：中国投资美国国债，美国资本项顺差扩大导致经常项逆差同步扩张，由此造成的美国进口增加导致中国经常项顺差增加，从而需要中国对美国进行更大规模的国债投资。在这样一个正反馈过程中，中国承担美元贬值的汇率和资产风险，但国际收支的顺差却因为这样的正反馈而持续扩大，中国因此陷入人民币汇率升值、货币供应量有增无减（外汇占款发行所致）、出口下降、通货膨胀和资产价格泡沫化同时并存的困境。"引自华民《中国贸易顺差的根源及其平衡方法》，《文汇报》2014年3月3日。

第三章
中国在中美经济相互依赖关系中的敏感性

中美经济交往给双方带来的共同利益已经大大超出了人们所理解的传统智慧的范畴。

——〔美〕罗纳德·麦金农：《失宠的美元本位制：从布雷顿森林体系到中国崛起》

第一节 中美经济相互依赖关系中的贸易依赖与金融依赖

一 中美贸易相互依赖：基于市场依赖的视角

20世纪70年代初，中美两国在几乎没有任何经济、社会以及文化交往的情况下，从各自的安全战略需求出发，开始实现双边关系的正常化。[①] 1972年初时任美国总统尼克松访华时，贸易往来并不是当时中美两国最高层考虑的主要问题。作为中美两国重启贸易关系的第一年，美国在1972年从中国进口了3240万美元的商品，其对华出口则为5350万美元。1978年底的中国共产党第十一届三中全会与中美

---

① 参见王缉思、钱颖一、王敏、贾庆国、白重恩《构建中美战略互信》，《国际经济评论》2012年第2期，第9页。

关系的决定性进展，构成了中国对内改革与对外开放的基本格局。以中美建交和邓小平访问美国开始的 1979 年，成为中国的"改革开放元年"。① 1979 年 1 月，中美两国正式建立外交关系。同年 7 月，两国政府签订了《中美贸易关系协定》，相互给予最惠国待遇，双边贸易关系开始发展。特别是以 2001 年中国加入世界贸易组织（WTO）为标志，中美双边贸易关系步入了快速发展的轨道。2004 年，中美双边贸易额达到 1695 亿美元，美国超过日本成为中国最大的贸易伙伴国。自该年起，美国一直居于中国第一大贸易伙伴国的地位，中美双边贸易往来在规模上逐渐上升为中美贸易相互依赖关系。按照中方的统计②，2014 年中美双边贸易额达到 5551 亿美元，占中国对外贸易总额的 12.9%；2013 年中国对美国的出口额为 3684 亿美元，占中国出口总额的 16.7%，美国稳居中国第一大海外出口市场的地位；2013 年中国从美国的进口额为 1523 亿美元，占中国进口总额的 7.8%，美国成为排在韩国、日本、中国台湾之后的中国第四大进口来源地。按照美方的统计③，2014 年美中双边贸易总额为 7101 亿美元，约占美国对外贸易总额的 18%；同年美国对中国的出口额为 1810 亿美元，占美国出口总额的 11.2%，中国成为美国在全球贸易中的第二大出口国；美国从中国的进口额为 5291 亿美元，占美国进口总额的 22%，中国长期保持着美国第一大进口来源国的地位。以上数据结果从传统评估标准上说明：中美两国在贸易领域内相互依赖程度的加深，无论是绝对指标还是相对指标都显示出，中美两国都互为对方重要的出口目标市场和进口来源地。④

---

① 引自李慎之、何家栋《中国的道路》，南方日报出版社，2000，第388页。
② 中方统计数据来自中国国家统计局网站。
③ 美方统计数据来自美国经济分析局网站。
④ 傅瑞伟（Charles W. Freeman）在分析迅速发展的美中贸易关系时指出：那些总部位于美国但在华运营的跨国公司不仅将中国当作出口的平台，也越来越重视于不断扩大的中国市场服务。考虑到在北美和欧洲等已经成熟的市场难觅机会，美国的跨国公司越来越依靠中国市场以获得短期和长期的收益增长。引自〔美〕沈大伟主编《纠缠的大国：中美关系的未来》，丁超等译，新华出版社，2015，第134页。

需要指出的是，在中美双边贸易迅速发展和贸易依存度不断上升的同时，无论是美方数据还是中方数据都表明：自20世纪90年代以来，中美双边贸易关系失衡问题日趋突出。这种失衡主要表现为中国对美贸易顺差不断扩大（见表3-1）。根据中方的统计，中国对美贸易顺差始于1993年，为62.7亿美元，占中国当年GDP的比重仅为1.02%。此后，中国对美贸易一直处于顺差状态，且顺差额不断扩大，占中国GDP的比重也逐年上升。2001年即中国加入世界贸易组织之时，中国对美贸易顺差达到280.8亿美元，比1993年增长了约3.5倍，占中国GDP的比重上升到2.12%；2008年即全球金融危机爆发之年，中国对美贸易顺差达到1708.6亿美元，比2001年增长了约5倍。在2001～2008年这一期间，中国对美贸易顺差的年均增长率高达29%，占中国GDP的比重增幅高达1.8个百分点。受全球金融危机的影响，2009年中国对美贸易顺差额比2008年下降了16.1%，但依然达到1433.8亿美元。然而，美方的统计数据显示，美国对华贸易逆差始于1983年，为3.2亿美元，占当年美国GDP的比重仅为0.01%。此后，美国对华贸易逆差迅速扩大，在2000年达到838.3亿美元，中国首次超过日本，成为美国最大的贸易逆差来源国；在2001～2008年这一期间，美国对华贸易逆差从831.0亿美元上升到2680.4亿美元，年均增长率为18%，占美国GDP的比重也从0.81%上升到1.86%。2009年美国对华贸易逆差有所减少，为2268.3亿美元。不难看出，美方统计的中美双边贸易失衡的数据远远高于中方统计的数据（2008年两者最高相差971.8亿美元）[①]。尽管如此，中美双方的数据都表明，在全球金融危机爆发之前，中美两国之间的贸易失衡在不断加剧。

---

① 2010年3月19日中美联合研究小组公布了《中美货物贸易统计差异研究报告》。报告表明，导致中美贸易统计数据存在差异的主要原因，包括中国出口的货物经第三地转运时，美国统计时归于美自中国进口；直接贸易双方报价不同；海关统计中有一些数据加工处理的方法差异等。

表 3-1 1979 年以来中美双边贸易失衡状况

年份	中方数据 中美贸易顺差额（亿美元）	中方数据 同比增长（%）	中方数据 占中国 GDP 的比重（%）	美方数据 美中贸易逆差额（亿美元）	美方数据 同比增长（%）	美方数据 占美国 GDP 的比重（%）
1979	-12.7	—	—	10.7	—	-0.04
1981	-28.7	—	-0.98	15.4	—	-0.05
1982	-21.0	-26.8	-0.75	4.1	-73.4	-0.01
1983	-6.1	-71.0	-0.20	-3.2	-178.0	0.01
1984	-14.5	137.7	-0.47	-3.8	18.8	0.01
1985	-17.5	20.7	-0.57	-0.6	-84.2	0.00
1986	-20.9	19.4	-0.70	-16.6	2666.7	0.04
1987	-18.0	-13.9	-0.56	-27.9	68.1	0.06
1988	-32.5	80.6	-0.80	-34.7	24.4	0.07
1989	-38.5	18.5	-0.85	-61.8	78.1	0.11
1990	-14.1	-63.4	-0.36	-104.2	68.5	0.18
1991	-18.5	31.2	-0.45	-126.9	21.8	0.21
1992	-3.1	-83.2	-0.06	-183.1	44.3	0.29
1993	62.7	-2122.6	1.02	-227.8	24.4	0.34
1994	74.9	19.5	1.34	-295.0	29.5	0.42
1995	85.9	14.7	1.18	-337.9	14.5	0.46
1996	105.3	22.6	1.23	-395.2	17.0	0.50
1997	164.0	55.7	1.72	-497.0	25.7	0.60
1998	210.2	28.2	2.06	-569.3	14.6	0.65
1999	224.7	6.9	2.07	-686.8	20.6	0.73
2000	297.4	32.4	2.48	-838.3	22.1	0.84
2001	280.8	-5.6	2.12	-831.0	-0.9	0.81
2002	427.2	52.1	2.94	-1030.6	24.0	0.97
2003	586.1	37.2	3.57	-1240.7	20.4	1.11
2004	802.7	37.0	4.16	-1622.5	30.8	1.37
2005	1141.7	42.2	5.11	-2022.8	24.7	1.60
2006	1442.6	26.4	5.43	-2341.0	15.7	1.75
2007	1633.0	13.2	4.83	-2585.1	10.4	1.84
2008	1708.6	4.6	3.88	-2680.4	3.7	1.86
2009	1433.8	-16.1	2.92	-2268.3	-15.4	1.59
2010	1811.87	26.4	2.99	-3132.0	38.0	2.09
2011	2023.24	11.7	2.69	-2910.0	-8.1	1.88
2012	2188.79	8.1	2.58	-3626.0	24.6	2.24
2013	2160.64	-0.01	2.27	-3373.0	-7.1	2.01
2014	2370.02	—	2.28	-3338.0	-1.1	1.92

注：基于数据的可得性，1980 年的数据无法核算，因此表中省略。
资料来源：根据中国海关和美国商务部统计数据整理。

需要指出的是，相对于这一传统的数据统计标准，近年来出现了一种被称为"增加值贸易"（trade in value-added）的国际贸易统计的新核算方法。这种核算方法的萌芽来自目前中间品贸易在国际贸易中所占的比重迅速扩大，导致各国海关在统计最终品贸易时放大了实际的进出口贸易量[1]。如在中国的进出口统计标准中，货物进出口总额包括对外贸易实际进出口货物，来料加工装配进出口货物，进料加工进出口货物，中外合资企业、中外合作经营企业、外商独资经营企业进出口货物和公用物品等。据统计，2014年中国境内外商投资企业的进出口总额为1.9万亿美元，占中国进出口总额的46.1%，同年中国实际利用外商直接投资金额为1195亿美元。因此，为了更好地厘清对外贸易的真实规模，"增加值贸易"的核算标准从贸易总值变为贸易商品在该国获得的国内增加值。经济合作与发展组织（OECD）和世界贸易组织（WTO）等国际组织提供了1995年、2000年、2005年、2008年以及2009年这五年的全球"增加值贸易数据库"。根据这一新核算方法，2009年中国对外双边贸易收支差额出现了巨大的变化（见图3-1），其中对美贸易顺差减少了将近500亿美元，比按照传统数据统计标准减少了25%[2]。

从图3-1中可以看到，当剔除重复计算的贸易额之后，中国对美贸易顺差减少了将近500亿美元，而同时中国对韩国和日本的贸易逆差额则分别增加了近500亿美元和100多亿美元。从中国对外双边贸易差额的巨大变化可以看出，在中国的进出口贸易品中含有大量的非来源国的价值成分，而这也正是中国作为"亚洲工厂"（Factory

---

[1] 一国加工组装的出口制成品中包含着其他国家生产的投入品，这些投入品可能多次跨境并且多次经海关统计，这种多头计算会给人们造成虚高的统计幻觉，所以最终品贸易统计会放大实际贸易量。以进出口产品总值统计国际贸易，已经不能反映一国贸易的真实状况，国际贸易统计方法有必要进行创新，以反映世界经贸运行的实质，准确体现贸易的真实规模、各国贸易所得。参见马涛《更好厘清国际贸易失衡问题》，中国社会科学院世界经济与政治研究所工作论文，2014年。

[2] 数据来自OECD-WTO Database on Trade in Value-Added。

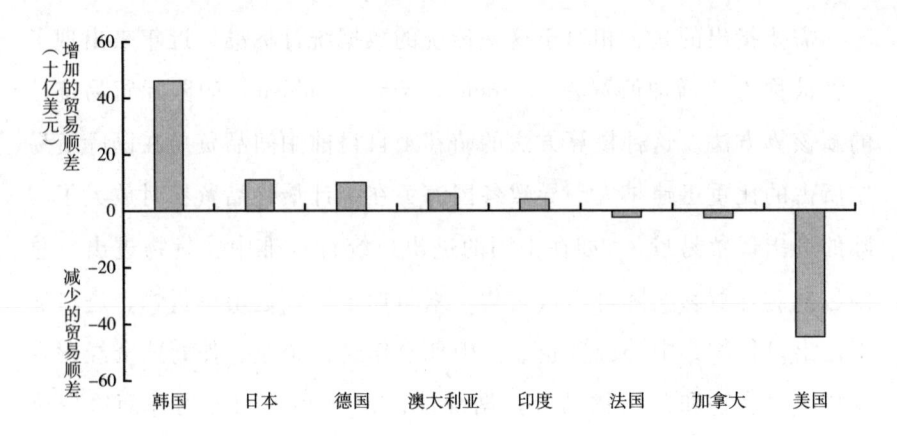

图 3-1　2009 年在增加值贸易核算标准下中国对外双边贸易顺差的变化

资料来源：OECD 数据库。

Asia）在"全球价值链"（Global Value Chains，GVC）中的具体体现。"全球价值链"理论缘起于 20 世纪 80 年代跨国公司在全球范围内组织生产与分工的现象[①]。从国际生产分割（Fragmentation of Production）这一现象开始出现以来，科学技术、经济体制以及政治变革的综合作用，极大地推动了全球生产和贸易网络的兴起。在东亚国际生产网络中，日本和韩国基本上掌握了产品研发、设计和营销等环节；而中国则依靠劳动密集型的比较优势实现了大规模的加工贸易。

毋庸置疑，中美双边贸易关系的迅速发展与两国的资源禀赋、产

---

① 价值链的概念最早见于波特（Michael E. Porter）1985 年出版的《竞争优势》一书。Gereffi 和 Korzeniewicz（1994）提出了"全球商品链"的概念，在这一概念中，价值链上的参与者不再仅局限于某个国家内部，而是包含来自全球的各国类企业或机构，从而在生产和销售中实现全球资源的优化配置。类似的概念还包括"跨境生产网络"（Borrus et al.，2000）、"国际供应链"（Escaith and Gonguet，2011；Costinot et al.，2012，2013）、"全球垂直生产网络"（Hanson et al.，2005）等。以上概念虽然在名称上与"全球价值链"有所区别，但本质上并无太大差异。在现在的经济学研究中，更强调生产过程中的价值创造过程，因而"全球价值链"这一名称更为常用。更为详细的信息参见鞠建东《全球价值链研究及国际贸易格局分析》，《经济学报》2014 年第 7 期，第 127 页。

业结构、经济增长模式以及国家经济发展战略密切相关。然而，在中美双边贸易关系上升为贸易相互依赖关系的同时，中美双边贸易失衡的严重程度也在不断加剧，"失衡"成为中美双边贸易关系最基本的特征（见表3-1）。从贸易本身的视角出发，中美货物贸易首先存在着一定程度的互补关系[①]。但是当具体到两国所拥有的比较优势的差异时，有学者指出，美国对华出口的实际情况与标准贸易理论的预期相矛盾，两国巨大的贸易逆差很可能部分地来源于美国在其具有比较优势的贸易品中过少地出口给中国，即在中美贸易结构上存在"反比较优势之谜"[②]。如果引入全球价值链这一概念，可以对中美双边贸易之间的"反比较优势之谜"进而对中美贸易失衡的现状进行一定程度的解释。在以全球价值链为核心的贸易形态下，海外直接投资、国际生产分割以及全球生产网络的综合作用已经部分逆转了传统贸易理论的基本结论。以美国的高新技术产品为例，美国掌握着此类产品的研发技术，其产品的所有零部件供给基本都来自德国、日本以及韩国等发达国家，而绝大部分零部件的组装步骤都落户在中国；当这些产品组装完毕后，再由中国出口回到美国市场。这一生产流程显示出，中美双边贸易的失衡是中美两国在全球价值链中处于不同位置的必然结果。更为重要的是，美国在全球价值链中所处的特殊位置成就了美国在全球贸易体系中的最终市场提供者的地位。首先，美国的产品研发具有引领和符合市场需求的双重特征，其产品研发的成功将作为全球价值链的起始端，带动下游行业的生产与服务；其次，美国大型跨国公司的全球转移使美国的消费需求大部分通过进口满足，因而美国的产

---

① 杜莉（2011）利用贸易互补性指数（trade complementarity index）指出，中美存在显著且稳定的贸易互补关系，这与两国的生产要素禀赋及比较优势的稳定性相吻合。参见杜莉、谢皓《中美货物贸易互补性强弱及性质的动态变化研究》，《世界经济研究》2011年第4期，第36~42页。

② 鞠建东（2012）指出，美国对华出口结构似乎与标准贸易理论所预示的（比较优势越大，出口越多）相矛盾，在技术密集性最高的15个行业，美国对印度的出口都显著高于对中国的出口，美国在其具有比较优势的行业对中国过少的出口也可能部分地造成两国巨大的贸易逆差。

品销售作为全球价值链的终端实现了整条国际产业链的价值。换言之，无论是从供给的视角抑或需求的视角来看，美国都在国际贸易市场中发挥着不可替代的核心作用。在这样的背景下，中美双边贸易失衡实际上是中国作为在东亚生产网络中加工贸易产业链的终端而导致的一种结构性现象。但如果从中国的角度出发，中国作为全球加工贸易链的终端，必然严重依赖于由美国所提供的最终商品消费市场。

需要进一步指出的是，虽然中国对美贸易在总体上呈顺差的态势，但是贸易顺差基本上都集中在货物贸易上；而在服务贸易上，中国则处于长期逆差的状态。从表3-2中可以看到，中国对美国出口依存度高的货物贸易主要集中在消费品和资本品上，而美国对中国出口依存度高的服务贸易则主要集中在旅游和知识产权使用费上。这种贸易结构上的差异长期存在，一方面表明中国依旧存在需要输出到国外的大量的过剩产能；另一方面也印证了中国依托于全球价值链的末端，特别是高度依赖于由美国提供的最终商品消费市场。

表3-2 2014年中美两国经常账户的国际收支结构

单位：百万美元

类别	中国从美国进口	中国向美国出口
货物	125076	467951
一般商品	124587	467908
食品、粮食和饮料	21352	6130
工业用品和材料	38809	45357
资本品（除车辆以外）	43784	167920
车辆及其零部件	13713	18832
消费品（除食品和车辆以外）	6090	225248
其他一般商品	839	4421
非货币黄金	489	43
服务	41540	14707
保养与维修服务	1408	245
运输	4972	4295
旅游	21135	4219
保险服务	175	48

续表

类别	中国从美国进口	中国向美国出口
金融服务	3189	433
使用知识产权的费用	6370	294
通信、计算机和信息服务	586	1274
其他商业服务	3303	3821
政府物品及服务	402	78
投资收入	14072	41578
直接投资收入	10556	1264
证券投资收入	3181	40034
其他投资收入	335	280

资料来源：美国商务部经济分析局，http：//www.bea.gov/iTable/iTable.cfm？ReqID=62&step=1#reqid=62&step=7&isuri=1&6210=1&6211=119&6200=94。

二 中美金融相互依赖：基于货币依赖的视角

中美双边金融关系的发展始于20世纪80年代美国对华进行的直接投资和中国对美国进行的证券投资（即间接投资）。1980年4月，美国在北京兴办了第一家中美合资企业；而在1984年10月，中国购入了第一笔总额为5900万美元的美国企业债券。自20世纪80年代中期起，中美两国的金融市场开始建立起密切的关系，经过三十多年的发展，在人民币固定汇率制度以及国际货币体系由美元本位制主导的双重作用下，以"货币依赖"为特征的中美金融相互依赖关系逐渐形成。货币依赖可以理解为本国货币为保证汇率稳定而盯住某一国际货币并由此对这一国际货币主导的金融市场产生的依赖关系。事实上，在美元本位体制下，大多数参与国际经济活动的国家和经济体都对美元存在货币依赖的现象，但根据不同的评价视角[1]，各国对美元的依赖程度存在着差异：经济外向程度、本币国际化程度以及区域货

---

[1] 具体的评价视角参见项卫星、王达《论中美金融相互依赖关系中的非对称性》，《世界经济研究》2011年第7期，第10～16页。

币一体化程度都影响本国货币对美元的依赖性。就中国而言，即使是在美元本位制不断受到抨击的后危机时代，出口导向型经济增长模式的持续、人民币国际化和东亚金融一体化的缓慢进展，都导致人民币依然对美元保持高度的依赖。然而需要强调的是，考察亚洲各主要货币的基本走势，美元权重几乎在所有国家的货币篮子中都有所上升。采用盯住美元的汇率制度（peg to the dollar）是发展中国家的普遍现象，中国于1994年加入美元体系之中，并逐渐成为美元体系举足轻重的支撑者，中美双边金融相互依赖关系也因此围绕着人民币对美元的货币依赖而展开。由于固定汇率制度的维持需要一国中央银行高度参与外汇市场交易，官方外汇储备因此而不断累积。中国官方外汇储备的积累，在一定程度上决定了中美双边资本循环的模式。

在中美双边资本循环中，中国向美国投入的资本主要来自官方外汇储备，而美国向中国投入的资本主要来自大型跨国公司。迈克尔·杜利（Michael P. Dooley，2003）曾指出，从国际货币体系的视角出发，亚洲国家经济战略所强调的出口增长实际上是以官方储备的形式无限增加对美国金融资产的需求来支撑的。在国际货币体系中，美国直接投资索取权的积累与外围国家政府债券的积累是一一对应的，这是高收益权益债券和低收益（固定收益）债券之间的相互交换（total return swap）①。美国的贸易逆差为外围国家提供国际抵押品（以外汇储备购买美国资产的形式），这一国际抵押品反过来支持相应的金融资本双向流动，使贫穷国家摆脱了低效率的国内金融市场对资本形成的约束。如果这一说法成立，那么中美双边资本循环的内在逻辑表现为：第一，中国将外汇储备投资于美国债券市场是中国吸引美国对华直接投资的重要前提；第二，这种双边资本循环的特征来源于中美两

---

① Michael P. Dooley, ed., "An Essay on the Revived Bretton Woods System," NBER Working Paper No. 9971, September 2003; Michael P. Dooley, ed. "The US Current Account Deficit and Economic Development: Collateral for a Total Return Swap," NBER Working Paper No. 10727, August 2004.

国金融发展水平的巨大差异，即中国欠发达的金融体系难以促进国内形成有效的资本积累，而只能通过美国金融市场发达的国际金融中介功能完成本国的资本积累过程。这一由金融发展差异而引起的跨国资本循环现象存在一定的经验支撑：恩里克·G.门多萨（Enrique G. Mendoza）、文森佐·夸德里尼（Vincenzo Quadrini）与何塞·维克多·里奥斯－瑞力（José－Victor Rios－Rull）认为，在全球金融一体化进程加快的条件下，金融市场发达的国家在一个渐进的长期过程中会逐渐积累外部债务，同时这些海外净资产为负的国家能够在股权证券和对外直接投资上保持正的国际投资头寸[1]；李嘉图·卡巴里略（Ricardo J. Caballero）用一个开放模型证明了新兴市场国家的金融体系缺乏将国内储蓄转化为有效投资以及承担经济增长积累的系统性风险的能力，因此金融市场发达的美国吸引了新兴市场国家大量的官方储备。国内学者针对中美两国的具体状况也提出了类似的观点。如余永定和覃东海（2006）通过对国际收支理论的公式推导，指出中国的国内储蓄是通过迂回方式为外资企业融资的。美国通过向中国出售国库券筹集资金（来源于中国储蓄），而美国投资者再以直接投资的形式将等量的资金输出到中国。因此从整个经济来看，中美两国实际上是用债权资产交换股权资产，外资企业投资所利用的只能是中国的国内储蓄。雷达和赵勇（2009）在研究中美经济失衡时也指出，在一国国内储蓄不能通过本国的金融市场转化为国内投资的情况下，只能通过贸易和资本流动的渠道在他国发育良好的金融市场加以转化。刘澜飚和张靖佳（2012）利用博弈模型得出，中国外汇储备的投资对中国的经济发展具有间接影响，体现在中国的外汇储备投资于美国资产的规模将影响外汇储备间接转化为美国对中国直接投资的比例。从这些结论中可以看出，中美双边资本循环是具有明确条件的，即美

---

[1] Enrique G. Mendoza, Vincenzo Quadrini and José－Victor Rios－Rull, "Financial Integration, Financial Development and Global Imbalances," Journal of Political Economy, Vol. 117, March 6, 2009, pp. 371–416.

国跨国公司向中国输出资本,是以中国外汇储备投资于美国金融市场为前提的。从依赖的视角来说,中国对美国金融市场的依赖性不仅关乎中国外汇储备的投资收益,同时也关乎中国国内对外国直接投资的引入,或者也可以说关乎中国国内储蓄是否能够成功转化为有效的资本积累。

第二节 中美贸易相互依赖关系及其敏感性

一 中美贸易相互依赖关系的动态演进

贸易相互依赖关系与依赖双方相互开放市场的程度相关。一方对另一方开放市场的程度越高,则后者对前者的依赖性越大。就中美双边贸易关系而言,这种贸易相互依赖关系的演进过程与两国互相开放市场的规模变化是一致的。首先,从总体规模来看,中美双边贸易规模在中国加入世界贸易组织(WTO)后迅速扩大,中国对美出口贸易(除2009年有所下降外)一直保持增长的趋势(见图3-2);同时中国对美出口贸易的年均增长幅度在危机前后也并未发生明显的变化,基本上保持了较高的增长速度。其次,从贸易结构来看,本节将近十年来的中美进出口贸易分成五个阶段(每两年为一个阶段,如表3-3所示),以使中美贸易结构中各类商品和服务的变动趋势更为清晰。

表3-3显示了中国向美国出口货物与服务的基本情况。从货物贸易的角度来看,2009~2010年度是中国向美国出口增长速度停滞的一年,而其他年度都保持着10%~20%的增长速度。2009~2010年是美国经济衰退最为严重的时期,这一时期中国向美国出口的工业用品材料和汽车及其零部件的数量都有所下降,显示出此类产品在中国对美出口的商品中需求收入弹性很高,最易受到美国宏观经济下行的影响。相比之下,资本品与消费品的需求收

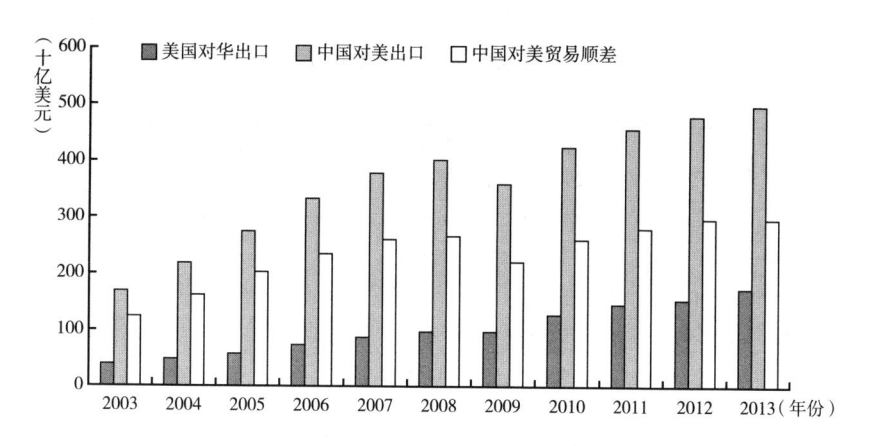

图 3-2　2003~2013 年中美双边贸易往来

资料来源：美国商务部经济分析局，http://www.bea.gov/iTable/iTable.cfm?ReqID=62&step=1#reqid=62&step=7&isuri=1&6210=1&6211=119&6200=94。

入弹性较低，即美国对此类商品的进口需求相对稳定。进入 2011 年后，美国经济复苏的步伐加快，尽管美国国内的宏观经济情况依旧困难重重，但是中国对美出口的贸易额却出现了强力反弹，一般货物贸易的出口量增长了约 25%，而这一增长趋势也基本上延续到了 2013~2014 年度。从服务贸易的角度来看，中国对美出口的服务贸易也在 2009~2010 年度出现下降，而又于下一阶段迅速反弹。其中中国对美出口的运输服务的增长速度缓慢且变动幅度较大，相比之下旅游业出口服务的增长较为稳定。从投资收入的角度来看，中国在美国的投资收入于 2009~2010 年度达到最大规模，随即出现了下降并维持在一个相对较低的状态。从投资收入的结构来看，引起规模下降的是中国对美证券投资的收入，而中国对美直接投资的收入则增长显著。

表 3-4 显示了中国从美国进口的货物与服务的基本情况。从货物贸易的角度来看，中国自美国进口的货物贸易基本上处于持续增长的状态，以 2011~2012 年的增长速度最快（达到 33%）。从服务贸易的角度看，中国从美国进口的服务贸易增长趋势明显，基本保持在

表3-3 中国向美国出口的货物与服务

单位：百万美元

类别	2005~2006年	2007~2008年	2009~2010年	2011~2012年	2013~2014年
货物	533945	662556	663998	827430	909568
一般货物贸易	533929	662535	663951	827357	909465
食品、粮食和饮料	6651	9570	9519	12131	12303
工业用品和材料	51296	66577	54186	75738	85898
资本品（除车辆以外）	163881	214455	227588	301392	326624
车辆及其零部件	13060	18199	17594	27412	35098
消费品（除食品和车辆）	293376	346766	348017	402282	440591
其他一般商品	5665	6968	7047	8402	8951
非货币黄金	16	21	47	73	103
服务	16997	22724	20169	25154	29034
保养与维修服务	—	179	267	461	386
运输	8504	9297	5978	7507	8394
旅游	5741	6741	6117	6817	8100
保险服务	5	60	37	44	96
金融服务	—	234	362	722	804
使用知识产权的费用	145	260	211	653	662
通信、计算机和信息服务	—	1765	2094	2909	3034
其他商业服务	—	4092	4972	5887	7407
政府物品及服务	69	93	131	153	150
投资收入	53497	95437	96996	81183	82108
直接投资收入	-39	251	133	441	1793
证券投资收入	52070	93074	96412	80270	79799
其他投资收入	1466	2112	451	472	516

资料来源：美国商务部经济分析局，http://www.bea.gov/iTable/iTable.cfm? ReqID = 62&step = 1#reqid = 62&step = 7&isuri = 1&6210 = 1&6211 = 119&6200 = 94。

50%的增长水平上，其中旅游服务、使用知识产权的费用以及运输服务等都增长显著。从投资收入的角度来看，美国对华直接投资和证券投资的收入在2009~2012年这一期间没有稳定增长；自2013年起增长速度加快，但是在其他投资方面的收入则出现大幅度的下滑。

表 3 – 4　中国从美国进口的货物与服务

单位：百万美元

类别	2005~2006 年	2007~2008 年	2009~2010 年	2011~2012 年	2013~2014 年
货物	96687	135659	163695	217234	247914
一般货物贸易	96680	135649	163665	216899	246705
食品、粮食和饮料	7563	16227	26099	36621	42206
工业用品和材料	39229	54061	63314	86694	81324
资本品（除车辆以外）	42334	54443	58838	68527	85068
车辆及其零部件	2529	4024	6827	14273	24592
消费品（除食品和车辆）	4018	5281	6548	9289	11868
其他一般商品	1007	1612	2037	1496	1646
非货币黄金	7	10	30	335	1209
服务	19276	28981	39561	61525	79302
保养与维修服务	—	853	1260	1595	2197
运输	4066	6133	6270	8889	9785
旅游	6461	9345	14964	27741	39829
保险服务	86	113	138	169	300
金融服务	—	1775	3428	4485	5988
使用知识产权的费用	2743	4249	5527	8823	12150
通信、计算机和信息服务	—	627	615	974	1078
其他商业服务	—	5661	7038	8333	7233
政府物品及服务	178	224	322	517	740
投资收入	11838	18321	20100	19328	26197
直接投资收入	8882	13285	15884	14291	19554
证券投资收入	1321	3429	3992	4680	6083
其他投资收入	1635	1608	223	357	560

资料来源：美国商务部经济分析局，http：//www.bea.gov/iTable/iTable.cfm? ReqID = 62&step = 1#reqid = 62&step = 7&isuri = 1&6210 = 1&6211 = 119&6200 = 94。

需要指出的是，在国际生产分割（International Production Fragmentation，IPF）的背景下，中美贸易相互依赖关系是依托于全球价值链而形成的，中国与美国在全球价值链中的不同角色和地位，是驱动双边贸易关系发展演变的关键因素。就美国而言，全球价值链的兴起与美国跨国公司的成长基本上是同步的，美国大型跨国公司将生产活动在全球范围内进行模块化分解,将企业内部的部分生产环节逐渐向外分散至更具区位优势的国家。在这一过程中,具有不同资源禀赋的国家凭借各自的优势条件纷纷融入这一国际价值链之中。与此同时,美国大型跨国公司的成功范例也为后来各国跨国公司的成立与发展提供了宝贵经验。随着发达国家跨国公司的逐渐崛起,全球性的国际产业链不断稳固。而中国作为发展中国家,是在全球价值链确立并稳固之后,凭借自身在劳动密集型产业方面的优势积极融入其中的。美国跨国公司基本上处于全球价值链两端高附加值的位置,包括产品研发、设计、管理以及物流、市场营销等;而中国则基本上处于全球价值链中低附加值的位置,包括产品组装、测试以及包装等。中国与美国在全球价值链中的不同角色,决定了两国相互开放市场的性质有所不同:中国向美国所开放的主要是中间品市场和原材料市场;而美国向中国所开放的主要是最终商品消费市场。由此决定了美国对中国中间品市场的依赖将受到中国加工贸易模式的影响;而中国对美国最终商品市场的依赖将受到美国进口消费能力的影响。在此基础上,鉴于国际产业链依托于大型跨国公司进行运作[1],美国在全球价值链中的地位显然高于中国。从以上逻辑出发,可以肯定,中美贸易相互依赖关系的特征与两国在全球价值链中的角色和地位密切相关。至于中美两国在全球价值链中的结构性变动,也可以用来解释中美贸易相互依赖关系的演进过程。从表3-3和表3-4的数据可以看出:首先,中国对美国最终商品消费市场的依赖程度有增无减,这与全球价值链的复苏和美国在其中所发挥的核心作用是密切相关的。美国大型跨国公司将产品设计和研发的理念着眼于全球市场,不断推动新的国际产业链的形成,

---

[1] 国际价值链是由某个支配型公司起支配作用,支配者对一个国际价值链的各个增值环节在业务上和贸易上的互动和运作起着指挥、监管和推动的作用,这几种作用被嘉里·杰里菲(Gary Gereffi)称为"驱动"(driven)。参见 Gereffi, Gary, John Humphrey, and Timothy Sturgeon. "The Governance of Global Value Chains," Review of international political economy 12.1 (2005): 78–104.

使得有机会参与到中下游生产环节的发展中国家可以分得一部分加工贸易的收益；而在整条国际产业链完成生产和装配过程后，美国又具备了进行产品营销和消费的能力；中国作为全球价值链中生产装配的最后一个环节，其产品价值的实现完全依托于美国消费市场的开放。其次，美国对中国市场的依赖在结构上出现了多样化的变动趋势，即在 2005~2006 年前后，中国向美国开放的市场还主要集中在工业品原材料和资本品这类商品；而到了 2013~2014 年前后，中国从美国进口的车辆与消费品也出现了稳步增长，其进口比重不断升高，而这与中国整体消费能力的增长密切相关。

二 贸易相互依赖背景下中国经济敏感性的典型特征

根据相互依赖关系下的"敏感性"的定义，一国经济的敏感性所探讨的主要是本国经济在来自对方的外部冲击之下，将以何种速度受到对方何种程度的影响，速度越快或程度越高则敏感性越强。近些年来，中国所受到的来自美国的最典型的外部冲击无疑是 2008 年的全球金融危机。由于全球金融危机肇始于美国次贷危机的全球性蔓延，因此由危机所导致的资金链断裂，严重地影响了美国经济乃至全球的经济增长，绝大多数国家出现了经济负增长和居民生活水平大幅降低的现象。鉴于中美双边贸易关系的密切程度，美国经济衰退对中国造成的外部冲击是通过接触性传染，即明确的贸易渠道和金融渠道进行传播的。

就美国对中国外部冲击的传播路径来看，危机的溢出效应一方面通过双边贸易和双边金融交往直接传递；另一方面鉴于美国对于全球经济的巨大影响力，来自美国的外部冲击也会从第三方市场间接作用于中国经济。一般而言，通过直接渠道带来的外溢效应可分为价格效应与收入效应。价格效应成立的前提条件是各类价格机制的良好运转，但是就中美两国的经济情况而言，中国进出口贸易的汇率传递性很低。自 2005 年人民币汇率制度改革以来，人民币兑美元汇率不断升值，但是中国的进出口贸易依旧强劲增长。更为重要的是，由于中国货币当局在全球金融危机爆发后重新将人民币盯住美元，从而使价格效应难以发挥作用。与此相反的是，收入效应在中美双边贸易关系中作用显著，尤其是美国的个人收入水平与个人消费水平对于中美进出口贸易存在显著的影响。

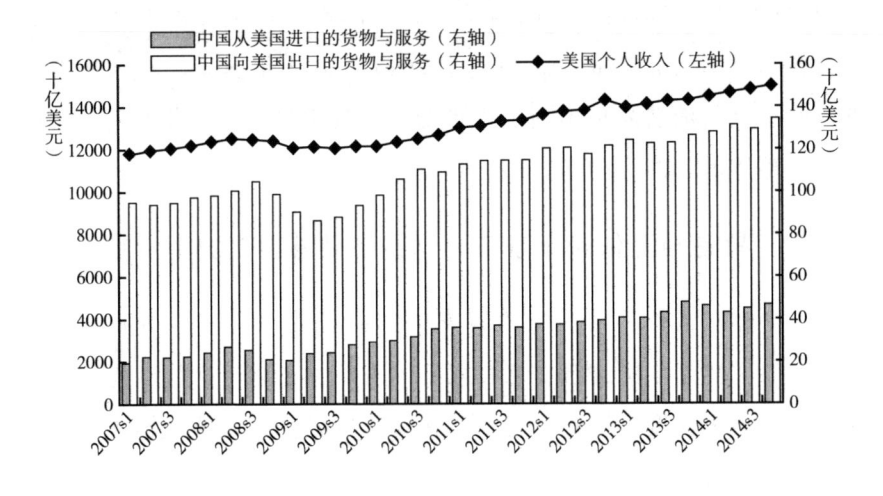

图 3-3　美国个人收入水平与中美进出口贸易

资料来源：美国商务部经济分析局（BEA），http://www.bea.gov/iTable/iTable.cfm?ReqID=62&step=1#reqid=62&step=7&isuri=1&6210=1&6211=119&6200=94。

图 3-3 显示了从 2007 年第 1 季度到 2014 年第 3 季度的美国个人收入水平和中美进出口贸易水平。在危机期间（自 2008 年第 4 季度至 2010 年第 4 季度），美国个人收入水平在明显下降后恢复得极为缓慢，一直低于危机前的水平；而在同一时期，中国对美国的出口贸易出现了更大幅度的下降，其对危机的反应程度比美国国内的个人收入水平更为剧烈。自 2011 年第 1 季度开始，美国个人收入水平基本上恢复了稳定的增长趋势，而中国对美国的出口贸易也同步地维持了温和的增长趋势。由此可见，对中美双边贸易关系而言，外部冲击的溢出效应集中在收入效应上，美国宏观经济条件的恶化对于中国出口市场而言是最为重大的威胁。从间接渠道的视角来看，美国给中国造

成的外部冲击和溢出效应来源于它对亚洲生产网络的影响。在亚洲生产网络中，日本、韩国、新加坡以及中国台湾、中国香港等国家和地区基本上处在协助产品研发和提供关键零部件的生产环节上，中国加工贸易的中间品进口大部分来自以上地区。因此，当美国经济衰退影响到此类地区的宏观经济运行时，整个亚洲生产网络都将受到影响，中国作为亚洲产业链（组装环节）的终端之一也必将受到影响。

全球产业链存在由生产者驱动和消费者驱动两种类型。就中美双边贸易结构而言，中国对美国出口的三大类贸易商品为消费品（除食品和车辆以外）、资本品（除车辆以外）以及工业用品和材料。基于此，我们首先考察在生产者驱动条件下，中国对美出口贸易与美国对固定资产和耐用消费品投资之间的关系。图3-4显示了2006~2013年这一期间中国对美国出口的消费品、资本品、工业用品和材料与美国投资水平的变化趋势。可以看出，美国的国内投资水平在2008年已经出现下降，当年中国向美国出口的消费品与资本品的增长速度都有所放缓；而美国国内的投资水平在2009年出现了更为严重的下降，导致了中国对美国出口的消费品、资本品以及工业用品出现了同步性的下降。自2010年起，美国国内的投资水平开始逐渐恢复增长，而中国向美国出口的货物贸易很快强力反弹，并一直保持着一定的增长速度。由此可见，美国恢复来自中国的进口贸易的速度远远快于其国内宏观经济的复苏。2013年美国的国内投资历经5年第一次恢复到了危机前的水平，但中美双边贸易则是在危机后的第2年就迅速恢复并超过了危机前的水平。其次我们考察在消费者驱动条件下，中国对美出口贸易与美国个人消费支出水平之间的关系。图3-5显示了2005~2014年这一期间中国向美国出口的消费品、资本品以及工业用品和材料与美国消费支出水平的变化趋势。相比于投资水平，美国的消费支出水平在受到危机冲击之后变动得相对温和，且恢复得较快，中国对美国出口的各类主要商品基本上与美国消费水平的增长保持同步。

综上所述，美国给中国带来的外部冲击是以收入效应为主；而中

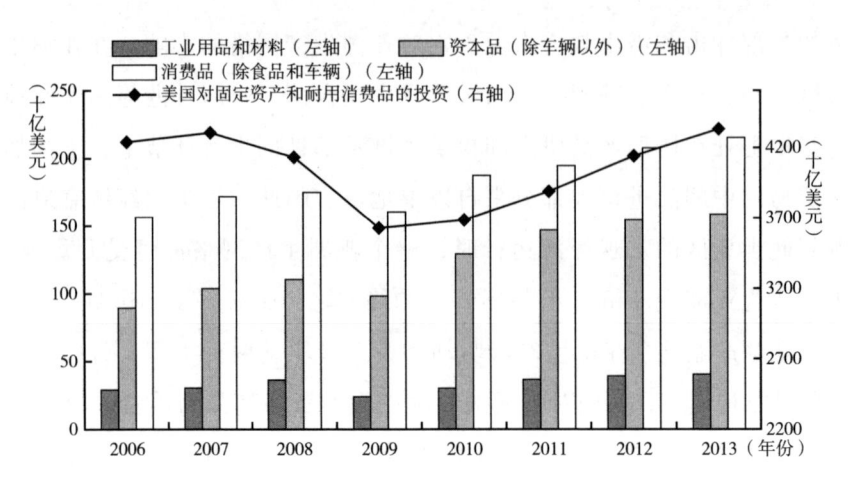

图 3-4　美国投资水平与中国对美出口的主要商品的
变化趋势

资料来源：美国商务部经济分析局（BEA），http：//www.bea.gov/iTable/iTable.cfm?ReqID=62&step=1#reqid=62&step=7&isuri=1&6210=1&6211=119&6200=94。

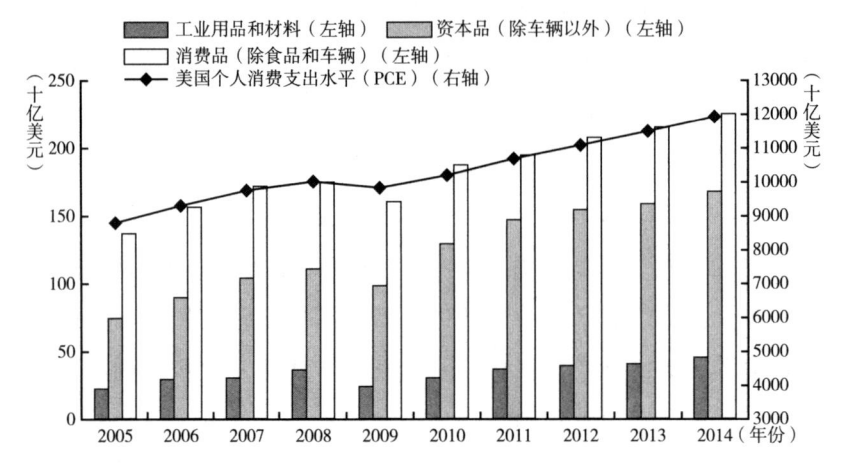

图 3-5　美国消费水平与中国对美出口的主要商品的
变化趋势

资料来源：美国商务部经济分析局（BEA），http：//www.bea.gov/iTable/iTable.cfm?ReqID=62&step=1#reqid=62&step=7&isuri=1&6210=1&6211=119&6200=94。

国对美出口贸易在美国宏观经济下行时反应迅速，几乎所有类型的贸易商品都受到了冲击。但是从贸易恢复的角度来看，中国对美出口贸易的恢复能力是非常强劲的，甚至高于美国国内宏观经济的复苏。

三 全球价值链的结构变动与中美双边贸易格局

全球价值链（Global value chain）是产品生产活动在各国之间的分配过程。至于如何分配，则存在多种影响世界各国在全球价值链上的分工结构的因素。其中最为基础性的影响因素，是各国在要素禀赋之间的差异。由于在不同的生产环节中要素使用比例不同，因此最优的配置是把相应的生产环节对应到生产成本最低的国家，即与该生产环节的要素分配比例最为一致的国家。Baldwin 和 Venables（2011）提出，生产过程中各个环节之间的协调成本也会影响具体的分工结构；而地理位置上相对靠近的国家之间的分工合作，往往有利于降低协调成本。Grossman 和 Rossi-Hansberg（2012）在引入"规模经济效应"这一概念后指出，具有规模经济优势的国家往往可以利用规模效益降低生产成本，进而有利于在全球价值链上专业化于成本较高的环节。Costinot 等（2013）引入了技术水平的差异，将高生产率界定为在多个生产步骤中的低出错率，出错率的差异也会影响分工过程中的比较优势，从而影响全球价值链中的分配结构。

从总体上说，世界各国在全球价值链上下游之间的分工协作是与各国组织生产的特点相关的，而全球价值链上的分工结构将直接影响各国之间的贸易格局。图3-6显示了2010年世界各主要国家和地区在对外贸易中参与全球价值链的程度以及2005~2010年这一参与度的变化情况。从绝对量上看，发达国家的全球价值链参与度高于发展中国家；但是从参与度的增长率来看，发展中国家在2005~2010年这一期间增长了6.1%，而发达国家为3.7%，表明发展中国家在经济发展的过程中是积极参与全球价值链贸易的。2010年，中国的全球价值链参与度达到59%，即中国的进出口贸易中有59%是全球价值链上的商品贸易。从上下游商品贸易的分配来看，中国从上游价值链进口的贸易比重与出口给价值链下游的贸易比重基本一致，从而凸显了中国"两头在外"的加工贸易模式。相比之下，美国的全球价

	全球价值链（GVC）参与度	2005~2010年GVC参与度的增长率
全球	57%	4.5%
发达国家	59%	3.7%
美国	45%	4.0%
日本	51%	1.9%
韩国	63%	—
发展中国家	52%	6.1%
东亚与东南亚	56%	5.1%
中国	59%	5.0%
南亚	37%	9.5%
西亚	48%	6.4%
非洲	54%	4.8%
拉丁美洲与加勒比海地区	40%	4.9%

价值链上游的组成部分
价值链下游的组成部分

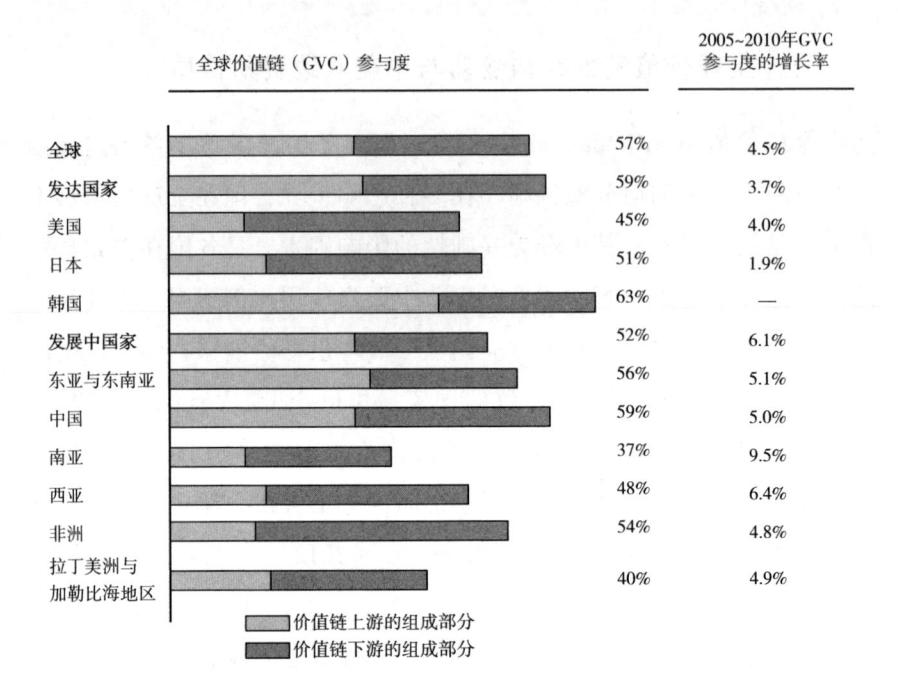

图 3-6　2010 年各主要国家和地区的全球价值链（GVC）参与度以及 2005~2010 年的增长幅度

资料来源：UNCTAD – Eora GVC Database。

值链参与度为 45%，其中自价值链上游进口的贸易比重远远小于出口给价值链下游的贸易比重；但是，美国全球价值链参与度的增长率高于发达国家的平均水平，从而显示了美国跨国公司在主导全球产业链运行过程中的优势地位。图 3-7 显示了 2010 年外国增加值（FVA）在主要国家（地区）对外出口贸易中的份额：中国的对外出口贸易中外国增加值达到 30%；而美国的这一比重为 11%。显然，外国增加值的比重过高意味着中国在全球价值链中依然停留于附加值较低的环节。

中美两国在全球价值链分工结构上的差异，会对两国的贸易格局产生影响。美国在全球价值链上占据高附加值的环节，对中国出口的贸易商品也会相应集中于价值链的上游，尤其是价值链上游中具有技术与资本密集型特征的产品；由于目前中国基本上停留在附加值较低的环节，因此中国倾向于进口价值链上游产品，进行加工组装后以最终商品的形式出口到美国市场。

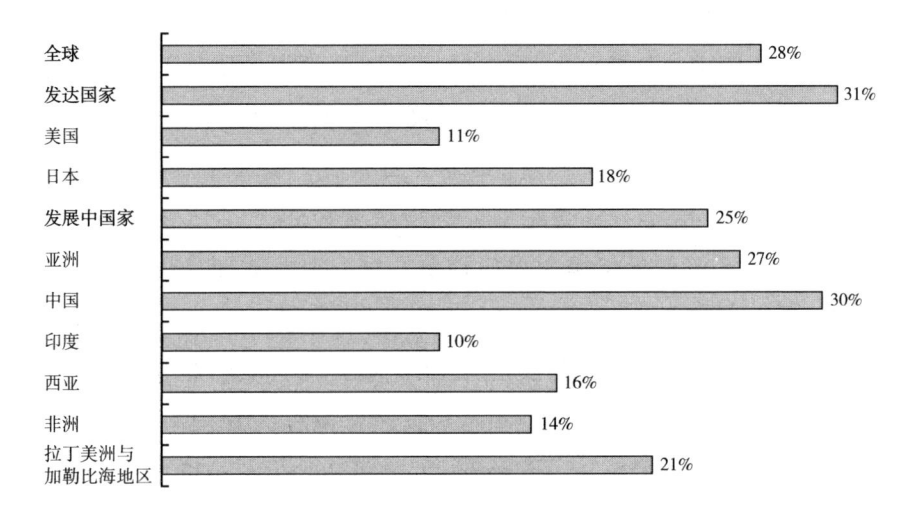

地区	比重
全球	28%
发达国家	31%
美国	11%
日本	18%
发展中国家	25%
亚洲	27%
中国	30%
印度	10%
西亚	16%
非洲	14%
拉丁美洲与加勒比海地区	21%

图 3-7 2010 年外国增加值在世界各国（地区）对外出口贸易中的比重

资料来源：UNCTAD – Eora GVC Database。

第三节 中美金融相互依赖关系及其敏感性

一 中美金融相互依赖关系的动态演进

最近十多年来，中美两国之间的投资在规模上呈加速增长的趋势；而从投资结构上看，中国对美国以证券投资为主，美国对中国则以直接投资为主。在 2005～2013 年期间（如表 3-5 所示），中国对美国的证券投资存量从 5200 多亿美元增长到 1.7 万多亿美元，增长了 237%；而美国对华直接投资的存量从 190 亿多美元增长到 585 亿多美元，增长了 208%。对于中美双边投资结构的差异，两国不同的经济增长模式以及市场运行规则的差异都是重要的影响因素。中国对美国证券投资的规模直接来自中国外汇储备的迅速增长；中国对美国的直接投资则由于中国企业缺乏竞争以及最优投资的管理经验而起步很晚，且增长缓慢，直至2012年才出现了较高的增长幅度。由于美国对华直接投资遵守最优市场投资的策略，因此在2009年之前一直保持着较快的增长趋势；而自2009年起因为受到全球金融危机的影响，美国对华直接投资规模的增长速度放缓且连续出现了两年投资存量负增长的情况。至于美国对中国的证券投资，也是遵循同样的投资策略。自2009年起，美国对华证券投资规模停止了增长，甚至在2011年出现了资本大规模撤出的现象。在中国对美证券投资中，对美国债券的投资比重基本上达到90%以上。2005年，中国对美债券投资占对美证券投资总额的比重为99.52%，当时中国对美国的投资目标几乎完全以收益的稳定性为主。这一比重在2010年出现了较为明显的下降，即中国也开始增加股权投资并更加注重对投资收益的考量。美国对华证券投资的结构与中国正好相反，即对华股权投资占对华证券投资总额的比重基本上在97%以上，说明美国对华股权投资完全以较高的投资收益为主要目的。

表3–5　2005~2013年中美双边投资的结构特征

指标/年份	2005	2006	2007	2008	2009	2010	2011	2012	2013
中国对美直接投资额（亿美元）	5.74	7.85	5.84	11.05	16.24	33.00	37.29	51.54	75.73
美国对华直接投资额（亿美元）	190.16	264.59	297.10	539.27	540.69	589.96	553.04	513.63	585.93
中国对美证券投资额（亿美元）	5272.80	6989.30	9220.50	12050.80	14627.20	16107.37	17266.21	15922.80	17747.76

续表

指标\年份	2005	2006	2007	2008	2009	2010	2011	2012	2013
美国对华证券投资额（亿美元）	284.43	753.14	972.84	549.03	1020.00	1022.26	767.98	1203.92	1033.27
中国对美债券投资占对美证券投资总额的比重（%）	99.52	99.40	96.51	91.74	94.78	92.14	90.80	86.12	83.66
美国对华股票投资占对华证券投资总额的比重（%）	94.50	98.10	98.36	97.02	99.34	98.43	97.30	99.14	97.33

资料来源：美国商务部经济分析局网站（www.bea.gov）和美国财政部网站（www.treas.gov）。

就中美两国的"资本依存度"而言，在证券投资领域的资本依存度远远高于在直接投资领域的资本依存度。项卫星和王达参照贸易依存度的定义，运用四种指标衡量了中美双边"资本依存度"的基本特征①（表3-6沿用该指标计算了2005~2013年这一期间中美两国在直接投资与证券投资领域依存度的变化过程）。首先，在直接投资领域，存在较高依存度的是中国从美国"进口"的直接投资，用美国对华直接投资占外国对华直接投资总额来衡量。在2008年之前，美国对华直接投资的比重在3%以上，除去中国香港在国内压倒性的投资优

---

① 这四种指标包括：用中国对美投资额占中国对外投资额的比重（记为 SU_X）衡量中国对美"出口"资本的依存度，用美国对华投资额占外国对华投资总额的比重（记为 SU_M）衡量中国自美国"进口"资本的依存度；同理，分别用美国对华投资额占美国对外投资总额的比重（记为 US_X）和中国对美投资额占外国对美投资总额的比重（记为 US_M），衡量美国对华"出口"资本和自中国"进口"资本的依存度。参见项卫星、王达《论中美金融相互依赖关系中的非对称性》，《世界经济研究》2011年第7期，第10~16页。

势以外，这一比例和其他国家相比较已经为较高水平。而在 2008 年之后，中国对美国直接投资的依存度逐渐下降；相反，美国对中国直接投资的依存度在上升，尤其是在 2012 年之后这一依存度出现较为明显的上升。在证券投资领域，中国对美国证券投资的出口依存度和进口依存度都很高。中国对美国证券投资占中国对外证券投资总额的比重几乎在 50% 以上，同时美国对华证券投资占外国对华证券投资总额的比重也在 50% 上下浮动。从美国对中国证券投资的资本依存度来看，较高的依存度水平体现在美国"进口"中国证券投资的依存度上：自 2008 年起，中国对美国的证券投资占外国对美国证券投资总额的比重始终在 10% 以上。

表 3-6 2005~2013 年中美双边资本依存度

单位：%

年份	直接投资				证券投资			
	SU_X	SU_M	US_X	US_M	SU_X	SU_M	US_X	US_M
2005	1.00	3.00	0.85	0.04	56.4	37.1	0.62	7.68
2006	0.87	3.74	1.07	0.04	54.0	62.4	1.26	8.99
2007	0.65	3.50	0.99	0.04	52.2	68.2	1.35	9.44
2008	0.65	3.19	1.63	0.06	54.3	36.0	1.28	11.7
2009	0.32	2.83	1.41	0.03	54.6	56.3	1.71	15.1
2010	1.04	2.85	1.07	0.08	51.89	45.65	1.43	13.57
2011	0.88	2.04	1.06	0.08	51.00	30.86	1.12	13.65
2012	0.97	2.33	0.86	0.11	45.82	35.82	1.50	11.39
2013	1.15	2.40	0.82	0.13	43.50	26.73	1.12	11.42

数据说明：SU_X 表示用中国对美投资额占中国对外投资额的比重。SU_M 表示用美国对华投资额占外国对华投资总额的比重。SU_X 表示用美国对华投资额占美国对外投资总额的比重。SU_M 表示用中国对美投资额占外国对美投资总额的比重。

资料来源：根据美国财政部网站、美国商务部经济分析局网站以及中国国家外汇管理局网站提供的数据计算得出。

就中国对美国的证券投资而言，受全球金融危机的影响，中国在美国债券市场的交易结构发生了较大的变化。从图 3-8 显示的 2006~2014 年中国投资者在美国债券市场上的月度净交易额的情况可以看出，中国持有的美国金融资产的流量数据发生了显著的变化。在 2009 年之前，中国持有的美国金融资产呈增长之势。尤其是在 2008 年全球金融危机爆发之时，中国在"安全港效应"的驱使下，大规模购买美国的金融资产。但是在此后，中国对美国金融资产的购买则呈现出了明显的灵活性：在 2009～2011 年这一期间，中国持续减少美国债券的购买量，并在 2011 年出现了罕见的负增长；而在此之后的两年即 2012 年和 2013 年里才有所回升。

图 3-8　2006～2014 年中国投资者在美国债券市场上的月度净交易额

资料来源：美国财政部 TIC 数据库，http://www.treasury.gov/ticdata/Publish/sl_41408.txt。

这一重大变化至少说明了两个问题：一是中国货币当局开始更加审慎地配置外汇储备；二是中国外汇储备增长速度的放缓，使中国货币当局在持有美国金融资产时有了较大的空间。在全球金融危机爆发之前，中国投资者每月在美国债券市场上基本维持着正的净购买量。同时在债券结构方面，虽然以国债和政府机构债为主，但企业债券和股票依然占有一定的比重。在全球金融危机爆发之后，中国投资者在美国债券市场上开始比较频繁地出现净卖出量，同时净交易量的变化幅度增大，甚至时而发生净买入与净卖出交替出现的情况。另外，危机爆发后，中国投资者持有的美国企业债券和股票的比重显著下降，几乎全部集中于美国国债和政府机构债的交易。从以上对比中可以看到，中美金融相互依赖关系在全球金融危机前后存在差异，但这种差异主要集中于中国投资者在美国金融市场上的投资行为。需要指出的是，人民币兑美元的汇率水平是影响中国投资者在美国金融市场上投资行为的关键因素。全球金融危机爆发之时以及危机后的几年，中国投资者在国际外汇市场上扮演着"美元价格稳定者"的角色，使得相比于美国国债收益率，美元汇率更是中国投资者购买美国国债行为的影响因素[①]。中国央行自2010年6月19日在人民币兑美元汇率为6.8279的水平上重新启动汇率制度改革后，一直谨慎地交易以美元计价的资产，以确保人民币兑美元汇率的平稳升值。直至2014年初，人民币兑美元汇率升值至6.0930。此后人民币汇率连续十个月呈现震荡贬值的趋势，进入了一个震荡与适度疲软相结合的新常态。

从中美金融相互依赖关系的基本趋势来看，中美两国经济的结构性调整正在促进两国双边投资的多元化发展。美国早期的对华直接投资集中在化学和采掘业等方面；而随着投资模式的不断演进，美国对华直接投资的领域已经扩展到运输、批发、计算机电子产品以及存款机构、金融与保险等多种服务产业（见图3-9）。相对而言，虽然中国在对美直接投资方面起步较晚，但发展速度逐步加快。根据中国商务部的统计，截至2013年底，中国在美国的非金融类直接投资累计达到154.8亿美元；其中2013年中国企业在美国的非金融类直接投资达到42.3亿美元，同比增长15.9%。与此同时，中国对美国直接投资的覆盖领域也在不断扩大，涵盖了工业、科技、能源、服装、农业、餐饮、食品加工、旅游、金融、保险、承包工程以及房地产等多

---

① 参见张明《中国投资者是否是美国国债市场上的价格稳定者》，《世界经济》2012年第5期，第46~62页。

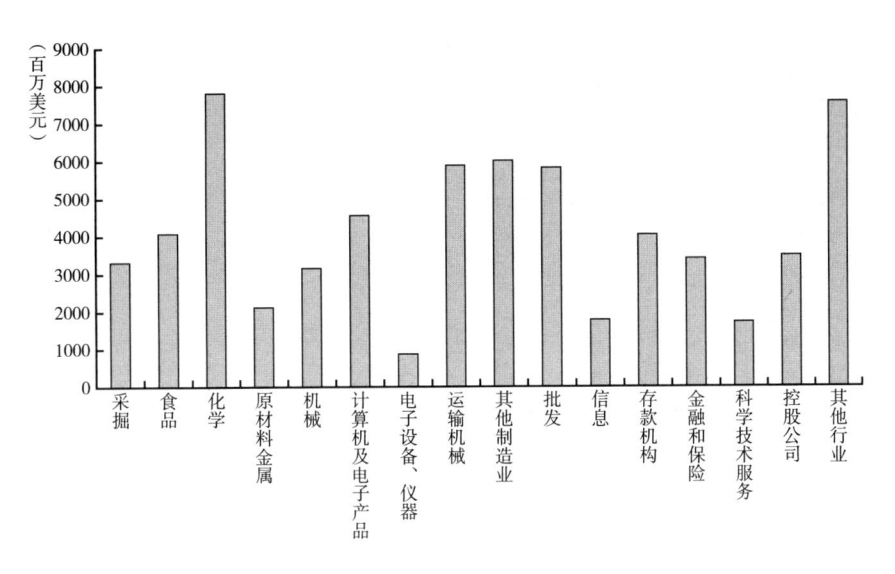

图 3-9 2014 年美国对华直接投资结构

资料来源：中国国家统计局。

个领域①。

就中国对美国的证券投资而言，中国投资者开始控制对美证券投资的规模，同时兼顾投资的稳定性与收益性，并且对证券投资的结构进行优化。图 3-10 显示了近年来中国投资者在美国证券市场上的投资结构，中国投资者持有的美国证券总额为 1.82 万亿美元。从证券结构上看，虽然长期债券的持有量居多，但中国投资者对股票、长期机构债券以及长期企业债券方面的投资正在逐渐增加。可以肯定，多元化的证券投资结构将有益于提高中国的海外投资水平。

---

① 据中国商务部统计，2013 年以来，中国企业对美投资出现若干大型项目，万向、中海油、双汇、绿地集团等先后赴美开展并购交易，其中双汇国际收购全球最大猪肉制品生产商史密斯菲尔德公司，交易总金额达 71 亿美元，这是目前中国企业在美实施的最大收购案。按在美中资企业注册地统计，中国企业赴美投资主要集中在加利福尼亚州、伊利诺斯州、得克萨斯州、纽约州、特拉华州、密歇根州、马里兰州、佐治亚州、华盛顿州、佛罗里达州、北卡罗来纳州、南卡罗来纳州、弗吉尼亚州以及新泽西州等地。

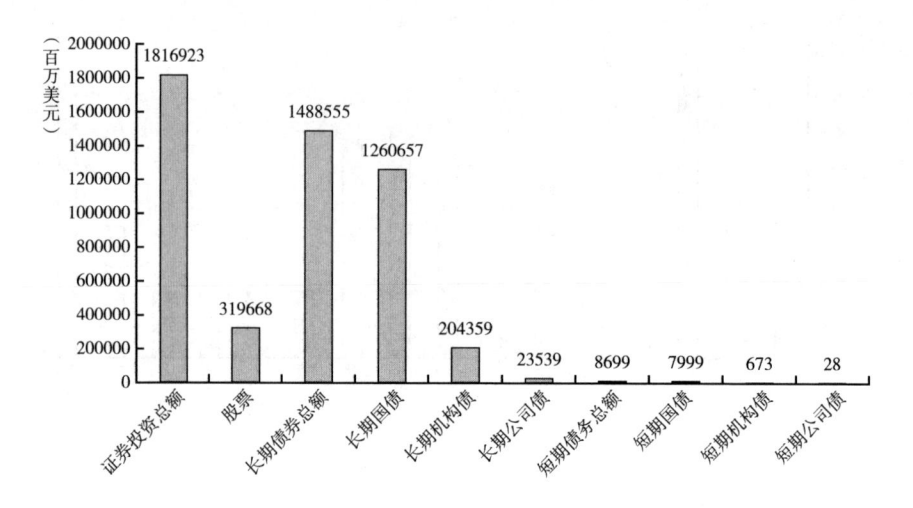

图 3-10 截至 2014 年 6 月中国在美国证券市场上的投资结构

资料来源：美国财政部网站。

二 金融相互依赖背景下中国经济敏感性的典型特征

如前所述，鉴于中美双边经济关系的密切程度，美国经济衰退对中国造成的外部冲击是通过接触性传染，即明确的贸易渠道和金融渠道进行传播的。在中美金融相互依赖关系的背景下，美国通过金融渠道对中国经济造成的冲击主要来自两个方面：一方面来自美国联邦储备委员会的货币政策实施；另一方面则来自美国金融机构与跨国公司对海外资金的重新分配。

为了应对全球金融危机对美国经济的冲击，美国联邦储备委员会先后推出了四轮量化宽松货币政策（QE）。这一政策是典型的弱势美元政策，其主要目标在于刺激国内消费和投资、扩大出口、增加就业以及稀释其对外债务①。美国联邦储备委员会的 QE 政策的直接后果是美元供应量的膨胀，进而导致全球流动性过剩以及美元贬值预期，

---

① 美国的对外资产多以外币计价而对外负债则多以本币计价。

从而推动全球能源和大宗商品价格的上涨。这一后果给中国带来的是"输入型"通货膨胀以及短期国际资本大规模流入的压力,在事实上也造成了中国国内流动性过剩的加剧进而商品价格与资产价格的轮番上涨[①]。全球金融危机期间,面对美国联邦储备委员会的 QE 政策,中国货币当局可选择的政策搭配极为有限:美国联邦储备委员会的 QE 政策的外部性进一步压缩了中国货币政策选择的空间;全球能源和大宗商品价格的反弹使中国经济面临的"输入型"通货膨胀的压力上升,中国货币当局进一步降息的空间进一步缩小。从宏观经济运行来看,在金融危机席卷全球经济之时,中国相对于发达国家受全球金融危机直接冲击的影响较小;但是事实上中国政府对全球金融危机做出了过度的反应,从而留下了严重的经济隐患,以至于中国经济在近两年出现了持续的下行趋势。全球金融危机期间,中国政府为防止经济增长速度下降,实行了 4 万亿元的财政刺激和巨额银行信贷的经济政策,并且将人民币重新盯住美元。虽然这种重新盯住美元的汇率安排有助于在当时稳定和扩大对美国的出口,但也在相当程度上降低了汇率政策的独立性,并且使人民币的价值完全由美元决定(即汇率不再成为调整国际收支失衡的手段)。与此同时,中国货币当局的这一政策框架也不断遭遇美国国会要求人民币升值的压力,这在一定程度上加剧了双边贸易摩擦[②]。更为重要的是,汇率政策独立性的降低使中国的利率政策被迫与美国联邦储备委员会的利率政策保持"协调",中国的利率水平和货币供应量在一定程度上成为由美国货币政策决定的外生变量。在利率平价的作用下,中国货币当局对利率

---

① 参见张明、何睿《宏观经济低速增长进口限制风险加大》,《国际经济评论》2011 年第 1 期,第 57~66 页。
② 2011 年 10 月 3 日,美国国会参议院程序性投票通过了旨在打压中国的《2011 年货币汇率监督改革法案》立项议案;同年 10 月 11 日,参议院通过了该法案。2012 年 1 月 31 日,美国参议院财政委员会主席马克斯·鲍卡斯(Max Baucus)和众议院筹款委员会主席戴弗·坎普(Dave Camp)敦促奥巴马总统在世界贸易组织召开的汇率问题论坛上向中国施压,通过对中国施加多边压力要求人民币升值。

进行的调整只有与美国的利率变动大体保持同步，才能保证人民币对美元汇率的稳定。相对于中国货币政策的表现，中国货币当局在外汇储备的资产配置上也受到了危机的影响。在美国次贷危机演变为全球金融危机之前，尤其是在2007~2008年6月底这一期间，中国货币当局在外汇储备的资产配置上已经开始了比较积极的多元化。但是，从2008年7月开始，由于美国"两房"危机的加剧，中国一直在减持美国的机构债①。在2008年9月至2009年5月这9个月内，中国有5个月在减持美国企业债，9个月内共减持了21亿美元。由于雷曼兄弟公司（Lehman Brothers）破产导致美国公司股票市场指数大幅下跌，中国投资者对美国公司股票的投资也损失惨重。在雷曼兄弟公司倒闭导致美国风险资产价值遭受重创以后，由于"流向安全港"（fly to safety）效应的影响，巨额资金流入美国国债市场寻求避险。中国的主权投资机构也开始增持美国国债。在2008年8月至2009年5月这一期间，中国主权投资机构持有的美国国债在中国外汇储备存量中所占的比重，从30%迅速上升至38%。考虑到由美元供给的增加和美元购买力的缩水构成的对中国外汇储备的购买力的侵蚀，这一时期中国外汇储备资产的安全受到了较大的威胁②。在中国经济受到美国联邦储备委员会QE政策溢出效应的同时，美国金融机构和跨国公司的投资决策也对中国的金融环境造成了影响。全球金融危机爆发以后，美国金融机构出于调整其自身资产结构和改善经营状况以应对危机的需要，在获利后纷纷抛售其持有的中国国有控股商业银行的H股。据统计，在2009年1月7日至2011年11月这两年多的时间里，美国银行（Bank of America）、美国运通公司（American Express）、

---

① 2008年8月美国"两房"危机的爆发使中国金融机构持有的3976亿美元的"两房"债券的市场价值遭受严重损失；如果不是此后美国政府出资1450亿美元对"两房"进行救助，这3976亿美元的资产很有可能化为乌有。
② 参见张明《QE3对中国经济影响几何?》，中国社会科学院世界经济与政治研究所国际金融研究中心工作论文，2012年。

高盛集团（GoldmanSachs）以及摩根大通银行（JPMorgan Chase）多次减持中国国有控股商业银行的 H 股①。这种大规模地减持中国国有控股商业银行股权的行为，对中国的资本市场造成了很大的冲击，影响了中国的金融稳定。

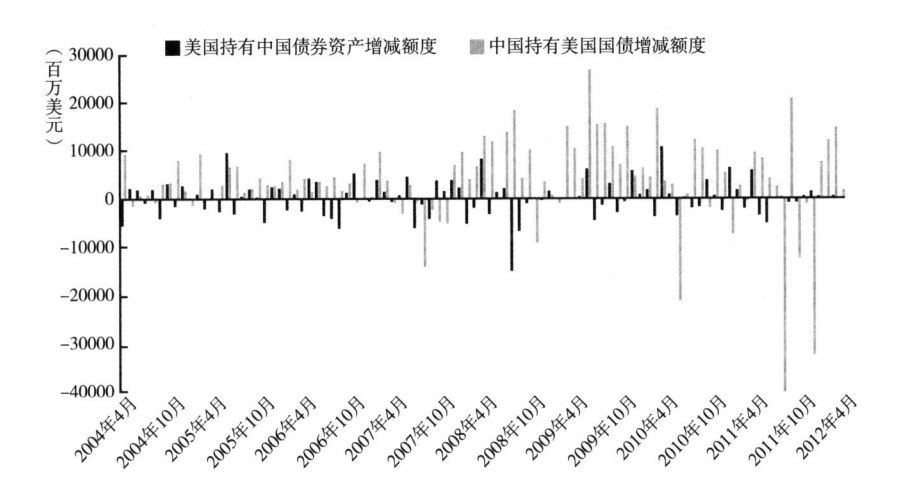

图 3-11　中美相互持有金融资产的变动额度

资料来源：美国财政部网站（TIC），（http：//www.treasury.gov/resource-center/data-chart-center/tic/Documents/s1_41408.txt；http：//www.treasury.gov/resource-center/data-chart-center/tic/Documents/cb_41408.txt；http：//www.treasury.gov/resource-center/data-chart-center/tic/Documents/cb_41408.txt）。

如前所述，中美双边资本循环是具有明确的条件的，即美国跨国公司向中国输出资本是以中国外汇储备投资于美国金融市场为前提的。中国对美国金融市场的依赖不仅关乎中国外汇储备的投资收益，同时也关乎中国国内对外国直接投资的引入，或者说关乎中国国内储蓄是否能够成功转化为有效的资本积累。为从经验分析上说明这一事实的存在，本节运用一个简约模型，对该命题进行验证。模型中选取的数据为中国购买美国国债占美国国债总规模的比重变化率、美国对

---

① 如图 3-11 所示，美国减持中国证券的频率比中国减持美国债券的频率要高，尤其是自 2007 年以来，美国金融机构共减持中国证券 31 次。

华直接投资额的变化率、中国对美国净出口额的变化率（在模型中分别以 y_{trea}、y_{fdi}、y_{trade} 来表示）。时间跨度为 2003 年 1 月至 2014 年 12 月，数据来源分别为美国商务部经济分析局（BEA）网站、美国财政部（TIC）网站以及中国国家统计局网站。在相互联系的时间序列系统内考察随机扰动对变量系统的动态冲击，并解释各种经济冲击对经济变量形成的影响，结构向量自回归（SVAR）模型提供了一个很好的分析工具。SVAR 模型根据经济理论对结构式残差之间的关系进行了约束，使脉冲响应函数具有明确的经济含义，避免了传统无约束 VAR 模型的缺陷。SVAR 模型的基本形式如下：

$$C_0 y_t = \tau_1 y_{t-1} + \tau_{21} y_{t-2} + \cdots + \tau_p y_{t-p} + u_t, t = 1, 2, \cdots, T$$

式中：$C_0 = \begin{bmatrix} 1 & -c_{12} & \cdots & -c_{1k} \\ -c_{21} & 1 & \cdots & -c_{2k} \\ \vdots & \vdots & \vdots & \vdots \\ -c_{k1} & -c_{k2} & \cdots & 1 \end{bmatrix}$,

设定 $y_t = \begin{bmatrix} trea_t \\ fdi_t \\ trade_t \end{bmatrix}, i = 1, 2, \cdots, p, u_t = \begin{bmatrix} u_t^{trea} \\ u_t^{fdi} \\ u_t^{trade} \end{bmatrix}$

将上式写成带有滞后算子的 VMA（∞）形式：

$$y_t = D(L) u_t, \quad D(L) = C(L)^{-1}$$

上式为 SVAR 模型的最终形式，同时是脉冲－响应函数的基础，系统内所有的内生变量（y_t）都表示为结构冲击（u_t）的分布滞后形式。对于一个 SVAR 模型的估计，需要给出一定数量的约束条件才能识别。模型识别的原理是基于下式中对系数矩阵内元素的约束：

$$\begin{bmatrix} trea_t \\ fdi_t \\ trade_t \end{bmatrix} = \begin{bmatrix} D_{11}(1) & D_{12}(1) & D_{13}(1) \\ D_{21}(1) & D_{22}(1) & D_{23}(1) \\ D_{31}(1) & D_{32}(1) & D_{33}(1) \end{bmatrix} \begin{bmatrix} u_t^{trea} \\ u_t^{fdi} \\ u_t^{trade} \end{bmatrix}$$

将中国购买美国国债占美国国债总规模的比重变动作为冲击来

源，考察对其余两个变量的影响，脉冲－响应函数的结果如图 3－12 所示。

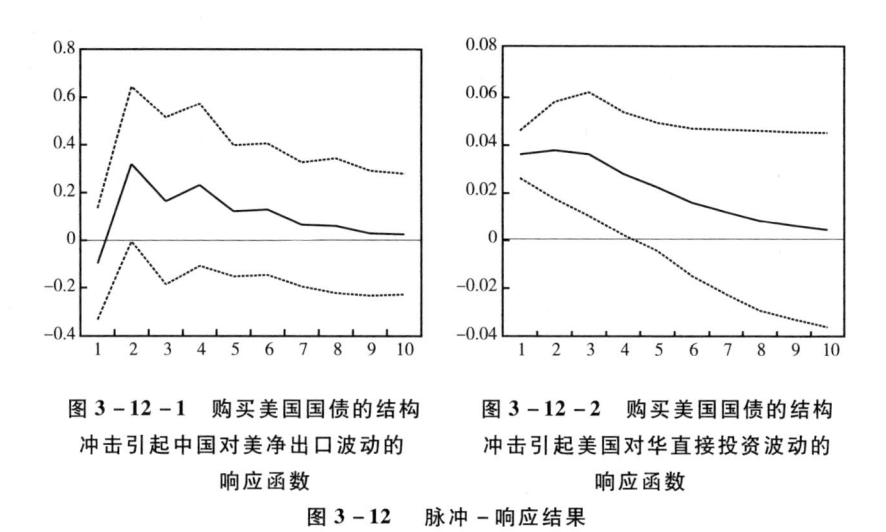

图 3－12－1　购买美国国债的结构
冲击引起中国对美净出口波动的
响应函数

图 3－12－2　购买美国国债的结构
冲击引起美国对华直接投资波动的
响应函数

图 3－12　脉冲－响应结果

从图 3－12 给出的结果可以明显看出，中国购买美国国债占美国国债总规模比重的上升（即对这一变量给一个正向冲击），会导致中国对美国净出口额以及美国对华直接投资的增加。图 3－12－1 和图 3－12－2 分别显示出购买美国国债的结构冲击对中国对美净出口存在持续的正效应，对美国对华直接投资存在大约四期的正效应并在随后趋近于零。这一实证检验结果在一定程度上符合一国以官方储备的形式增加对美国金融资产的需求，以支撑其出口导向型经济发展战略这一理论观点。从这一逻辑出发，中国对美国的贸易依赖与中美金融相互依赖关系是有内在联系的，中国国内金融市场发展的滞后以及对净出口经济拉动作用的过度依靠，使中国陷入一种对外部冲击反应过度敏感的对外开放模式之中。

三　中美金融业核心竞争力的比较分析

如前所述，中美之间双边资本的循环特征源自中美两国金融发展水平的巨大差异。一般而言，一国的金融发展水平与该国整体的宏观经济运行模式是直接相关的。就中美两国而言，中国和美国的金融结构基本上处于金融中介主导和金融市场主导的两端。在金融市场主导方面，美国的股票市场、债券市场以及金融衍生品市场都具备非常成熟的运行机制；而美国的金融创新在固有机制的基础上，也在迅速发展。"风险投资、资产证券化、金融工程化等的理念创新，以透明度为核心的金融市场监管的制度创新，以及金融衍生品、结构化金融产品等的工具创新几乎都是在美国率先出现并趋向成熟"[1]。相比之下，中国作为发展中国家，金融市场的发展起步较晚；特别是在经济体制的约束下，金融抑制（Financial Repression）的现象在中国金融市场的发展过程中较为显著（见表 3-7）。

表 3-7 中美两国金融发展水平的比较

	年份	2006	2007	2008	2009	2010	2011	2012	2013	2014
美国	股票市值/GDP	240	294	434	324	203	198	132	—	—
	股票交易额/GDP	182	216	404	348	189	187	124	—	—
	国内信贷/GDP	226	235	216	231	227	227	232	240	244
	银行提供的私人信贷/GDP	56	59	59	54	51	49	49	48	50
中国	股票市值/GDP	59	221	120	177	132	102	68		
	股票交易额/GDP	101	180	121	229	164	188	164	—	—
	国内信贷/GDP	132	126	119	143	143	142	150	157	169
	银行提供的私人信贷/GDP	110	106	102	125	127	124	129	135	141

资料来源：世界银行经济发展指数数据库。

在金融中介主导方面，美国的金融机构呈多元化均衡发展的模式。存款性金融机构（银行、信用社）、契约类储蓄机构（保险公司、养老基金、退休基金）以及投资中介公司（金融公司、共同基金）等部门对资金的配置较为平衡，即金融资源并不过分集中于某

---

[1] 应展宇：《中美金融市场结构比较——基于功能和演进的多维考察》，《国际金融研究》2010年第9期，第87~97页。

一部门；而中国金融部门的资金配置则存在过度集中的现象，中国的银行所拥有的金融资产远远高于其他的金融机构。表 3-8 显示了 1998~2010 年这一期间中美两国金融部门在规模和结构方面的比较结果。美国的金融资产在各类金融机构之间的分配比例较为平均，银行的资产份额占 25% 上下，银行资产集中度在 30% 上下；相比之下，中国的金融资产在银行机构内部的比例达到或接近 90%，银行资产集中度在 55% 以上。由此可见，中国的金融中介主导模式也可以更确切地称为银行主导模式，说明中国的金融资源基本上是通过银行机构进行间接配置的。从实践上来看，过度的间接融资会导致金融资源配置效率的损失。中国金融市场在发展模式上的银行导向型，是其金融发展水平与美国产生巨大差距的重要的制度性原因。基于此，加速发展中国金融市场的途径之一在于逐渐解除制度性的约束，缓解金融抑制的现象，并重点提升中国金融业的竞争力水平。

表 3-8　美国与中国的金融部门规模与结构比较

		金融部门资产总额占 GDP 比重（%）	金融部门资产份额（%）			金融部门结构性指标（%）		
			银行	保险与养老金	其他金融机构	银行非利息收入	银行资产集中度	净利差
美国	1998~2002 年	358	24	32	45	42	22	3.9
	2003~2007 年	414	24	29	47	42	29	3.4
	2008~2010 年	430	27	25	47	39	35	3.4
中国	1998~2002 年	—				14	71	2.2
	2003~2007 年	219	90	5	5	20	64	2.3
	2008~2010 年	252	87	6	7	14	55	2.7

资料来源：IMF，《全球金融稳定报告》，2012。

对金融业竞争力的评价标准是多元的。巴曙松（2015）曾指出，一国金融市场的制度设计、创新程度，本国货币在国际储备货币中的地位，以及该国在国际金融治理框架中的地位都将对其金融业的核心竞争力产生影响。美国金融机构在全球金融市场中的地位毋庸置疑。首先，从支配金融资源规模的角度，截至2010年底，全球规模最大的前十家资产管理机构有6家是美国的；与此同时，全球托管资金最大的四家银行也均为美国的金融巨头①。其次，美元在国际货币体系和国际储备货币中的地位依旧超越其他发达国家的货币，国际货币体系的改革进程仍然基本停留在各方呼吁的阶段。最后，美国在现有权威的全球金融治理结构中依然处于主导地位，这种主导地位不仅体现在以世界银行、国际货币基金组织为主的全球性机构之中，也体现在例如亚洲开发银行这样区域性机构之中（美国在亚洲开发银行是仅次于日本的第二大股东）。面对巨大的差距，中国未来金融市场的发展依赖于国内市场化改革的进程。在金融制度层面，利率机制与汇率机制的市场化改革是缓解金融抑制现象的关键；而在金融创新层面，中国的资产证券化市场已经出现加速发展的迹象。2014年，中国利率市场化所导致的银行利差收窄、银行间市场利率的走低、影子银行体系监管力度的加强，以及政府对资产证券化的积极态度都在一定程度上提高了金融机构发行证券化产品的吸引力②。在

---

① 据统计，在全球前10家资产管理规模最大的机构中美国占到6家。其中BlackRock（黑石）管理资产高达3.35万亿美元，仅此一家就超过当年中国股市18万亿元人民币的总规模。State Street Global管理资产也高达1.9万亿美元，其余四家也均在1万亿美元规模以上。同时，全球托管资金最大的四家银行均为美国的金融巨头。BNY Mellon（纽约梅隆银行）托管资金高达25万亿美元，J. P. Morgan（摩根大通银行）托管资金达到16.1万亿美元，State Street（美国道富银行）托管资金达到14万亿美元，Citi（美国花旗银行）托管资金为12.6万亿美元。参见华小戎《美国经济完成"金融化"》，《战略观察》2011年第3期。
② 2014年，中国资产证券化市场衔枚疾进，其中将对公贷款作为基础资产的信贷资产证券化产品（CLO）增长迅速，但住房抵押贷款证券化产品（MBS）发展迟滞。随着利率市场化的进一步推进以及发行机制由审批制改为备案制，中国资产证券化市场有望在未来5年呈现持续快速增长。参见张明、高蓓、邹晓梅《衔枚疾进爆发在即——2014年中国资产证券化年度报告》，《金融市场研究》2015年第3期。

全球金融治理层面，建立亚洲基础设施投资银行（Asian Infrastructure Investment Bank，AIIB）（以下简称"亚投行"）的提议是一项提升中国金融业竞争力的重大举措。亚投行是第一家由发展中国家发起、发达国家参与的全球性多边金融机构，也是第一种建立在平等基础上的新型南北合作形式，从全球金融治理角度看是一项制度创新[①]，而这一制度创新将显著提升中国在全球金融治理结构中的地位。

本章小结

本章从贸易和金融两个维度分析了中美经济相互依赖关系及其敏感性的特征。在贸易领域，中美经济相互依赖程度的加深主要表现为中美两国都互为对方重要的出口目标地和进口来源地。与此同时，在以全球价值链为核心的贸易形态下，中美双边贸易的失衡主要表现为两国在全球价值链中处于不同的位置，以及中国处于东亚生产网络中的加工贸易产业链的终端。中国作为全球加工贸易链的终端，必将严重依赖于由美国所提供的最终商品消费市场。鉴于中美贸易的相互依赖关系依托于全球价值链而形成，因此，中国与美国在全球价值链中的不同角色和地位，构成了驱动双边贸易关系发展和演变的关键因素。美国对中国中间品市场的贸易依赖，将受到中国加工贸易模式的影响；而中国对美国最终商品市场的依赖将受到美国进口消费能力的影响。在金融领域，中美金融相互依赖关系围绕着人民币对美元的货币依赖而展开，相互依赖的具体形式则存在于两国的双边资本循环之

---

① "二战"以后全球性多边金融机构主要是发达国家主导，这反映了一定时期的世界经济格局，也决定了发展中国家在既有机构中的次要地位，然而在过去几十年间，发展中国家和新兴市场经济总量不断上升，现有的全球金融治理结构所导致的不平等、不稳定性日益突出。现有国际金融机构的治理结构改革障碍重重，特别是在提高发展中国家在规则制定和决策权方面的改革更加艰难。在继续推动国际金融治理结构存量改革的同时，亚投行的建立无疑是一项建设性的增量改革。参见高海红《亚投行，国际金融体系新的一页》，《人民日报》（权威论坛）2015年4月16日，第22版。

中。中国向美国投入的资本主要来自官方外汇储备，而美国向中国投入的资本主要来自大型跨国公司。这一投资结构的差异，与两国不同的经济增长模式以及市场运行规则的差异密切相关。就中美两国的"资本依存度"而言，中美两国在证券投资领域的资本依存度远远高于在直接投资领域的资本依存度。其背后的逻辑表现为两个方面：第一，中国将外汇储备投资于美国债券市场构成了中国吸引美国对华直接投资的重要前提；第二，这种双边资本循环的特征来源于中美两国金融发展水平之间的巨大差异，即中国欠发达的金融体系难以促进国内形成有效的资本积累，而只能通过美国金融市场发达的国际金融中介功能完成本国的资本积累过程。

鉴于中美经济相互依赖关系的密切程度，美国经济衰退对中国造成的外部冲击是通过接触性传染，即明确的贸易渠道和金融渠道进行传播的。在贸易领域，从直接渠道的视角来看，美国的个人收入水平与个人消费水平对于中美进出口贸易存在显著影响，说明美国对华外部冲击的溢出效应集中在收入效应上，美国宏观经济条件的恶化对于中国出口市场来说是最为重大的威胁。从间接渠道的视角来看，美国对华外部冲击的溢出效应来源于它对亚洲生产网络的影响。中国对美出口贸易在美国宏观经济下行时反应迅速，几乎所有类型的贸易商品都受到了冲击，但是从贸易恢复的角度来看，中国对美出口贸易的恢复能力非常强劲，甚至高于美国国内宏观经济的复苏水平。在金融领域，美国通过金融渠道对中国经济造成的冲击主要来自两个方面：一方面来自美国联邦储备委员会的量化宽松货币政策；另一方面来自美国金融机构与跨国公司对海外资金的重新分配。更为重要的是，中国对美国的贸易依赖与中美金融相互依赖关系之间有着紧密的内在联系。中国国内金融市场发展的滞后以及对净出口经济拉动作用的过度依靠，使中国陷入一种对外部冲击反应过度敏感的对外开放模式之中。

第四章
中国在中美经济相互依赖关系中的脆弱性

中国壮大的金融实力或许增强了其拒绝请求的底气。但是，抛开有关中国债权人实力的骇人听闻的预测，这对它迫使美国做出政策改变并没有太大帮助。……中国能以抛售美元、影响美国经济进行威胁，但美国经济的削弱就意味着中国出口市场的缩小，而且美国可能以加征中国商品关税作为回击。

——〔美〕约瑟夫·奈：《金融危机后的中美实力》

第一节 中美经济相互依赖关系中的"金融恐怖平衡"问题

早在2008年9月中国取代日本成为美国国债的海外第一大持有者以后，国内学者就认为中国应该减持美国国债（张明，2009；余永定，2010）。这一问题一度成为当时国内外学术界关注的焦点。2011年8月初，美国国会民主共和两党在国债上限问题上的角力从而导致世界权威评级机构标准普尔公司将美国主权信用等级下调这一事件，引发了国内学者对中国持有巨额美国国债的潜在风险的担忧。需要指出的是，自2008年以来中国持有美国国债规模的急剧扩大，从技术上看，仅仅是中国货币当局在外汇储备不断增长的情况下对资产的配置，即仅仅是一种资本投资行为；然而，隐藏在这一投资行为背后的则是所谓的"金融恐怖平衡"（balance of financial terror）。约瑟夫·奈（Joseph Nye）在论及中美实力时也证明了这种"金融恐怖平衡"的存在。在金融全球化时代，国与国之间的金融关系是整个经济关系的核心。为此，研究中美经济相互依赖关系中的"金融恐怖平衡"问题，对于解释中国在中美经济相互依赖关系中的脆弱性具有非常重要的意义。

一 "金融恐怖平衡"问题的形成与发展

"金融恐怖平衡"（balance of financial terror）这一概念是2004年时任美国哈佛大学校长的劳伦斯·萨默斯（Lawrence H. Summers）教授在论及美国与中国等新兴市场国家的相互依赖关系时提出的[①]。按照萨默斯的观点，全球经济的高速增长与美国贸易赤字的扩大是同步的，即全球经济体系的良好运行依托于美国在国际市场上的商品需求能力。与此同时，由需求水平上升导致的储蓄水平下降，使美国经济越来越依赖外部资本的输入。但事实上，美国对外部资本的吸引非常轻而易举。换言之，这种资金依赖关系是由被依赖方即中国等新兴市场国家为实施其出口导向型的经济发展战略而主动构建的。对这些国家而言，停止为美国融资会"损害"其出口导向型经济发展战略。为此，出于对本国出口导向型经济发展战略受到威胁的恐惧（terror），中国等新兴市场国家选择持续向美国输出资本；而美国作为依赖方则具备了可持续的国际借债能力。萨默斯用"金融恐怖平衡"概括了这一状况，即这些国家出于对潜在损失的恐惧而持续为

[①] 这一概念源自美苏冷战时期的"核恐怖平衡"。在冷战时期，美国和苏联都拥有大量能实现"确保相互摧毁"的核武器，彼此形成了对对方的威慑力。为避免同归于尽，谁也不敢首先使用核武器，从而实现了长达数十年的"核恐怖平衡"。参见 Lawrence H. Summers, "The United States and the Global Adjustment Process," Speech at the Third Annual Stavros S. Niarchos Lecture, Institute for International Economics, March 23, 2004.

美国融资，使美国得以依靠外部资本的流入为其经常账户逆差融资，从而维持其整个国际收支的平衡。从这一概念提出的背景中可以看出，这种"金融恐怖平衡"得以延续的直接原因在于：打破这一"平衡"将对资金融通的被依赖方造成经济损失，从而使其出于对成本代价的规避而维持现有的"平衡"状态。这种现象也被称为"确保互相摧毁"（Mutually - Assured - Destruction，MAD），即任何一方采取对另外一方具有攻击性的举动都将导致双方利益共同遭受损失。就中美经济相互依赖关系而言，两国之间存在的"金融恐怖平衡"是一种双向的威慑力和制衡力，即双方为了维护自己的利益都不会轻易改变（或者说在短期内也难以改变）这种关系。马克·伯利斯（Mrak Blyth）对中美经济相互依赖关系中存在的这种"确保相互摧毁"（MAD）做了进一步的解释。他指出："新 MAD 指'金融互换'，即'确保从金融上互相摧毁'，中国和美国之间的关系即是如此。……这种关系的实质是，……中国制造货物来换取美元，然后把美元借给我们，让我们能够继续消费他们的产品。"①

美国发达的国内金融市场和金融体系决定了它能够吸引来自全球的资本，即中国并非是美国唯一的资本提供者（如中东石油输出国以及日本和韩国等东亚高储蓄率国家都对美国有大量的资本输出）。在这样的格局之下，如果中国改变现行中美双边资本循环的政策框架，即停止购买甚至抛售美元资产特别是美国国债，很可能导致美国减少从中国的进口，以及对华直接投资和证券投资的规模。更为严峻的是，如果中国停止购买特别是抛售美国国债，将直接通过美元汇率的变动导致中国的存量美元资产大幅缩水。因而，即使从表面上看，中国自 2008 年 9 月成为美国国债最大的海外持有者"似乎意味着美国依赖从中国融资，但只要中国的外汇储备继续增长，中国在配置增量外汇储

---

① 马克·布莱恩：《美国资本主义的终结?》，《新交流》2009 年第 4 期。

备之时就很难撤开美国国债"[①]。至于中国在全球金融危机爆发后增持美国国债所得到的"回报",仅仅是美国政府在2009年这一年里没有像以往那样,在人民币汇率问题上对中国施压,以及美国财政部承诺中国持有的美国国债不会大幅缩水的口头保证。克鲁格曼在论及这一问题时声称:"美国欢迎中国抛售美国国债。"[②] 而约瑟夫·奈则更加强硬地认为:"中国壮大的金融实力或许增强了其拒绝请求的底气。但是,抛开有关中国债权人实力的骇人听闻的预测,这对它迫使美国做出政策改变并没有太大帮助。……中国能以抛售美元、影响美国经济进行威胁,但美国经济的削弱就意味着中国出口市场的缩小,而且美国可能以加征中国商品关税作为回击。"[③] 克鲁格曼和奈的这些观点,折射出中国货币当局在政策选择上面临的两难困境。由此就不难理解中国为何在美元指数呈下降趋势的情况下依然增持美国国债（见图4-1）。

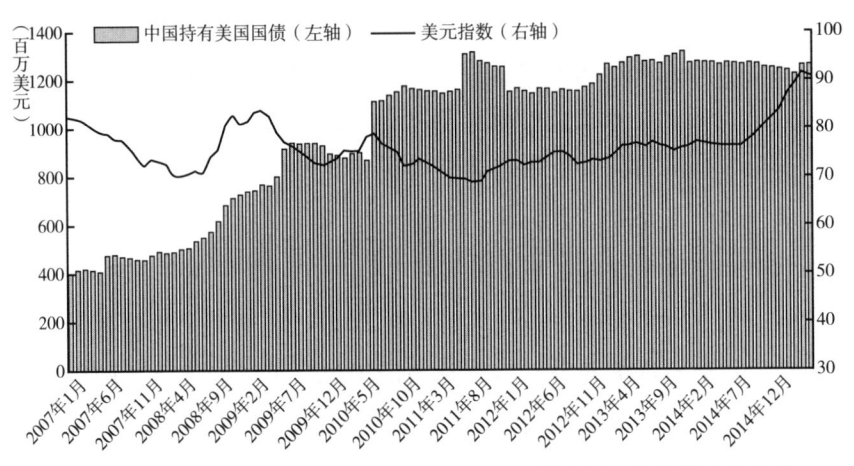

图4-1 2007~2014年中国持有美国国债的规模与美元指数的变化趋势

资料来源：美国财政部国际资本系统（Treasury International Capital System, TIC）；美联储网站（http://www.federalreserve.gov/datadownload/Choose.aspx? rel = H10）。

---

① 张明:《中国投资者在持续减持美国国债吗?》,中国社会科学院世界经济与政治研究所国际金融研究中心工作论文,2011。
② 转引自张斌《中美经济战,谁会扛不住?》,中国社会科学院世界经济与政治研究所国际金融研究中心工作论文,2010。
③〔美〕约瑟夫·奈:《金融危机后的中美实力》,《文汇报》2010年12月25日,第6版。

全球金融危机爆发后，中美经济之间的这种"金融恐怖平衡"是在美元的全球性回流的背景下得以强化的。全球金融危机的爆发和蔓延扩大了美元回流的规模，其中"融资"和"避险"构成了这一回流的主要动力。一方面，为避免经济形势进一步恶化而推出的向市场注入巨额资金的救市方案，使政府债务规模达到历史最高点，从而增大了对外部融资的需求；另一方面，受危机爆发后"安全投资转移效应"（flight-to-quality）的影响，国际投资者为规避风险倾向于将资金从高风险资产中转移出来投向安全资产，为美国国债市场提供了充足的购买需求，从而出现了国际资本以美元的形式回流美国这一现象。在该时期，中国选择继续增持美国国债的动机已不仅仅是对投资收益的追求。根据张明（2012）对中国投资者购买美国国债行为的研究，事实上，中国投资者提供了"美元指数稳定器"的功能，即通过自身购买行为来稳定美元汇率，减少人民币对美元汇率的剧烈波动，以维持出口导向发展战略，确保中国经济的持续增长。总之，无论是美元汇率的走低还是美国国债市场价值的缩水，中国外汇储备中的美元资产都难以避免购买力下降的风险。

中美经济之间"金融恐怖平衡"的形成是中美经济各自失衡的发展模式及其不断强化的必然结果。就中国经济失衡而言，外部失衡表现在过度依赖出口的经济增长而形成的巨额贸易顺差、资本与金融账户盈余以及外汇储备的被动增长；而内部失衡则主要表现为投资—消费结构的失衡。这种内外失衡使中国在最近十年里一直承受着巨大的货币升值压力和频繁的国际贸易摩擦。而美国经济的失衡则主要体现在过度依赖金融部门的借贷型经济增长模式、经常项目和财政赤字的长期存在以及金融经济相对于实体经济而言的过度发展，即所谓的经济"金融化"。两国的经济失衡产生了一个有悖于市场逻辑的现象：从理论上说，作为经济增长潜力较高的中国，本应通过贸易逆差的方式净输入资本，吸引国外的储蓄支持本国的投资或消费支出，但现实中的中国是资本输出国，即把本国的储蓄借给美国，支持其消费支出；而作为经济增长潜力较低的美国，本应通过贸易顺差的方式输出资本，使国内储蓄流向国外以获得比国内更高的投资收益率，但现实中美国是资本净输入国，即借用中国以及其他国家的储蓄支持消费。尽管中美经济失衡从理论上说是不可持续的，但实际上却已经持续了很长的时间。如在2006年即美国次贷危机爆发前，美国的经常账户逆差规模达到7881亿美元这一历史最高点，为当年GDP的5.98%，逼近6%的警戒线；而同年中国的经常账户顺差规模则达到1775亿美元，为当年GDP的9.4%，这些都足以证明中美两国的经济失衡以及两国经济、金融之间的相互依赖关系。

二　"金融恐怖平衡"背景下中国经济脆弱性的典型特征

在经济相互依赖关系中，脆弱性所测度的是行为体终止一种关系所需要付出的代价。在中美两国之间存在"金融恐怖平衡"的背景下，如果中国终止在美国金融市场上的投资行为，则必然会引发中美两国经济的剧烈震荡。首先，如果中国开始有步骤地持续降低对美元资产的持有规模，首当其冲的将是美国的债券市场。根据供求决定价格的原理，在美国债券市场上，投资者对债券需求的减少将导致债券价格下降和债券利率上升。这一资本价格的波动将提高美联储对金融市场的干预力度。在本轮金融危机期间，美国联邦储备委员会为保持经济增速和就业稳定，不会允许国内金融市场突然出现流动性不足的问题。2012年12月末，美国联邦储备委员会为其利率操作制定了一个新的规则框架，即利率与失业率挂钩：只要失业率保持在6.5%以上，美国联邦储备委员会将会一直维持现有的0～0.25%的低利率区间不变[①]，这显示了美国联邦储备委员会通过提供流动性提振经济的决心。加之此前美国的利率一直维持在较低的

---

① 参见熊爱宗《美国货币政策新规则》，中国社会科学院世界经济与政治研究所讨论稿，2012。

水平，美国联邦储备委员会面临着巨大的政治压力，压力之下必将继续操纵利率并且干预信贷市场[①]。因此，中国减持美元资产必定会触发美国联邦储备委员会通过公开市场业务进入国债市场参与债券交易以填补需求缺口。这一行为在确保债券收益率稳定的同时，也将引发美国联邦储备委员会实施量化宽松货币政策（QE）。量化宽松货币政策是一种非常规的货币政策，而购买美国国债一直是美国联邦储备委员会的量化宽松货币政策的主要内容。美国联邦储备委员会的量化宽松货币政策会引发美元汇率的下行倾向，这在历次政策推出时都得到了验证，但程度有所不同。从理论上看，量化宽松货币政策是对货币流动性的扩张，即购入多少国债就意味着增加了多少流动性；因此，美元汇率的下行难以避免。但是在现实中，国际金融市场在美国联邦储备委员会的历次量化宽松货币政策推出时都有所反应，但反应程度并不相同。根据有效市场假说原理，当市场对新的量化宽松货币政策形成了充分的预期时，新政策的推出便不会使市场产生剧烈波动；相反，如果市场并未对其形成充分的预期，该政策的推出将导致市场反应剧烈[②]。图4-2显示了美元指数在三轮量化宽松货币政策实施期间的走势，印证了市场对三轮政策的反应并不相同。

从美国联邦储备委员会先后推出三轮量化宽松货币政策后的不同市场反应中可以看出，市场对第一轮量化宽松货币政策的反应最为强烈。而随着市场对美国联邦储备委员会这种非常规货币政策的消化和适应，市场对第二轮量化宽松货币政策的反应相对缓和。而在2012年9月第三轮量化宽松货币政策推出后，因为市场预期较为充分，所以几乎未对美元汇率造成明显影响。基于这一事实，在中国长期为美

[①] 参见 Dorn, James. The Role of China in the U.S. Debt Crisis. Cato Journal, 2013 (1): pp. 77-89。

[②] 参见 Glick, Reuven, and Sylvain Leduc. "The effects of unconventional and conventional US monetary policy on the dollar," Federal Reserve Bank of San Francisco, 2013。

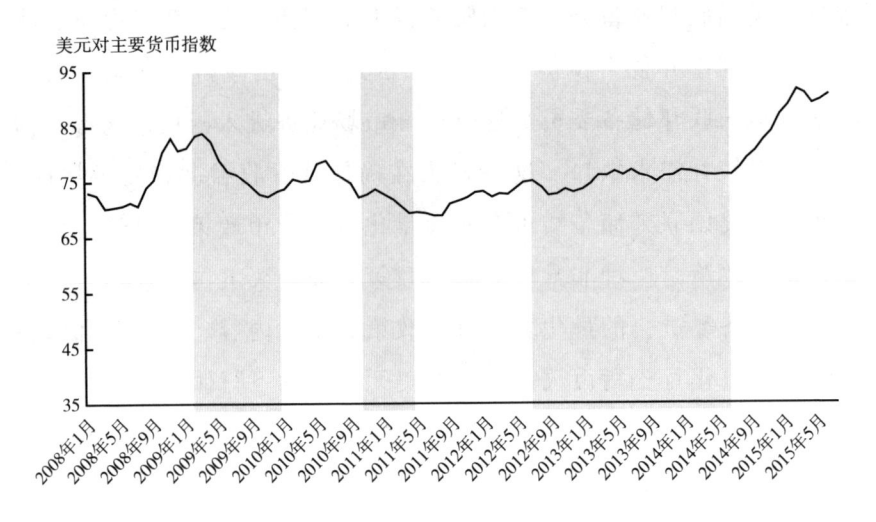

图 4-2　美元指数对美国量化宽松货币政策的反应程度

注：图中的三处阴影区分别表示美联储推行量化宽松货币政策的三个时期。

资料来源：美联储网站（http：//www.federalreserve.gov/datadownload/Choose.aspx?rel=H10）。

国融资的普遍预期下，中国减持美国国债对国际外汇市场而言，将是超出预期的。美国联邦储备委员会为填补国债需求缺口而扩大的量化宽松规模，将引发国际外汇市场的美元汇率在毫无预期的情况下发生剧烈波动。相较于实体经济而言，美元汇率的剧烈波动往往直接引发中国货币政策的选择困境。对中国货币当局来说，维持人民币汇率的可控性是重要的政策目标之一。尽管中国在 2005 年进行了人民币汇率制度改革，但是人民币汇率的"管理"特征依然存在，即人民币汇率的决定在很大程度上依然处于"传统的固定盯住制"或"可调整的盯住"阶段[1]。中央银行依然是银行间外汇市场上的重要交易商，以增强外汇市场流动性和稳定汇率价格为主要目的，根据外汇市场的交易状况适时入市干预（中国在全球金融危机期间将人民币重

---

[1] 林伟斌、王艺明：《汇率决定与央行干预——1994~2005 年的人民币汇率决定研究》，《管理世界》2009 年第 7 期，第 67~76 页。

新盯住美元的做法就证明了这一点)①。项卫星和王冠楠（2014）通过情景模拟分析了中国减持美国国债引发美国联邦储备委员会更大规模量化宽松后中国货币政策可能将面临的困境。从图4-3中可以看出，在2008年末到2010年上半年这一期间，人民币汇率变动幅度骤然缩小，这与中国央行将人民币重新"盯住美元"的汇率政策即加强人民币汇率管制直接相关。值得关注的是，这也与美国联邦储备委员会第一轮量化宽松货币政策的执行时间密切吻合。2008年11月25日，美国联邦储备委员会公开宣布向"房地美"（Freddie Mac，即联邦住宅贷款抵押公司）和"房利美"（Fannie Mae，即联邦国民抵押贷款协会）注资；此后在多次政策声明中宣布购买不同种类的证券。直至2010年4月28日，美国联邦储备委员会在结束利率会议后发表的声明中，未再提及购买机构抵押贷款支持证券和机构债的问题，这标志着首轮量化宽松货币政策正式结束。首轮量化宽松货币政策对美元汇率的影响最为明显，即美元汇率变动幅度最为剧烈。而中国央行也正是在这一时期强化了对人民币汇率的管制，即为了防止人民币对美元大幅升值而在外汇市场上大量买进美元。

为了进一步说明美国联邦储备委员会量化宽松货币政策与中国人民币汇率政策之间存在显著关系，项卫星和王冠楠（2014）运用格兰杰因果检验，针对所选取的政策变量进行分析。美国联邦储备委员会的货币政策直接影响着国际外汇市场上美元指数的变动，而中国货币当局对人民币汇率的干预则主要体现在外汇占款的变化上。因此，选取人民币外汇占款和美元指数的波动作为中美两国货币政策的衡量指标，以此为基础进行实证检验，检验结果如表4-1所示。

---

① 林伟斌、王艺明（2009）借助20世纪90年代兴起的外汇市场微观结构理论，构建了一个央行频繁干预情形下的人民币汇率决定的微观结构模型，通过求解模型的均衡状态，得出央行的干预量由模型内生决定，即央行干预的规模和频率都是被动地由微观市场交易情况决定的。外汇市场上汇率波动越剧烈，就越将导致央行大规模、频繁地参与外汇交易。

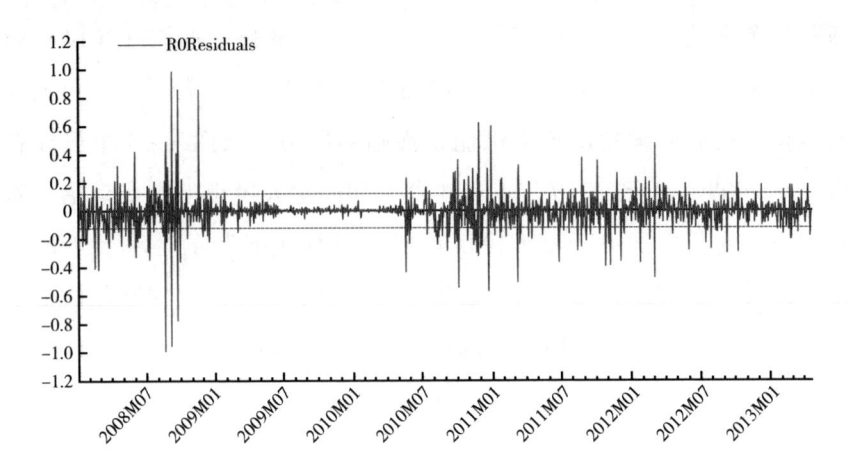

图 4-3 人民币汇率变动的残差图像

资料来源：项卫星、王冠楠：《金融恐怖平衡视角下的中美金融相互依赖关系分析》，《国际金融研究》2014 年第 1 期。

表 4-1 Granger 因果检验的结果

原假设	F 统计量	P 值
PFP 不能 Granger 引起 INDEX	1.96128	0.1454
INDEX 不能 Granger 引起 PFP	3.88755	0.0233

注：PFP 和 INDEX 分别指代外汇占款和美元指数波动。

  从表 4-1 显示的结果中可以看出，美元指数波动在 Granger 意义下影响中国外汇占款的变化情况，说明了如果美国联邦储备委员会实行量化宽松货币政策将通过汇率渠道影响中国货币政策的实施强度。中国央行干预强度的上升必然导致中国官方外汇储备的急剧增长[1]。由此，中国基础货币的供给以及国内的货币流动性也将受到影响[2]。从这一逻辑出发，如果中国减持美国国债，势必引发美国联邦储备委员会超预期的更大规模的量化宽松货币政策；而在现行

---

[1] 2010 年 5 月，中国外汇储备达到 2.44 万亿美元，比 2008 年同期增长了 35%。

[2] 2010 年 5 月，中国广义货币流通量即 M2 达到 67 万亿元人民币，比 2008 年同期增长了 35%。数据来自中经网数据库。

人民币汇率政策下，中国央行在汇率问题上的管制和干预力度也将再次加大，这将意味着中国央行面临的政策选择困境更加严峻。中国货币当局同时承担着确保经济内外均衡的责任：内部平衡意味着央行要调控国内货币供给量进而控制物价水平的上升；而外部平衡则意味着央行要确保人民币汇率维持在对出口部门有利的水平上。从目前来看，中国央行在确保外部平衡的汇率政策上明显受到美国联邦储备委员会货币政策的影响。换言之，美国联邦储备委员会更大规模的量化宽松货币政策将加剧中国央行在内外部均衡这一政策选择上的困境。由此可见，从政策角度来看，中国终止对美投资的既有框架将引致中国宏观经济调控在目标选择上的两难境地，而这一结果也构成了中国在中美"金融恐怖平衡"背景下的脆弱性的突出体现。

三 中美经济分工与"金融恐怖平衡"的演变趋势

随着经济全球化的迅速发展，国际经济分工出现了世界范围内的生产体系与金融体系相互分离的现象。赵勇（2013）将这一国际分工现象归结于金融发展在促进制造业比较优势过程中"门槛效应"的存在。就中美两国而言，中国和美国分别处于世界工业生产体系和国际金融体系的核心位置。对中国来说，既有的金融发展水平确保了一定的实物资本收益率，从而吸引了跨国直接投资的流入，有利于促进贸易产品国际竞争力的提高。对美国来说，金融体系的健全和发达使其有能力在全球范围内对资本要素进行重新配置，同时确保了国内的消费水平和居民福利水平的提高。中美两国金融发展水平的差异影响着两国在经济分工格局中的位置，而这一分工格局也影响着两国在"金融恐怖平衡"背景下经济相互依赖关系的演进趋势。中国作为国际货币体系中的"外围国家"即"贸易国家"，只有获得美元这一国际货币，才能参与以美元为主要媒介的国际贸易和国际投资活动，进而推动本国的工业化进程和促进经济增长；而无论是借入美元、吸引以美元计值的外资，还是通过对美贸易顺差来获得美元，都会使中国形成对美元的过度依赖，最终都无法绕过"美元陷阱"（Dollar trap）。① 中国作为贸易国家既是美元本位制的受益者，同时也是美元本位制的受害者。长期以来，中国坚持的经济发展战略是：为追求经济增长速度最大化，通过扭曲包括土地、劳动力、资金以及能源与环境等国内各种生产要素的价格，使出口商品具有过度的价格优势。通过扩大出口也就是在用国内资源补贴外国（即牺牲了本国居民的福利）的前提下，获得了大量的"硬通货"即美元收入，并将其主要用于购买美国国债（即重新贷给美国），由此陷入了所谓的"斯蒂格利茨怪圈"（Capital Doubtful Recycling）。需要进一步指出的是，中国的资本积累过程存在严重的缺陷。从某种意义上说，中国资本积累的历史是外资、国有企业与民资企业之间博弈的历史；过分倚重外资的政策使得效率较高的民资企业始终没有得到应有的国民待遇。以在金融业占据主导地位的银行业为例，由于其长期与民间资本及民营企业隔绝，金融抑制现象十分严重，导致了以出口部门带动的产业体系对外商直接投资的过度依赖，而没有从丰裕的国内净储蓄中获得有效的资本积累。正如张明所指出的："考虑到中国的国内储蓄持续高于国内投资，中国每年依然引入规模如此之大的 FDI 是相当奇怪的。这既与中国政府招商引资的扭曲性政策有关，也与中国金融市场不完善有关。②"

第二节　中美经济相互依赖关系中的
"债务人逻辑"问题

2013 年 9 月底至 10 月初，以奥巴马为首的民主党政府与共和党

---

① 关于"美元陷阱"的进一步研究，参见本章第三节内容。
② 参见张明《中国国际收支双顺差：演进前景及政策涵义》，中国社会科学院世界经济与政治研究所国际金融研究中心工作论文，2012。

控制的国会就国债上限问题发生了一场政治纷争。这一事件在当时不仅迫使联邦政府非核心部门关门和 80 万名公务员无薪休假，而且使美国国债一度濒临技术性违约的边缘，从而导致全球金融市场一度处于极度恐慌。从全球的视角看，这一事件将改变长期以来全球投资者视美国国债为无风险资产和其收益率为全球金融资产定价的基准的看法（毕竟美国国债在 1979 年曾经出现过一次短暂的违约，从而导致利率急剧上升）；而对作为美国最大的贸易逆差来源国和持有近 1.3 万亿美元的美国国债的中国来说，将本国的经济利益特别是国家金融安全捆绑在美国财政部身上的潜在风险也是巨大的（即一旦美国国债发生技术性违约，即使时间很短，其后果也是不堪设想的）。这一事实再次凸显了中美经济相互依赖关系中中国所存在的脆弱性问题，同时也揭示了这一关系背后所存在的"债务人逻辑"问题。

一 国际货币体系的演进与"债务人逻辑"的形成

"债务人逻辑"这一概念是基于现行国际金融规则由国际债务国主导而提出的，其形成过程是基于债权国的国际金融规则即布雷顿森林体系的解体[①]。1944 年 7 月诞生的布雷顿森林协定，奠定了战后国际货币秩序的基础[②]。尽管该协定作为美元霸权的起点，在 1945 年底就已经生效，但由该协定确立的货币可兑换原则真正被主要西方国家所贯彻，则是在 1958 年底。美国作为该体系的"中心国家"，出于

[①] 吉林大学经济学院李晓教授在 2013 年 5 月 26 日的"上海论坛"上所作的题为《美元体制下的东亚经济发展：中美经济增长正相关逻辑的可能变化》的学术报告中指出："20 世纪 70 年代初美元摆脱了黄金约束后，改变了国际金融规则，将债权人逻辑更改为债务人逻辑。"

[②] 对于布雷顿森林体系，大体上有两种评价：自由主义认为它是高瞻远瞩的国际合作的结果，特别是英美合作的结果，认为由该体系所确立的稳定、开放和非歧视的国际经济秩序确保了战后全球经济复苏和增长；而现实主义则认为该体系是美国利用债权国优势地位和英国濒临破产的局面来确立美国经济霸权的工具，而且该体系并不成功。引自符荆捷为〔美〕本·斯泰尔（Benn Steil）《布雷顿森林货币战》一书所作的译者序，参见该书中译本，机械工业出版社，2014。

对全球范围内的军事、安全、政治以及经济等综合战略的考量,承担了确保自由的国际货币秩序稳定运行的义务,即维持美元的固定平价。虽然美国从该体系中获得了利益,但是将美元兑换成黄金的承诺使美国比其他国家更加脆弱。这是因为,当西欧国家完成了经济复兴以后,将美元兑换成黄金成为这些盈余国家获得政治权力的一种重要来源①;而全球贸易和资本流动规模的急剧扩大,使流动性比以往更加重要。日益扩大的贸易和资本流动使国际收支失衡加剧。为此,各国货币当局需要更多的储备资产以维持其汇率的稳定。

由于美国的海外军事开支、私人海外直接投资以及政府对外经济援助的增长,其国际收支自 1950 年起出现逆差。此后,除个别年份外连年出现逆差;特别是在 1958～1960 年这一期间出现了持续性的逆差。与 1950～1956 年这一期间的持续性逆差相比,1958～1960 年这一期间的逆差的特点是:第一,逆差融资的方式不同。1950～1956 年这一期间的逆差主要通过流动的美元进行融资,通过出售黄金进行融资的比重还不到逆差总额的 1/4;此后,美国的黄金储备一直呈下降趋势,而西欧国家和日本的黄金储备之和自 1958 年起开始上升,并于 1963 年超过美国;而 1958～1960 年这一期间的逆差则以出售黄金为主,这种融资约占逆差总额的 1/2,从而导致美国的黄金大量外流。第二,逆差导致的影响不同。1950～1956 年这一期间的逆差并没有引起其他国家对美元信用和美国的清偿能力的担忧,这些国家仍有继续持有美元的意愿;而 1958～1960 年这一时期的逆差则以出售黄金为主,从而导致美国的黄金大量外流。此后直至 1971 年,美国一直出现巨额国际收支逆差。为此,当时美国对外经济政策的首要目标是要找到一种途径去控制其国际收支逆差,并遏制其黄金外流。由此决定了西欧国家日益增加的美元持有量以及随时可兑换成黄金的可

---

① 参见〔美〕弗朗西斯·加文《黄金、美元与权力——国际货币关系的政治》,严容译,社会科学文献出版社,2011,第 27 页。

能,是悬在美国政府头上的一把达摩克利斯之剑(如法国在1962年第一季度和第二季度分别向美国兑换了价值4500万美元和9700万美元的黄金)①。

在布雷顿森林体系下,美元的固定平价是得到美国国会的立法保障的(除非国会对该法做出修正)。由此决定了在1968年之前,美国的货币政策是使本国的目标服从于国际的目标。然而,美国在1968年因黄金总库崩溃导致美元危机爆发之后关闭了美元—黄金兑换窗口,从而为其主动终结布雷顿森林体系迈出了关键的一步。1971年,美国政府在美元对黄金的可兑换性受到广泛质疑之时切断了美元与黄金之间的联系。至此,国际收支赤字和捍卫美元不再是美国的重担,而是欧洲和其他国家中央银行所面临的问题。由此,基于债权国的国际金融规则即"债权国逻辑",遂开始向"债务国逻辑"(即"债务人逻辑")转变。布雷顿森林体系作为国际货币制度设计的结果,使全球经济在资本国际化迅速发展的趋势下进一步加深了对以美元为中心的国际货币体系的依赖。当美国在20世纪70年代初自行解除了原有的制度框架后,就外围国家而言,其对美元本位制的依赖程度已经大到无法承受放弃美元的调整成本。为此,外围国家便开始"自觉"地维护美元的核心地位。换言之,此时美元已经具有明显的"在位"优势。不容否认,缺乏替代品是美元继续在国际货币体系中占据主导货币地位的一个重要原因。欧佩克组织曾经讨论过以一篮子货币作为石油定价单位,但事实上并没有付诸行动。同时,1977~1980年期间美元在全球储备中地位的下降,也是美元贬值和其他国家货币升值造成的结果,而并非由于各国央行抛售美元。缺乏替代品

---

① 事实上,1958年的国际收支逆差就引起艾森豪威尔政府的注意;以后,肯尼迪总统也不止一次地对他的顾问说:"最令我担心的两件事就是核武器与国际收支逆差";而林登·约翰逊则声称:"除了越南战争,我认为最重要的问题就是国际收支。"参见〔美〕弗朗西斯·加文《黄金、美元与权力——国际货币关系的政治》,严容译,社会科学文献出版社,2011,第2~68页。

的根源在于其他任何一个看似对美国具有威胁性的国家，实际上都不足以替代美国发挥其在国际货币体系中的功能。无论是德国还是日本，其金融体系基本上都是建立在本国银行体系的基础之上，难以成为一个类似于美国的金融证券供应大国；同时，德国和日本金融市场的深度与广度也限制了以本国货币为其他国家提供所需国际储备的能力。换言之，自金本位被信用货币本位替代之后，具备提供本位货币这一能力的国家只有美国最符合条件。无论是从成交量还是交易成本的视角，美国的国库券与票据市场都是全球范围内资本周转效率最高的金融市场，这是对美国经济规模庞大和金融市场发达的直接反映。值得一提的是，这一现象具有明显的"自我强化"特征，即美国的金融市场具有很高的流动性，从而吸引了大量外国投资者将其金融资产集中在那里；而这反过来又进一步支撑了其金融市场的深度与广度。

布雷顿森林体系解体之后，经济效率视角下的成本—收益效应支撑了美元在国际货币体系中的核心地位，形成了事实上的"美元本位体系"。这一体系首先是一个由信用货币即美元发挥关键货币功能的国际货币体系，进而是一个以美元为核心的国际信用周转体系所形成的国际金融体系。这种不受制度约束的美元本位制衍生出了一种国际债务的本币偿付机制。在布雷顿森林体系的双挂钩制度下，美国通过将美元兑换成黄金以支付其国际债务；而当美元主动摆脱了黄金的束缚后，美国则开始享受用本币偿还其国际债务的特权，而其他国家所赖以保值和避险的黄金资产则被美国的信用货币即美元所替代。至此，美国开始兼具金融霸权国和国际债务国的双重身份，这也是"债务人逻辑"的题中应有之义。后布雷顿森林体系下的国际金融规则，是在美元债务循环体系之中支撑美国的金融霸权。对于美国而言，美元的国际供给与国内供给完全由美国货币当局决定而没有外在的约束机制和内在的自律，美国在处理国际经济关系时，只需考虑如何调整美元的汇率水平以实现其利益诉求，而不必再承担捍卫美元平价的国际义务。美元汇率水平的高低成为美联储和财政部关注的重点,美国成为世界上唯一一个能够通过发行国债向全世界借贷,并且可以通过印钞的方式"还贷"的国家。由此可见,债务人逻辑概括了这一对外负债与金融霸权并存的现象。更为重要的是,这一逻辑暗示着美国在某种程度上可以借助债务国的身份维持其金融霸权。当然,这一逻辑成立的前提是与美国一系列的制度设计和政治外交密切相关的。在布雷顿森林体系下,黄金是金融霸权的权力来源。当美国意识到自己在既有制度下无法摆脱"特里芬难题"以及无法长期确保黄金储备足够充裕之后,便开始有计划地改变全球金融霸权的基础。如在20世纪60年代后期,美国提出特别提款权这一设想。"特别提款权的使用相当于架空了黄金对流动性的约束权力,也意味着美国'债务国'地位得到认可与制度化。"[①] 与此同时,美国对外推出"鲁萨债券"(Roosa Bond),以建立起一个美元的全球债务循环系统[②]。当一切准备妥当后,美国关闭了"黄金窗口",底气十足地将美元与黄金脱钩。在国际石油的计价问题上,美国再次运用政治和外交手段使国际石油依旧以美元计价。至此,美国经常账户收支逆差的扩大不再对其经济和金融霸权构成实质性的威胁;而"贸易美元"和"石油美元"的回流,则使其国际收支失衡得以解决。美国由此兼具了国际债务国与金融霸权国的双重身份。另外值得一提的是,由美元本位制主导的全球金融体系具有良好的包容性和扩展性。首先,在全球范围内不断有以出口导向为经济发展战略的新兴市场经济体融入该体系,并源源不断地将其"贸易美元"和"石油美元"回流美国;其次,这一体系对全球经济的发展基本上起着良好的促进作用,融入该体系的各经济体几十年来持续分享着由该体系带来的增长红

---

① 付争:《对外负债在美国金融霸权维系中的作用》,吉林大学博士学位论文,2013,第92页。
② Meltzer, Allan H. U. S. Policy in the Bretton Woods Era. Federal Reserve Bank of St. Louis Review 73 (May/June), 1991: 54–83.

利。一言以蔽之，当年美国需要通过政治和外交手段来实现的目标，现在已经被这些外围国家"自觉"地遵守了。

由此可见，"债务人逻辑"的形成与金融霸权的权力资源转化是密切相关的。美国利用"二战"后欧洲国家百废待兴的时机，凭借其国际债权人的地位和权力，逐渐改变了原有的世界经济格局，稳固了自己的核心地位。而在后布雷顿森林时期，美国的金融实力在资本国际化迅速发展的背景下得到了长足的发展，美元金融资产在流动性和收益性上都达到了最高水平。此时，美国的金融霸权已经不完全依靠它作为国际债权人的身份而是依靠它的金融实力本身。换言之，此时金融霸权的权力基础，已经转变为金融实力。更为重要的是，美国通过国际债权人的身份不仅扩大了其在全球政治、军事、经济乃至文化等方面的影响力，而且还强化了外围国家对这种影响力的依赖。而一旦对这种影响力的依赖被固化，对外围国家而言，其调整的成本也会增大。这就意味着当美国通过战略调整成功地转变为一个拥有金融霸权的国际债务国的时候，外围国家只能继续维护这一国际金融体系并适应新的更加不对称的国际金融规则。由此可见，"美元霸权的本质之一，就是它使得美国拥有了'作为债务人的权力'"[①]。

二 "债务人逻辑"条件下中国经济脆弱性的典型特征

就脆弱性相互依赖而言，在贸易领域，这种脆弱性通常表现在从对方进口的某种商品的不可替代性上。由于该商品生产过程中关键的投入要素缺乏即替代性很低，因而该商品的缺失将使整个经济遭受极大的损失，这在能源贸易方面表现得较为突出。就中美经济而言，相对于某些特定的贸易商品，现行的国际金融规则与美元体系的难以替代性，是导致中国在经济上难以摆脱对美国的非对称依赖的根本原

---

① 参见李晓、李俊久《美国的霸权地位和新兴大国的应对》，《世界经济与政治》2014年第1期。

因。从这个意义上说，制度和体系上的依赖更加接近中美经济的脆弱性相互依赖的本质。

如前所述，美国在战后建立起一个高度制度化的国际秩序，其包容性和扩展性几乎使所有加入到这个体系中的国家都享受到贸易与经济增长的红利。在这一世界经济体系中，国际分工格局最为突出的本质变化是"以金融业为比较优势和以制造业为比较优势的分工"。美国作为唯一的"金融国家"，对应着以德国、日本以及后来的东亚新兴经济体为代表的"贸易国家"。美国在20世纪70年代初的违约行为，改变了金融霸权的基础和以"债权人逻辑"为核心的国际金融规则。自那时起，"金融国家"与"国际债务国"重叠，"贸易国家"亦与"国际债权国"重叠。到20世纪90年代，东亚新兴经济体开始积极融入国际金融市场，其经济增长越来越依赖于美元体系的运行，并逐渐形成了以美元为中心的亚洲信用周转体系，在事实上成为美元体系最大的受益者和支撑者。当中国在21世纪初融入该体系时，便自然（或者说只能）遵循该体系的运行模式。类似于东亚新兴经济体的发展路径，中国通过实施出口导向发展战略，逐渐成为典型的"贸易国家"，并在出口贸易不断扩大的同时成为美元体系最大的支持者。从体系化的视角来说，这是中国参与国际分工和融入全球贸易体系的必然结果和对该体系的非对称依赖的"自我强化"。

对于所有外围国家而言，美元体系或者说以美元为核心的国际信用周转体系的良好运转，成为该体系内的所有参与者发展经济的重要前提。美元体系的难以替代与美国充当全球经济的"市场提供者"的身份密切相关，而这一"市场"则既包括商品市场又包括金融市场。从商品市场来看，美国经济"金融化"程度的提高，使本国的消费水平居高不下。在美国居民的资产结构证券化比重不断上升的情况下，美国的消费动力与居民储蓄率之间的联系日益下降，而与其证券化资产的收益水平之间的联系则增强。至于美国金融产值的增长，则通过财富效应促进了国内的消费和进口，使美国具备了作为"最终消费品"市场的能力。从金融市场来看，美国是最能提供满足投资者多样化需求的金融产品的国家，即不仅能够提供高收益的金融产品，而且能够提供高安全性的金融产品。尽管本次金融危机根源于美国对高收益资产风险监管的失败，但其金融体系仍然可以在危机发生后提供安全性资产吸引避险资金。这一事实充分证明了美国金融市场的绝对优势，以及其他国家在短期内难以企及的金融霸权地位。

美元体系对全球经济的渗透，使美国能够凭借对外负债与金融霸权共生的逻辑支配着对外经济相互依赖关系的模式。而中美经济相互依赖关系则是这一逻辑在美国对外经济交往中最为典型的写照。在中美双边贸易中，中国为保证出口市场和储备资产价值的稳定，将外汇储备大量投资于美国国债市场，在成为美国债权人的同时支撑着美元体系，使美国在对外负债的同时稳固地拥有以美元霸权为核心的金融霸权地位。这种逻辑在经济相互依赖关系中具有自我强化的功能。美国的金融霸权愈稳固，美元体系在全球的扩张和渗透就越充分。作为"贸易国家"的中国在依靠扩大出口获得经济增长的同时积累了巨额的美元储备，从而更加依赖于美元债务循环体系；至于美元资产从中国回流到美国，则无疑支撑着美元体系的生命力，即维护了美国的金融霸权，从而进一步强化了中美经济相互依赖关系中的"债务人逻辑"。

在这一逻辑的影响下，中国在中美经济相互依赖关系中暴露出了严重的脆弱性，即中国陷入美元体系越深，就越会受到"路径依赖"效应的影响。这是因为：美元债务循环体系的运行机制，是美国作为金融国家以"市场提供者"的身份与贸易国家实施外向型的出口导向型发展战略相互契合的结果；这一循环体系在相当长的时间段内是成功的，即显著促进了各国的经济发展。而一旦曾经获得成功的制度确立下来，即使环境发生变化，也很难从整体上进行调整。正是因为如此，即使美元体系存在着种种缺陷、美国的国际收支失衡已经严重威胁到全球经济体系的稳定，外围国家也依然在事实上通过美元回流支撑着美元体系和美国的国际收支失衡。换言之，对外围国家来说，美元体系崩溃的成本要高于维持该体系运转所付出的代价。由此可见，对中国而言，美元体系作为制度层面上可替代性极低的"国际商品"，在中国经济的增长模式中是至关重要的"投入要素"，这一"关键要素"的缺失将使整个经济遭受巨大的损失。换言之，中国不具备获得替代选择的能力。这是中国在中美经济相互依赖关系中的脆弱性的最为本质的体现。

三 "不成熟债权国"地位与中国经济脆弱性的加剧

"不成熟债权国"（immature creditor）这一概念由罗纳德·麦金农和冈瑟·施纳布尔提出，其所指代的是不能将本国货币借给外国投资者以平衡经常账户顺差的国家。"不成熟"的原因来自国内金融市场的不发达，"或者国际资本市场已经被拥有高度发达金融市场的国家和地区的主要货币所充斥"[1]。鉴于中国还没有能力向外借出人民币，中国是一个典型的不成熟债权国。中国向外借出的资本规模（以官方外汇储备的形式向外投资）达到上万亿美元，历史上有如此规模的海外债权的国家基本上都有能力向外借出自己的货币。如 19 世纪的英国就是典型的以借出英镑拥有大量海外债权的"成熟"债权国；自 20 世纪中叶起（第二次世界大战之后）美国凭借其庞大的贸易盈余提供了大量的美元贷款；欧元区成立后，德国得以利用其经常账户盈余向国外提供欧元贷款，德国国内的过剩储蓄因此转化为对海外的巨额欧元债权。而就中国经济而言，巨额的贸易顺差并没有支撑起以本币计价的海外债权，中国国内的过剩储蓄向外转化的是巨额的美元资产，这种货币错配的现象使中国的金融机构面临着巨大的汇率风险，而这一风险尤其体现在中美金融关系之中。

在全球金融危机爆发之时，中国成为美国国债的海外第一大持有

---

[1] 参见罗纳德·麦金农、冈瑟·施纳布尔、霍丛丛、洪郑冲、宋晓丹《中国的金融谜题和全球失衡》，《国际金融研究》2009 年第 2 期，第 34~46 页。

者，巨大的美元资产使得美元汇率的微小波动就会对中国持有资产的净值产生巨大影响。在现实中，自2005年起，人民币兑美元的汇率水平几乎处于单边升值的状态，中国由此承受着巨大的资产损失而美国则从中获取了巨大的经济利益。对于美国而言，美元贬值是一种光明正大且无痛合法的债务违约途径①。尽管美元在长期内呈贬值趋势（如美元指数在2003～2012年这一期间下降了17%），但是美元贬值不仅不是美元霸权削弱的标志，反而是美国增强实力和维护其霸权利益的重要手段②。换言之，美元的"间歇性贬值"已经成为美国政府稀释其对外债务即"减债"的最佳方法。美国凭借债务国和金融霸权国的双重身份掌握了诸多"特权"，而处于特权中心的是美国对国际铸币税和国际通货膨胀税的占有。这一特权不仅提升了美国对外负债的能力，而且也提升了当危机来临时将危机应对成本向国外转嫁的能力。值得一提的是，债务国身份是美国拥有"拖欠权"（power to delay）和"转嫁权"（power to deflect）的逻辑起点，而霸权国身份则是该逻辑成立的条件，这两种身份缺一不可。当美国在享受美元霸权的时候，美元从"资产货币"转变为"债务货币"，而作为债权国的中国则由此面临着更大的脆弱性，在很大程度上无法确保自己的货币主权。这里既包括中国对人民币发行和流通控制权的降低，即货币政策独立性的缺失；也包括中国被迫承担国际失衡的调整压力，对人民币汇率形成机制的改革更加被动。美国在全球金融危机爆发后推行的量化宽松货币政策（QE），充分印证了美国所拥有的这种特权。例如，由美国的QE政策所导致的国际热钱的膨胀严重干扰了中国国内人民币的流通速度和规模，中国央行对货币流动的控制权受到了冲击；至于美元的增发，不仅稀释了中国持有的巨额美元债权，而且迫使中国承担了更多的外

---

① 参见付争《对外负债在美国金融霸权维系中的作用》，吉林大学博士学位论文，2013，第25页。
② 参见张宇燕《关于世界格局特点及其走势的若干思考》，《国际经济评论》2004年第3期，第1～17页。

部调整压力。在中美两国之间的货币博弈中,中国也处于相当不利的地位。从全球经济失衡的视角来看,这一事实使美国对其经常账户赤字规模几乎可以漠视,因为以中国为代表的外部资本的回流不仅填补了美国的赤字缺口,而且还为美国提供了对外投资的资本。

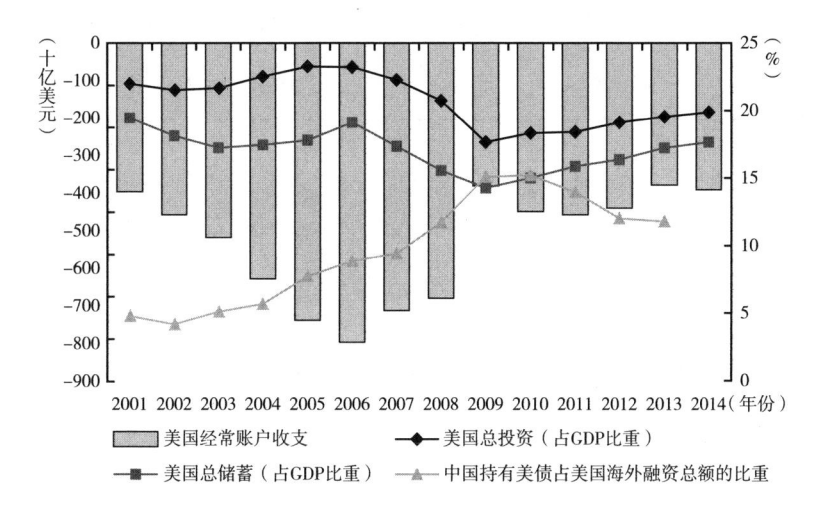

图 4-4 美国经济结构失衡与中国持有美国国债状况

资料来源:IMF 官方网站,http://www.imf.org/external/pubs/ft/weo/2014/01/weodata/index.aspx;美国财政部网站:http://www.treasury.gov/resource-center/data-chart-center/tic/Pages/index.aspx。

如图 4-4 所示,中国对美国国债的投资占美国海外融资总额的比重逐年增长,即使在美国金融危机恶化和经常账户赤字骤减之时,中国对美国证券投资的比重依然在上升,从而使美国在调整政策方向的时候既不需要考虑其外部失衡问题,也不需要调节其国内储蓄与投资的失衡。尽管这一状况也体现了美国对中国的资本依赖,但美国无须为这种依赖付出任何额外的代价,这是由"债务人逻辑"所决定的。

第三节 中美经济相互依赖关系与"美元陷阱"

2008 年 9 月,随着雷曼兄弟公司的破产,由金融恐慌导致的震荡遍及全球金融市场。当时美国的公司债券市场接近冰点，股票市场正在崩溃，大型货币市场基金更是跌入低谷。然而，在美国这一全球金融危机爆发的中心，却出现了令人难以置信的一幕：在同年 9~10 月，美国资本市场的资金净流入达到 5000 亿美元。这一规模不仅超过当年前 8 个月美国资本市场资金净流入额的 3 倍多，而且这些资金中的绝大部分都购买了由美国财政部发行的国债。与之相反，在德国和日本等发达国家，都出现了明显的资金净外流。更令人难以置信的是，在此时无论如何都应该大幅贬值的美元，却对其他主要货币（除对日元以外）大幅升值。美元再次上演了几十年如一日的模式，即天下太平时缓慢贬值，而遭遇险境时却一路飙升。即便这种危险源自美国经济本身，也无法撼动这种模式。[①]

一　克鲁格曼的"美元陷阱"

2009 年 4 月 2 日即全球金融危机爆发不久，诺贝尔经济学奖获得者、美国著名经济学家保罗·克鲁格曼（Paul R. Krugman）在《纽约时报》上发表的题为《中国的美元陷阱》（*China's Dollar Trap*）一文中指出："中国得到了 2 万亿美元的外汇储备，变成了财政部库券（T - bills）共和国，正如英国在不经意间得到了大英帝国。中国领导人好像一觉醒来突然发现他们有麻烦了。虽然他们现在对（财政部库券）的低收益似乎仍不太在乎，但他们显然担心美元贬值将给中国带来巨大的资本损失，……中国持有的美元太多，如果中国抛售美元就必然导致美元贬值，并进而造成中国领导人所担心的资本损失（capital losses）。"[②] 克鲁格曼针对当时中国外汇储备管理面临的困境

[①]〔美〕埃斯瓦尔·S. 普拉萨德（EswarS. Prasad）:《即将爆发的货币战争》，刘寅龙译，新世界出版社，2015，第 22、25 页。

[②] 转引自余永定《见证失衡——双顺差、人民币汇率和美元陷阱》，《国际经济评论》2010 年第 3 期，第 7~44 页；克鲁格曼的原文参见 Paul Krugman. China's Dollar Trap. *New York Times*, April 2, 2009.

所做的这一分析，或许是对"美元陷阱"的最经典的描述。此后，中国学者也从不同角度对"美元陷阱"这一问题进行了研究。如余永定认为：在当前的情况下，如果中国继续持有甚至进一步增持美国国债，那么中国将冒巨额资本损失的风险；而如果推进外汇储备多元化，中国马上就会遭受资本损失。这种进退两难的局面，就是克鲁格曼所说的"中国的美元陷阱"（China's Dollar Trap）。宋国友认为，所谓的"美元陷阱"，主要是指中国担心其所持有的美元资产将因为事实上的美元特殊地位以及美国对这种特殊地位的利用而遭到严重损害或威胁[1]。布雷顿森林体系时期尼克松执政时期的美国财政部部长约翰·康纳利（John Connally）在回答其欧洲盟友对美元抱怨时的那句名言即"美元是我们的货币，但是你们的问题"，[2] 是对美国货币政策实质的最深刻的概括。

二 全球金融危机使中国进一步陷入"美元陷阱"

如前所述，在 2008 年 9 月即全球金融危机爆发之时，中国取代日本，成为美国国债的海外最大持有者。此后一年，截至 2009 年 12 月 31 日，美国未清偿国债余额为 12.31 万亿美元。[3] 其中外国投资者

---

[1] 参见宋国友《美元陷阱、债务武器与中美金融困境》，《国际观察》2010 年第 4 期，第 72~79 页。
[2] "The Dollar Is Our Currency, But Your Problem", http://en.wikipedia.org/wiki/John_Connally#cite_note-19。瑞士圣加伦大学教授西蒙艾弗奈特（Simon J. Evenett）在《货币战的根源》一文中，将康纳利的这一名言称为"康纳利辩护"（The Connally Defence）。参见 Simon J. Evenett. Root Causes of Currency War, http://www.voxeu.org/article/root-causes-currency-wars。
[3] 美国国债分为两大类。一类为可交易国债，多为公众投资者持有；另一类为不可交易国债，多为各类政府机构持有。截至 2009 年底，可交易国债余额为 7.27 万亿美元，占总余额的 59%；不可交易国债余额为 5.04 亿美元，占总余额的 41%。在可交易国债中，期限在 1 年以内的短期国债（T-Bills）余额为 1.79 万亿美元，占可交易国债余额的 25%；期限在 2 年至 10 年的中长期国债（T-Notes）余额为 4.18 万亿美元，占比为 57%；期限为 30 年的长期国债（T-Bonds）余额为 7179 亿美元，占比为 10%；通胀保值类债券（Treasury Inflation Protected Securities, TIPs）余额为 5681 亿美元，占比为 8%。参见张明《美国国债迷思》，中国社会科学院世界经济与政治研究所工作论文，2010。

持有的美国国债为 3.69 万亿美元，占可交易美国国债余额的 51%。在外国投资者中，官方投资者持有美国国债 2.70 万亿美元，占外国投资者持有美国国债余额的比例为 73%，占可交易美国国债余额的比例为 37%。从外国官方投资者投资的期限结构来看，外国官方投资者持有短期国债（Bills）5343 亿美元，占比为 20%；持有长期国债（Notes and Bonds）21679 亿美元，占比为 80%。在外国投资者持有的美国国债中，中国投资者（包括官方投资者与私人投资者）合计持有美国国债 8948 亿美元，占外国投资者持有美国国债余额的比重为 24%，占可交易美国国债余额的比重为 12%。中国投资者持有短期美国国债 697 亿美元，占中国持有美国国债的比重为 8%，占外国投资者持有短期美国国债余额的比重为 13%，占可交易美国短期国债余额的比重为 4%；中国投资者持有长期美国国债 8251 亿美元，占中国持有美国国债的比重为 92%，占外国投资者持有长期美国国债余额的比重为 38%，占可交易美国长期国债余额的比重为 17%。从以上分析中可以得出两个结论：第一，全球金融危机后，中国投资者持有的美国国债占外国投资者的约 1/4，占可交易美国国债市场的约 1/8，从而成为美国国债市场上相当重要的外部投资者；第二，中国投资者在美国国债投资组合上明显偏重于长期国债（即使与外国官方投资者相比也是如此），这意味着对于中国而言，美国长期国债市场的重要性要远远高于美国短期国债市场的重要性。换言之，中国外汇储备的绝大部分都是以美元资产的形式持有的，而其中又以流动性高、安全性也相对较高的美国国债为主[1]，这是构成中国外汇储备落入"美元陷阱"的最重要因素。而这种境地也使得中国持有的巨

---

[1] Setser 和 Pandey（2009）的研究认为，在中国持有的总计 1.5 万亿美元的美元资产中，大约 83%（即超过 1.25 万亿美元的资产）以美国国债和联邦政府机构债券的形式存在，其余的 17% 则以公司债券和股票等形式存在。参见 Setser, B. and Pandey, A. China's $ 1.5 Trillion Bet: Understanding China's External Portfolio. Working Paper of Center for Geoeconomic Studies, Council on Foreign Relations, May 2009。

额美元资产储备的实际收益受到了不稳定的负面影响。由于美元汇率的变动,尤其是美元贬值会直接导致中国持有的美元资产储备缩水(即以实物商品衡量的储备价值下降),因此,全球金融危机爆发以来,在美国联邦储备委员会量化宽松货币政策影响下一路走低的美元,导致中国持有的美元资产储备的实际价值下降。为此,时任中国政府总理温家宝在2009年3月公开表示,"要求美国保持信用,信守承诺,保证中国资产的安全"[①]。尽管美国政府一直宣称美国将保护包括中国在内的全部外国债权人的利益,但事实上,美国政府的保证只涉及美元资产的账面价值以及利息收益等名义收益。如果从具体的市场层面来看,由美元贬值等一系列因素所导致的中国持有的美元资产的实际损失已经产生了。根据宋国友(2008)的估算,美元实际汇率指数在2009年1~8月这一期间贬值了5.4%,由此导致中国的美元资产缩水了420亿美元;如果考虑2005年以来美元对人民币的贬值程度,那么理论计算后中国的损失将更大。而余永定(2010)也指出:在2002年4月至2009年底这一期间,美元实际汇率指数贬值了41%,这直接造成了中国持有的美元储备的贬值。美国康奈尔大学教授乔纳森·科什纳(Jonathan Kirshner)认为,全球金融危机在中国引发了一种新的情绪;他将这种情绪称为"买方的懊悔"(buyer's remorse),即中国后悔自己已持有过多的美元储备;并认为中美经济已经死死地捆绑在一起,从而使中国成为美元的利益攸关方。[②] 深陷"美元陷阱"的中国,则缺乏对美元汇率的变动所导致的本国美元储备侵蚀的有效的制约手段。这是因为,尽管美国名义上实行的是自由浮动的汇率制度,但是美国政府对于美元汇率的公开表态

[①] 《温家宝总理会见中外记者答问实录》,参见新华网(http://news.xinhuanet.com/misc/2009-03/13/content_11005906.htm)。

[②] 乔纳森·科什纳认为:虽然有人观察到中国持有巨额的美元储备,就危言耸听地宣称中国可能会以这些庞大的美元储备作为政治强制的威胁手段,但是这种"颠覆性破坏"的行为是绝对不可能发生的。参见乔纳森·科什纳《货币与强制:国际货币权力的政治经济学》,李巍译,上海世纪出版集团,2013,中文版序第4~5页。

和干预操作都将直接影响美元汇率的走向。也正是从这个意义上说，美国政府完全可以通过主导美元汇率的变化影响中国持有的美元储备的收益和实际价值。更为重要的是，"美元陷阱"还隐含着更深层次上的政治和战略意义：在极端情况下（如一旦美国认为中国的内政或外交政策不符合甚至严重侵害了美国的国家利益），美国政府极有可能将中国持有的巨额美元资产作为"人质"，从而胁迫中国政府做出有利于美国的政策调整[1]。

三 美元的特殊地位与经济"暗物质"假说

从美元在现行国际货币体系中的特殊地位以及美国对这一特殊地位的运用方面来看，美国在现行的国际货币体系中仍然是唯一的核心国家，而体系内的其他国家则共同构成了外围国家。这一"中心—外围"结构决定了现行的国际货币体系是布雷顿森林体系的翻版，即"复活的布雷顿森林体系"（Revived Bretton Woods System）[2]。在现行的美元本位制下，美元作为全球最重要的国际储备货币，行使着全球计价尺度、交易媒介与价值储存的功能。尽管欧元、英镑、日元等发达国家货币也或多或少地扮演着国际货币的角色，但与美元相比，这些国际货币的重要性不免相形见绌。所以，当前的美元本位制事实上是一种单极储备货币体系[3]。在单极信用的储备货币体系下，

---

[1] 从历史上看，美国政府有过将他国金融资产作为外交手段的先例。1956 年，英国为了维护其在苏伊士运河的利益，联合法国悍然发动了苏伊士运河战争。美国认为此举严重损害了美国的国家利益。为此，艾森豪威尔政府对英国发出警告，如果英国不撤军，那么美国将阻止其取回存放在国际货币基金组织的本国资产。事实证明，美国此举成功迫使英国停火并从苏伊士运河撤军。苏伊士战争的失败加速了英国的衰落，使其不得不依靠美国才能够在全世界发挥影响力或保护自身的利益。参见 Kunz, Diane B. The Economic Diplomacy of the Suez Crisis, Chapel Hill: University of North Carolina Press, 1991。

[2] Dooley, Michael P., David Folkerts – Landau, and Peter Garber. An Essay on the Revived Bretton Woods System, NBER Working Papers 9971, National Bureau of Economic Research, Inc., 2003.

[3] 参见张明《次贷危机对当前国际货币体系的冲击》，《世界经济与政治》2009 年第 6 期，第 74～81 页。

中心国家的货币——美元成为事实上的世界货币；而这一世界货币的内在价值却掌握在美国政府手中。正是这一特殊性的存在，使得美国政府能够利用美元作为世界货币的这一特殊地位为美国的战略利益服务。无论是 1985 年"广场协议"后由美国主导的美元对日元的大幅贬值，还是克林顿总统执政后期采取的强势美元政策以及小布什政府奉行的美元贬值政策，都是美国从自身利益出发，利用美元的特殊地位，通过汇率政策实现特定的经济或外交政策目标的典型案例[1]。针对美国成为国际债务国之后所获得的巨额收益，有学者引入经济"暗物质"假说，进一步证明美元过度特权的存在[2]。所谓的"经济暗物质"，是指美国对外负债规模的存量调整方式。这一假说由 Hausmann 和 Sturzengger 在 2005 年提出，试图借用天文学的这一概念，来论证美国经常项目逆差中可能存在一些能够创造收益但看不到的一种东西，而这种东西的存在恰恰表明，美国的经常项目逆差有一定的合理性[3]。Hausmann 和 Sturzengger 认为，这种"暗物质"可能来自三个途径：第一，美国企业海外直接投资过程中在东道国融资带来的投资收益，但是这种收益不反映在美国海外直接投资统计内，这相当于美国企业出口了一种"技术诀窍"（know‑how）；第二，由美元的国际货币地位带来的铸币税（seigniorage）收益，由于美国的对外债务源于其他国家对美元的需求，这等于美国以债务形式向全球出口了流动性从而获取了美元的铸币税收益；第三，投资收益差异，即美国对外投资以股权投资为主而外国对美国的投资以债权投资为主，

---

[1] 参见李晓等《国际货币体系改革：中国的视点与战略》，北京大学出版社，2015，第 145 页。
[2] 有关这一问题的代表性研究参见丁志杰、谢峰《美元过度特权、经济"暗物质"与全球治理变革》，《国际金融研究》2014 年第 11 期，第 3~11 页。
[3] Hausmann, R. and sturzenegger, F. "Global Imbalances or Bad Accounting? The Missing Dark Matter in the Wealth of Nations and Its Implications for Global Imbalances," Economic Policy 22, July 2006.

这种差别收益相当于美国向世界出口了一种保险①。

"暗物质"假说的基本逻辑是：尽管美国的净国际投资头寸（Net International Investment Position，NIIP）从 1988 年就开始转为负值，到 2005 年已经达到 2.7 万亿美元，但是美国经常项目中的收益却始终为正，这说明是某种"暗物质"的存在使美国能够廉价甚至免费使用外国的融资。换言之，"暗物质"是弥补美国贸易赤字的重要力量。从结构性的视角出发，美国经济分析局（U. S. Bureau of Economic Analysis，BEA）将每年年末国际投资净头寸的调整变化归结为四种因素综合作用的结果：金融账户交易因素（Financial - account transactions）、价值变动因素（Price changes）、汇率变动因素（Exchange - rate changes），以及估值变动因素（Changes in volume and valuation）。除金融账户交易为流量调整以外，其余部分均为存量调整。存量调整的实现主要依靠资产价格和美元汇率的变动，最终使美国获得对外资产—负债的利差。除此之外，"美国国际投资头寸的结构优势和投资中的技术优势也是使其能够维持对外负债扩张的重要有利条件"②。

以 2002~2014 年这一期间为例：这一期间美国经常账户的差额累计达到 66189.96 亿美元，资本与金融账户的差额以及错误与遗漏账户的差额分别累计达到 4117.51 亿美元和 239.14 亿美元。按照国际收支平衡表的计算，美国在这一期间的对外净债务将达到 61833.31 亿美元。但是美国国际投资头寸表（International Investment Position，IIP）却显示，美国这一期间的净债务增加额为 46087.48 亿美元，此时存量调整的效应使得美国有 15745.83 亿美元的债务消失了，缩减比例达到净债务总量的 25.5%。表 4 - 2 总结了 2003~2014

---

① 参见戴金平《全球不平衡发展模式：困境与出路》，厦门大学出版社，2012，第 246~247 页。

② 李晓、周学智：《美国对外负债的可持续性：外部调整理论的扩展》，《世界经济》2012 年第 12 期，第 130~156 页。

年每一年度的美国对外负债规模中存量调整的情况。表4-2中的数据显示出这一时期美国对外负债的规模呈现以下两个特点：第一，存量调整的规模基本上都会超出当期净债务的变化量，并且在个别年份会在正负之间剧烈调整（如2008年、2011年、2013年等）；第二，存量调整的方向往往真正决定了对外负债规模的变动方向，即美国对外负债的规模在2010年之后开始迅速上升（从2.5万亿美元上升至7万亿美元），而这一期间的净债务流量则逐年降低，存量调整影响下的债务规模的上升起到了决定性的作用。

表4-2 美国对外负债的存量调整效应

单位：亿美元，%

年份	当年末国际投资净头寸	存量调整	国际投资净头寸的变化	国际收支平衡表中净债务的变化	存量调整对净债务的缩减比例
2003	-22930.13	6508.21	1179.38	-5328.84	122
2004	-23633.92	4919.55	-703.79	-5323.34	92
2005	-18578.65	11483.33	5055.27	-7007.21	163
2006	-18084.74	8585.39	493.92	-8091.48	106
2007	-12794.93	11462.32	5289.81	-6172.51	186
2008	-39953.03	-19852.39	-27158.10	-7305.72	-272
2009	-26276.26	15986.38	13676.76	-2309.62	692
2010	-25117.88	5528.09	1158.38	-4369.72	126
2011	-44549.97	-14274.50	-19432.09	-5157.59	-277
2012	-45178.89	3783.57	-628.92	-4412.50	86
2013	-53275.03	-4137.83	-8096.14	-3958.30	-105
2014	-70196.99	-14525.48	-16921.96	-2396.52	-606

资料来源：美国经济分析局网站。

由此可见，判断美国对外负债规模的变化趋势需要了解美国对外资产在考虑到存量调整之后的收益率水平。根据国际收支平衡表计算得到的净收益率为表内净收益率（资产收益率减去负债成本率）；而考虑到存量调整之后，可以将由价格因素、汇率因素以及其他估值因素导致的资产增值也包含在内，进而得到对外资产的综合收益率。图

4-5和图4-6分别显示了2003~2014年这一期间美国对外资产的表内净收益率和综合净收益率。

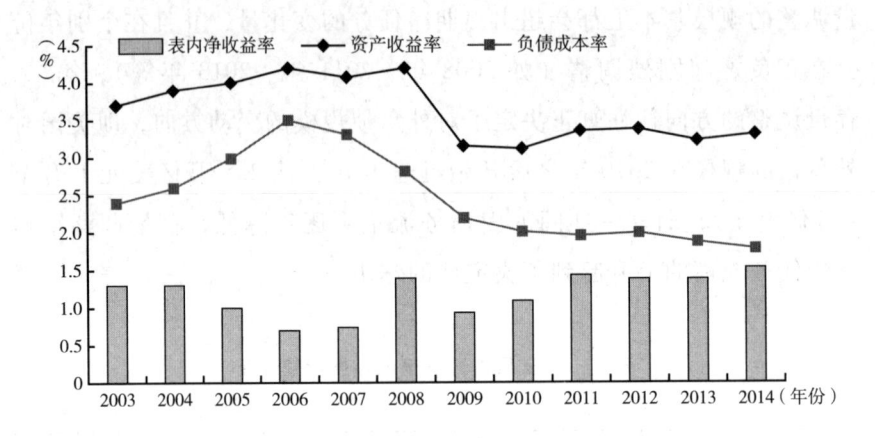

图4-5 2003~2014年美国对外资产表内净收益率

资料来源：根据美国国际收支平衡表中的数据计算得出。

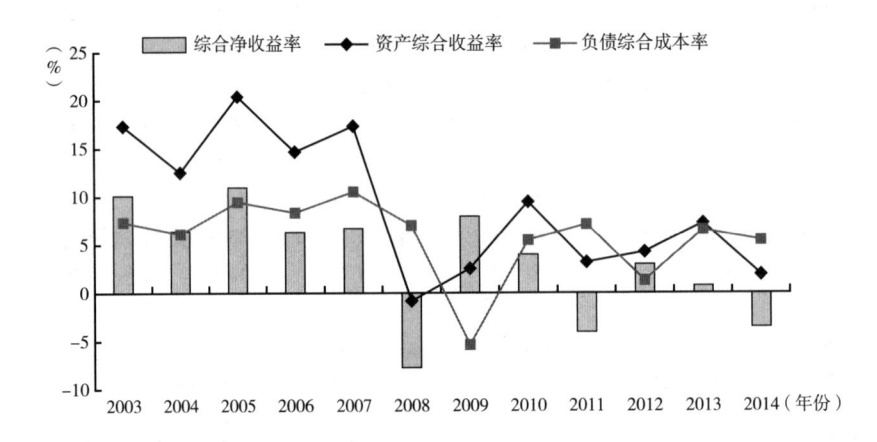

图4-6 2003~2014年美国对外资产综合净收益率

资料来源：根据美国国际收支平衡表与国际投资头寸表中的数据计算得出。

从图4-5和图4-6的对比中可以看出两个明显的特征：第一，美国对外资产的综合净收益率的波动性要远远高于表内净收益率的波动水平。从图4-5中可以看出，表内的资产收益率与负债成本率的变化趋势基本相同，且波动幅度基本处于上下两个百分点之内，因此表内净收益率基本稳定在 0.5%～1.5% 之间；而从图 4-6 中可以看出，美国资产综合收益率和负债综合成本率的波动是较为剧烈的，资产综合收益率最高达到了 20%（2005 年），而最低也出现了收益率为负的情况（2008 年），因此其综合净收益率的波动也会相应扩大（在 2008 年、2011 年以及 2014 年都出现了综合净收益率为负的情况）。第二，美国对外资产的综合净收益率的变动直接影响了其对外负债的存量调整效应。当综合净收益率较高的时候，存量调整对于蒸发美国的对外负债的作用显著；而当综合净收益率较低甚至为负的时候，则反而增加了美国对外负债的规模。这两个特征表明，存量调整已经成为分析和判断美国对外负债变动趋势的重要手段。

本章小结

中美经济相互依赖关系背后的"金融恐怖平衡"与"债务人逻辑"是用来分析中国经济脆弱性的概念基础。中美"金融恐怖平衡"揭示了中国在美国金融市场上的投资行为实际上是确保本国美元资产与出口战略的无奈之举，但由此也引发了中国货币当局在政策选择上面临的两难困境。中国与美国金融发展水平的差异影响着两国在经济分工格局中的位置，从而也进一步影响着两国在"金融恐怖平衡"背景下经济相互依赖关系的演进趋势：中国作为国际货币体系中的"外围国家"即"贸易国家"，与美国之间的双边资本循环很难绕过"美元陷阱"和"斯蒂格利茨怪圈"（Capital Doubtful Recycling）。主导现行国际金融规则的"债务人逻辑"揭示出在美元本位制下，中国陷入美元体系越深，就越会受到"路径依赖"效应的影响。对中国而言，美元体系作为制度层面上可替代性极低的"国际商品"，在中国经济的增长模式中是至关重要的"投入要素"，这一"关键要素"的缺失将使整个经济遭受巨大的损失。换言之，中国不具备获得替代选择的能力，这也是中国在中美经济相互依赖关系中的脆弱性的最为本质的体现。全球金融危机爆发后，中国进一步陷入"美元陷阱"。2008年9月，中国取代日本成为美国国债海外最大持有者，而美国政府则利用美元作为世界货币的特殊地位为美国的战略利益服务。引入经济"暗物质"假说，即美国对外负债规模的存量调整方式，可以进一步证明美元过度特权的存在。更为重要的是，存量调整的方向往往真正决定了对外负债规模的变动方向，存量已经成为分析和判断美国对外负债变动趋势的重要手段。

在中美经济相互依赖关系中，中国的脆弱性体现为无法以较小的代价摆脱对美国的市场依赖与货币依赖，即中国难以承担改变这一依赖框架必须付出的成本。这种脆弱性的形成与中美经济相互依赖关系背后的"金融恐怖平衡"与"债务人逻辑"等问题密切相关。从某种意义上说，中国对美元本位制的过度依赖是导致脆弱性加剧的核心因素。

第五章
中美经济相互依赖关系的非对称性与权力制衡

中美两国的经济相互依赖关系决定了这个"对手"和美国自身利益紧密相关。与1930年的情况不同，那时美国贸易顺差且储蓄盈余，而如今中国成为最大的美国国债海外持有国，同时也是其廉价商品的主要供应国。如果美国真的与中国爆发了贸易战，那么美国在应对措施上要比过去脆弱得多。

——〔美〕史蒂芬·罗奇：《失衡：后危机时代的再平衡》

第一节 "贸易国家"与"金融国家"的非对称经济相互依赖关系

中美经济的非对称相互依赖关系，从一定意义上说，是"金融国家"与"贸易国家"相互依赖的一种模式。所谓"金融国家"，特指已经在全球范围内掌握了金融霸权的国家。而所谓"贸易国家"，一方面是指国内金融市场封闭且不发达，无法引领国际金融市场发展潮流并制定其规则的国家；另一方面是指那些主要依靠出口拉动经济增长，并且本币尚未成为世界性货币，不得不依赖出口贸易赚取外汇收入的国家[①]。

[①] 李晓、丁一兵：《亚洲的超越》，当代中国出版社，2006，第14页。

毋庸置疑，美国与中国分别是典型的"金融国家"与"贸易国家"。在这一框架之下，相互依赖的非对称性最有可能影响行为体在相互依赖关系中的应对过程。如前所述，中国对美国的市场依赖和金融依赖远远超过美国对中国的市场依赖和金融依赖，这一非对称性将对中美两国在诸多政治和经济问题上的博弈产生显著的影响。

一 美国的全球金融霸权与中国的"系统内的地位提升"

在国际政治范畴内，"霸权"是用来形容一个国家有意愿并且有能力治理和维持国际关系中必要规则的情形[1]。2008年全球金融危机爆发之后，尽管美国国内学术界再次出现了"美国衰落论"[2]，但是美国作为世界头号强国，依然在军事实力、政治实力、经济实力、创新能力、战略规划能力以及国际整合能力等诸多方面，远远超过其他任何一个国家。[3] 简言之，美国在全球经济体系中依然维持着超级大国的地位，其影响力几乎辐射到国际政治、经济以及文化等各个层面。评估美国的霸权地位，其权力资源的体现可由锋利权力、黏性权力[4]和软权力这三个关键部分组成。其中的"锋利权力"，集中于美国为本国和其盟友所提供的安全保障。从权力框架的视角来看，这一

---

① 〔美〕罗伯特·基欧汉：《霸权之后：世界政治经济中的合作与纷争》，苏长和等译，上海世纪出版集团，2001。
② 根据美国哈佛大学政治学教授塞缪尔·亨廷顿（Samuel P. Huntington）的划分，自20世纪50年代初以来，美国国内先后出现了六次有关美国衰落与否的辩论。参见甄炳禧《从大衰退到新增长——金融危机后美国经济发展轨迹》，首都经济贸易大学出版社，2015，第2~303页。
③ 陈晓晨和徐以升认为：全球金融危机后，美国的霸权只是收缩而并非衰落，其基石依然牢固。美国的"能源独立""再工业化""财政整顿""亚太再平衡"等都在进行中，这些都将巩固美国的地位。最关键的是，美元的核心地位没有被动摇，反而通过一系列的举措得到了加强。参见陈晓晨、徐以升《美国大转向：美国如何迈向下一个十年》，中国经济出版社，2014。
④ Walter R. Mead 首创了"锋利权力"（sharp power）和"黏性权力"（sticky power），前者指代美国的军事力量，后者对应着吸引其他国家向其靠拢并产生严重依赖的美国经济政策和制度，它不以军事强制或意愿一致为基础。参见 Walter R. Mead，"America's Sticky Power", *Foreign Policy*, No. 141, 2004, pp. 46–53。

权力来自所谓的安全结构，即美国通过为其盟友提供军事安全而得以限制或决定受保护者面临的选择范围。这一"选择范围"渗透在社会和经济的各个层面。如在第二次世界大战结束后的初期，西欧国家在市场准入、国际贸易甚至货币权力等方面向美国的妥协，多源自得到了美国在军事安全方面的协助。而"黏性权力"则体现为美国吸引外围国家"融入由美国主导的国际体系中的能力，其权力基础主要取决于美国的跨国公司实力、技术研发水平、制造业附加值、国际贸易特别是进口贸易的地位、美元的国际地位、金融市场的发达程度等"[1]。至于"软权力"，则体现在价值观传播的影响力上，即美国通过赢取认同感而逐渐同化其他国家的思维方式。美国通过这三类结构性权力，将广泛的外围国家吸引至由其主导的国际秩序之下[2]。

由美国所主导的国际秩序是一个动态的系统。该系统是由各个行为体的行为驱动的，而这些行为体又是由各自的动机和目标所推动的[3]。在美国主导的这一体系中，外围国家得以实现贸易扩大、经济增长的需求，而美国则得以凭借外围国家对这一国际秩序的依赖而长期维持全球霸权地位。据此可以认为，美国的国家利益在于对霸权地位的巩固与扩展，而其中最为核心的是美国的货币金融霸权，即由"美元体制"所支撑的美元霸权。美元的霸权地位使美国联邦储备委员会可以在世界范围内享有征收国际铸币税的特权；与此同时，还可以顺利扩张本国的国际贸易和国际金融规模。近几十年来，对于几乎

---

[1] 参见李晓、李俊久《美国的霸权地位和新兴大国的应对》，《世界经济与政治》2014年第1期。

[2] 需要指出的是，新兴大国所面对的不是一个简单的美国主导的秩序或西方体系。它们所面对的是一个作为几个世纪斗争和创新结果的广泛的国际秩序。它是高度发达的、扩展的、包容的、制度化的，并深深嵌入发达资本主义国家和发展中国家的社会与经济中。而且，在过去的半个世纪中，这一秩序极为成功地吸收了新兴大国并融合了政治与文化的多样性。参见 G. John Ikenberry, "The Future of the Liberal World Order: Internationalism after America," *Foreign Affairs*, Vol. 90, No. 3, 2011, pp. 56–68。

[3] 参见〔美〕罗伯特·杰维斯《系统效应，政治与社会生活中的复杂性》，杨少军等译，上海人民出版社，2008，第10页。

所有外围国家而言，虽然都不满于美元所占据的霸权地位，但其本国经济的恢复和发展都得益于"美元体制"的广泛实行。"现代国际经济活动的大规模展开离不开被普遍认可的国际货币……一个霸权货币主导的国际经济体系至少在市场效率上是受到欢迎的，霸权货币扮演了国际公共物品的角色。"[1] 在这一体制框架下，新兴大国的崛起在本质上都是美国霸权主导的"系统内的地位提升"[2]。同样，在中国经济崛起的过程中，美国及其主导的国际经济秩序是最大的外部因素。换言之，参加由美国推行的多边自由贸易体系，是后发国家实现经济增长的唯一途径：在本国消费不足的情况下，一国只能凭借国际市场的巨大购买力来实现国内工业经济发展的规模效应，以此提高生产力水平进而实现国内生产总值的增长。为此，承认并支撑美元在国际货币体系中的核心地位，是中国融入多边自由贸易体系的必然选择。中国经济的崛起是典型的"美元体制"下的"系统内的地位提升"。这一系统不仅包含一个多边自由贸易体系，而且包含支撑这一体系运转的各项制度安排，并以世界贸易组织（WTO）、国际货币基金组织（IMF）和世界银行（World Bank）等国际经济组织作为最主要的载体。中国积极融入这些由美国主导的国际经济组织，也是"系统内地位提升"的典型体现。2001年12月，中国成为世界贸易组织的第143个成员。根据加入世界贸易组织的承诺，中国深化了外贸体制改革，逐步完善了外贸法律法规体系，减少了贸易壁垒和行政干预。根据中国政府白皮书《中国的对外贸易》，截至2010年，中国加入世界贸易组织的所有承诺全部履行完毕。相比于世界贸易组织，中国在1980年就分别恢复了在国际货币基金组织和世界银行中的合法席位。此后不久，即在1981年和1986年，中国先后从国际货

---

[1] 参见李巍《恐怖平衡的中美金融关系》，孙哲主编《全球金融危机与中美关系变革》，时事出版社，2010，第172～185页。

[2] 参见李晓、李俊久《美国的霸权地位和新兴大国的应对》，《世界经济与政治》2014年第1期。

币基金组织借入7.59亿特别提款权（约合8.8亿美元）和5.98亿特别提款权（约合7.3亿美元）的贷款，用于弥补国际收支逆差，支持经济结构调整和经济体制改革①。而在之后的多年里，中国积极认购由国际货币基金组织发行的票据即参与该组织的增资，开始与中国的国际地位和国际责任相匹配。同样，中国从1981年开始获得世界银行的贷款。由世界银行提供的期限较长的项目贷款，在一定程度上推动了中国交通运输、各行业改造、金融发展以及文卫环保等国家重点建设项目。目前，中国作为世界银行的第三大股东国，积极提高世界银行支持发展中国家减少贫困的财务能力。据此可以认为，中国对于美国主导下的全球经济体系的融入性很高，并且在高度融入的同时也在不断提升自己在全球经济体系中的地位和作用。中国的"系统内的地位提升"毋庸置疑。但尽管如此，中国长期以来依靠廉价生产要素和牺牲环境而实现的高速增长，使中国形成了一种对中心国家的依附式发展模式；这种依附式发展模式的弊病一旦遇到生产要素成本上升和外部经济环境的恶化，就会暴露出来。

二 中美非对称经济依赖关系与两国之间的权力资源的划分

如前所述，美国在巩固其全球霸权地位的同时，也部分地与外围国家分享了经济增长，尤其是贸易发展方面的权力。通过创建自由开放的多边贸易体系，西欧国家、日本以及亚洲新兴经济体纷纷获取了一定程度的出口导向型的繁荣，而这一过程可以看作所谓的"权力扩散"②。权力扩散的具体模式是市场自发力量、国际制度设计与国际关系演进等综合作用的结果。中美两国的非对称经济依赖关系影响

---

① 《中国重返国际货币基金组织21年回顾与展望》，人民网，2001年2月19日。
② 李晓、李俊久（2014）指出，现有的大国兴衰理论混淆了"权力转移"与"权力扩散"的本质区别。权力转移应被看作一个质变的过程，而权力扩散是一个量变的过程，是某一方面或某些方面的权力由霸权国扩散至非霸权国，或非霸权国主动获得某一方面或某些方面权力的过程。对美国来说，"系统内分权"意味着允许他国与之分享不会危及其核心利益的那部分权力。

着美国对中国权力扩散的模式，从而影响着两国之间权力划分的现状。自从中美两国关系恢复到正常化的轨道，中国先后获取了在现有国际体系中贸易经济增长和参与国际事务的权力。在中国融入全球自由贸易体系之时，也恰逢国际范围内更深层次的劳动分工，单一生产链的各个环节开始散布于世界不同地区和国家。此时，中国凭借丰裕的劳动力资源占据了全球生产网络的一端，在市场自发力量的作用下实现了对外贸易的快速增长。而中国对外贸易的快速增长是带有辐射功能的，即当中国对周边国家经济的发展形成拉动作用的时候，中国在区域中的地位也会得到提升。当亚太地区的国家见证了中国经济崛起对于亚太地区经济整体发展的正向作用时，中国在参与亚太地区的事务时也逐渐获取了更大的影响力。更为重要的是，这一实力的提升得到了美国的默许，即美国逐渐承认中国在东亚地区的地位。如中国在接洽朝韩之间的有效性和在东北亚谈判中的独特地位等[1]。而在国际事务方面，美国也向中国分享了对全球经济和货币金融事务的投票权。这一"权力扩散"的进程在2008年的全球金融危机后出现了明显加快的迹象。从2008年起，G20领导人峰会受到重视，峰会的议题范围和成员数量得到了扩充，而美国更是提出以美中两国为主的排他性权力共享集团——G2集团。2010年，世界银行发展委员会通过了发达国家向发展中国家转让投票权的改革方案，使中国在世界银行的投票权从之前的2.77%提高到4.42%，成为世界银行第三大股东国，仅次于美国和日本[2]。但是，美国在允许一部分权力向中国扩散的同时，也在相当程度上遏制中国对其他合理权力的争取。历史地看，美

---

[1] 参见〔英〕罗斯玛丽·福特、余潇枫《中国与亚太的安全秩序："和谐社会"与"和谐世界"》，《浙江大学学报》（人文社会科学版）2008年第1期，第10页。
[2] 本次改革中，发达国家向发展中国家共转移了3.13个百分点的投票权，使发展中国家整体投票权从44.06%提高到47.19%；通过了国际金融公司提高基本投票权以及2亿美元规模的特别增资方案，使发展中国家在国际金融公司整体的投票权从33.41%上升到39.48%。世界银行发展委员会春季会议于2010年4月25日在美国华盛顿举行。中国在世行的投票权提高至4.42%，成为第三大股东国，新华网，2010年4月26日。

国对中国国家主权的侵犯也时有发生。如1993年美国军舰和战机以怀疑载有化学武器原料为由，在公海拦截中国的"银河号"货轮，最终中方同意在第三方参与下进行检查，但未查出任何违禁物品。1999年5月，美国在科索沃战争中轰炸中国驻南联盟大使馆，却以技术问题推卸责任。时至今日，中国公民在南海一带仍屡遭菲律宾、越南等国军舰的驱赶、囚禁、没收渔船等，中国难以以正规军事力量进行保护，而如今中国所进行的南海岛礁建设受到了来自以美国为首的国家的强烈反对。在经济主权问题方面，美国对中国干预最多的是人民币汇率问题。美国政府关注中国的汇率政策，始于美国财政部根据《1988年综合贸易与竞争力法》（Omnibus Trade and Competitiveness Act of 1988），[①] 在1990年12月向国会提交的《国际经济与汇率政策报告》（Semi-Annual Report on International Economic and Exchange Rate Policies）。该报告指责中国政府操纵汇率以获得不公平的贸易优势，并在1992年5月、1992年12月、1993年5月、1993年11月以及1994年7月的连续五次报告中，都将中国定性为"汇率操纵国"。由于《1988年综合贸易与竞争力法》并没有明确定义"汇率操纵"的条款，所以美国财政部的所谓"依据"主要是当时中国实行的是双重汇率制度和中国对美贸易顺差开始增长。[②] 东亚金融危机发生后，由于中国坚持人民币汇率不贬值的政策避免了本地区货币竞争性贬值的危机，美国政府不再指责中国。此后直至2002年，人民币汇率不再是美国政府对华经济政策中的核心问题。美国政府在人民币汇率问题上再次态度强硬始于其财政部部长约翰·斯诺（John Snow）在2003年6月16日发表的讲话。而

[①] 美国国会要求财政部依照该法中的《1988年汇率和国际经济政策协调法》，对通过"操纵"汇率（currency manipulation）以取得贸易优势的国家进行"识别"，同时就纠正其汇率水平进行双边协商；并每半年向参议院银行、金融和城市事务委员会和众议院金融服务委员会提交《国际经济与汇率政策报告》（Semi-Annual Report on International Economic and Exchange Rate Policies）。

[②] 按照美方的统计，美国对华贸易逆差始于1983年。当年美国对华贸易逆差为3.2亿美元；而到1993年则上升为227.8亿美元。按照中方的统计，中国对美贸易顺差始于1993年，当年中国对美贸易顺差为62.7亿美元。

在此前，日本政府已开始在人民币升值这一问题上向中国发难。2002年12月4日，时任日本大藏省次官的黑田东彦在英国《金融时报》发表的论文中声称，中国的通货紧缩经出口扩散至亚洲甚至全球，中国应该承担起人民币升值的责任。两天后，日本大藏大臣盐川正十郎也发表公开讲话，要求人民币升值。2003年2月22日，盐川正十郎在七国集团（G7）财长会议上声称"不仅日本的通货紧缩是因为进口了太多的中国廉价商品，整个全球经济不景气也源于此"。盐川在会上倡议由七国集团与中国共同签署新的"广场饭店协议"，对人民币与美元、日元以及欧元的汇率水平进行根本性的调整，但被会议拒绝（此前七国集团财长会议不讨论非成员国的货币问题；但是从这一年起，对人民币施压几乎成为每一次七国集团财长会议的主题）。此后韩国、墨西哥以及欧盟的高级官员也异口同声地附和，发表了类似的公开评论。2003年，斯诺和艾伦·格林斯潘（Allen Greenspan）先后在讲话中公开表示中国政府应逐步迈向由市场主导的弹性汇率制度，并希望中国实行灵活的汇率政策。2005年11月，斯诺又派特使来华与中方就人民币汇率和金融市场改革问题直接接触，要求人民币对美元升值10~15个百分点。2006年12月15日，具有华尔街背景的新任财政部部长亨利·保尔森（Herry Paulson）在第一轮中美战略经济对话中，要求中国政府在人民币已经升值5%的基础上在2007年继续升值3~5个百分点，并声称人民币汇率是中美战略经济对话的核心问题。随着全球金融危机的爆发以及中国对美国国债的增持，美国政府明显减弱了在人民币汇率问题上对中国的施压。然而随着美国经济逐渐走出危机的阴影，奥巴马政府继续在这一问题上对中国施压，中国因此成为最近十多年来最受美国汇率政治关注的国家。此类事例表明，美国依然在其认为的关键领域强制占有绝对的控制权。除此之外，美国在各个国际经济组织内部都拥有压倒性的投票权优势，在议事程序、谈判规则方面更是充当规则制定者，从而使本国的意志通过国际机制的框架得到实现。由此可见，如果说"权力"是对事件的过程和结果的控制，那么美国向来只允许别国参与国际事务的过程，而自己依然保持对各类事务的执行结果的高度控制。

第二节　中美经济相互依赖关系的非对称性与美国对中国的施压性策略

综观当代国际经济关系，从来没有像中美双边经济关系那样具有如此强烈、浓厚的政治色彩。在这一经济关系的背后，有许多是两国之间的政治角力。而美国始终是这种政治角力的主导方。这主要是因为，尽管中国政府历来主张不要将贸易、汇率以及投资等经济问题政治化，但是美方（特别是美国国会、相关利益集团）坚持从政治角度看待和处理中美双边经济关系。

一　美国基于非对称相互依赖实现对华不对等的利益分配

中美两国在商品市场和金融市场上的相互依赖关系使两国之间存在着明显的利益交集，两国的宏观经济气候依然以正向相关为主。如前所述，中美两国是彼此重要的利益攸关方，存在于两国之间的巨大利益具有显著的互补性。在全球金融危机爆发前，中国站在生产端充当最终生产者，而美国则站在消费端充当最终消费者。"中国有美国所图：廉价货物的开放式提供和大量储蓄盈余；美国有中国所需：不断增长的消费需求。"① 全球金融危机爆发后，中美贸易关系依然是全球最为重要的双边贸易关系；同时，中国依然是美国国债的最大海外持有者，并且继续为美国提供巨额的"廉价资本"。但在利益交集的基础上，美国凭借美元霸权和由此形成的对华非对称依赖关系，占有着更大的利益份额。美元霸权地位的最突出体现是在其流通的规模

---

① 〔美〕史蒂芬·罗奇：《失衡：后经济危机时代的再平衡》，易聪等译，中信出版社，2014，第23页。

上。美国的国内生产总值（GDP）约占全球经济总量的 1/5，而以美元计价的资产占全球储备资产的比例则达到了 50% 以上。国际清算银行（BIS）的一份工作报告指出，目前发放给美国以外借款方的美元信贷接近 8 万亿美元[①]。除此之外，国际大宗商品的交易也主要以美元作为记账媒介。基于此，美国的弱势美元政策或强势美元政策都会给其他国家的商品市场和金融市场带来震动：弱势美元政策往往使外围国家面临输入型通货膨胀和美元资产缩水的风险，而强势美元政策则往往引发新兴市场经济体资本外流的风险。面对这种巨大的外部性，美国货币政策的制定却几乎从未将美元的全球流动角色考虑进去。在美国联邦储备委员会的各种声明以及美联储主席的各种言论中，很少提及关于美国境外的有关全球经济环境的描述；美国联邦储备委员会关注的只是美国国内的相关经济数据（诸如失业率、通胀率和 GDP 等），而只有在外部环境可能影响美国的情况下，美国联邦储备委员会才会关注全球经济环境。美国在政策制定过程中就像一个封闭经济体，美国国内需求状况的重要性超过了来自境外的需求。对于每年和美国进行大量商品交易以及持有大量美元资产的中国来说，美国对政策外部性的忽视是巨大的潜在隐患[②]。2015 年《世界贸易监测》（World Trade Monitor）的数据显示，在 2014 年 5 月至 2015 年上半年这一期间，全球贸易的增长率仅为 1.5%（而在此前的二十年里，这一增长率的平均水平则高达 7%[③]）。在 2008 年金融危机导致全球经济衰退后，尽管全球贸易在 2010 年出现了反弹，但其增长率在 2012 年和 2013 年又下降为 3%。对这一现象的一种解释是：当前

[①] 英国《金融时报》社评指出，世界应为"强美元时代"做好准备，2015 年 8 月 4 日。
[②] 如同美国联邦储备委员会为提振美国经济而实行的量化宽松货币政策（QE），美国货币金融霸权演化为"掠夺性霸权"（predatory hegemony）。Duncan Snidal, "The Limits Of Hegemonic Stability Theory," *International Organization*, Vol. 39, No. 4, 1985, pp. 579 - 614。
[③] 实际上，服务贸易量依然在上升。但是在制造业，新兴市场成本上升和自给自足程度提高，以及世界各地生产方式的变化，已导致不少复杂的全球价值链不复存在。自 2013 年以来，每 1% 的全球增长只能产生 0.7% 的贸易增长。

的全球贸易受到了结构性问题的影响，即在过去几十年间，"促使经济增长'贸易密集度'较高的多种力量正迎来自然终结"①。在全球贸易增长速度放缓的同时，全球经济也面临强势美元的到来。在2014年7月至2015年7月这一期间，美元指数从102持续上升至116，上涨幅度接近14%。一种观点将这种波动视为正常现象，因为如果从更长的时期来看，美元指数曾在20世纪80年代从90上升至160，而在此后的三年里又大幅下降。然而美元走强除了引领美元资产的走向以外，其更深层次的原因在于：投资者确信美元缺乏可靠的替代品，强势美元将继续扩展其对金融资产的渗透性；这一渗透性使美元资产无处不在，进而可以轻而易举地买卖和流通。这种局面对于依靠出口导向型发展战略的中国来说是极为严峻的。目前全球经济面临着贸易增长速度减缓以及强势美元趋势的到来，在不对称的依赖格局下美国将继续有能力谋取不平等的利益划分。一个显著的事实是美国施压中国来承担全球经济失衡的责任。在美国看来，中国所持有的经常账户顺差和资本与金融账户顺差，导致了巨额外汇储备的积累，对日益严重的全球经济失衡负有主要责任。在分享共同利益的过程中，美国在尽可能地将利益攫取后需要付出的成本转嫁到其他国家，这一过程体现为美国要求他国承担一定的国际责任。向中国施压以及让中国承担更多的国际责任，是美国遏制中国进一步发展的重要手段。在全球经济失衡中，美国国内过低的储蓄率和过高的消费水平是不可忽视的重要因素。然而，消费水平的高低直接影响着美国居民的福利水平。为了不影响美国居民的福利水平，美国将规避从提高国内储蓄水平的渠道缓解失衡的现状，由此也就将经济调整的阵痛转移到

---

① 在过去二十年里，贸易壁垒和全球运输成本出现历史性下降，同时新兴市场经济体戏剧性地进入全球贸易体系——特别是中国。国际货币基金组织（IMF）的一项研究计算出，在20世纪90年代，全球收入每增长1%，全球贸易就会增长2.5%，比以往多得多，但这样的情况不再出现了。显然，全球增长的贸易密集度不会永远增长下去。参见斯蒂芬妮·佛兰德斯《全球贸易停滞的隐忧》，《金融时报》2015年8月3日。

其他国家，尤其是转移到像中国这样的持有巨额外汇储备的"贸易国家"。所谓共同利益，更多的是指代一种实现价值增长的协作模式。然而在这一模式中，中心国家往往能够攫取更多的利益份额，而将风险成本更多地转移至外围国家。

二　美国利用施压性策略谋求中美两国维持非对称的依赖关系

由于存在不对等的利益划分，美国在对华政策方面会尽可能地维持非对称的相互依赖关系。然而，相比于遏制中国经济的发展，美国更多的是从影响力的角度维持这一非对称性。更进一步地讲，美国会尽可能在双边问题或多边问题上确保并提升自己的影响力，同时策略性地压制中国对自身影响力的施展。从历史上看，美国对华施压的议题包含军事、政治、经济和社会等多个方面[①]。近年来，相对于这些传统议题而言，网络安全问题和亚太地区再平衡问题逐渐成为中美两国竞争和角力的重点。

（一）网络安全问题

网络安全问题的出现首先来自信息技术革命的迅速发展。自20世纪90年代起，信息技术革命极大地扩展了社会联系的渠道。全球范围内的生产活动与贸易活动已经与信息技术网络高度融合。无论是国家公共部门、私营部门抑或是个人的行为活动，几乎都以通过网络空间获得信息作为重要的决策基础。在当今社会，网络的意外中断几乎可以影响到整个社会的正常运转。针对信息技术革命的迅速发展，罗伯特·基欧汉和约瑟夫·奈曾指出，信息革命产生了一种新型的信任政治（politics of credibility），其中透明度越来越成为一种权力资产（power asset）。近年来，中美双边对话机制在多种不同等级的层面上持续扩展。随着网络安全热度的不断升高，中美战略与经济对话已将

[①] 具体包括：台湾问题、西藏问题、核不扩散问题、反恐问题、军事透明度问题、贸易问题、人民币汇率问题、气候问题、网络安全问题以及知识产权保护问题，等等，参见王帆（2010）。

网络安全问题纳入议程,并专设中美网络事务磋商小组①。然而,由于中美两国在网络主权问题上存在严重分歧,两国在网络安全方面的冲突和摩擦不断加剧。2010年的"谷歌事件"是近年来中美两国在网络安全问题上出现重大分歧的标志性事件。2010年3月,谷歌公司拒绝对"谷歌中国"搜索服务的过滤审查,并将其搜索服务由中国内地转移至中国香港。在整个事件过程中,美国不断试图从意识形态和制度层面上向中国施压,意欲将该问题政治化,进而增加美国在政治交换中的筹码②。如"美中经济安全审查委员会"(U.S.-China Economic and Security Review Commission,USCC)在2010年认定,中国的网络审查机制作为一种贸易壁垒影响了在华美国企业开展业务经营的能力③。2011年12月,美国众议院外交事务委员会(U.S. House Committee on Foreign Affairs)继续就"谷歌事件"指责中国,认定中国的互联网政策是对自由贸易规则的违背,并以此向世界贸易组织提出诉讼④。2013年3月,美国政府在《2013财政年度综合继续拨款法案》中,规定其商务部、司法部、国家基金会等公共部门在未经相应机构许可的情况下不得使用从中国购买的信息技术设备⑤。

2014年8月,为应对日益严峻的互联网安全挑战,中国工业和信息化部发布了《关于加强电信和互联网行业网络安全工作的指导意见》(以下简称《指导意见》),旨在进一步提高电信和互联网行业

---

① 汪晓风:《中美关系中的网络安全问题》,《美国研究》2013年第3期。
② 王帆:《不对称相互依存与合作型施压——美国对华战略的策略调整》,《世界经济与政治》2010年第12期。
③ USCC, "2010 Report to Congress of The U.S.-China Economic and Security Review Commission," Oct. 29, 2010.
④ "Promoting Global Internet Freedom," Hearing Before U.S. House Committee On Foreign Affairs, Dec. 8, 2011.
⑤ "U.S. Public Law 113 – 116: Consolidated And Further Continuing Appropriations Act, 2013," Mar. 26, 2013.

网络安全保障能力和水平[1]。该《指导意见》涉及商业银行机构对安全可控的 IT 设备的使用率必须不低于 15%，且这一比例需要在 2019 年达到 75% 的总体占比。中国发布此《指导意见》的初衷在于提高关键部门的网络安全水平，然而美国却将中国政府的这一政策视为"数字保护主义"。从 2015 年 2 月起，由美国政府带头的多家美国团体向中国政府的这一网络政策发起了攻击。同年 3 月 2 日，美国总统奥巴马在接受路透社采访时表示，已向中国国家主席提出了美方对于中国针对银行业出台的新网络安全法规的关切。美国贸易代表迈克·弗罗曼（Mike Froman）针对这一政策声称，如果中国按计划实施这些新规定，就等于违背了其在双边和多边贸易协定中做出的承诺。"这些法规并非关乎安全，其本质是保护主义和对中国企业的偏袒。"[2] 美国财政部部长雅克布·卢（Jacob Lew）也在同一时间要求中国有关部门暂停新的网络安全规则。同年 3 月 30 日，雅克布·卢对北京进行访问，并向中国政府明确告知了美方对于网络新规则的关切。咨询公司安可（Apco）大中华区主席麦健陆（James McGregor）表示，"如果中国建造一个'数据大坝'与'长城防火墙'相互配合，他们将把中国与世界隔离"[3]。根据路透社同年 4 月 13 日的报道，美国商会（U.S. Chamber of Commerce）、日本商会（Japan Chamber of Commerce and Industry）和欧洲服务业论坛（the European Services Forum）等多个组织联名向中国有关部门发出抗议，声称中国在 IT 设备方面的采购规定存在歧视外国供应商及其通信技术设备

---

[1] 《指导意见》明确提出要在电信和互联网行业推进安全可控关键软硬件应用，在关键软硬件采购招标时统筹考虑网络安全需要，在招标文件中明确对关键软硬件的网络安全进行检测评估，加大重要业务应用系统的自主研发力度，开展业务应用程序源代码安全检测等要求。引自 http://www.miit.gov.cn/n11293472/n11293832/n12843926/n13917072/16121158.html。

[2] 《中国新规引发对"数字保护主义"担忧》，英国《金融时报》世界贸易编辑肖恩·唐南，2015 年 3 月 6 日，http://www.ftchinese.com/story/001060918。

[3] 《美国商界忧虑中国"数据大坝"》，英国《金融时报》查尔斯·克洛弗、韩碧如，2015 年 4 月 15 日，http://www.ftchinese.com/story/001061554。

的现象。面对这种指责，中国美国商会呼吁通过中美双边投资协定（BIT）谈判就数据的自由流动进行磋商。美国商务部部长潘妮·普利茨克（Penny Pritzker）劝说中国政府考虑在不制造障碍的前提下应对网络安全挑战，或者说在不影响外国企业开展业务能力的情况下对网络安全问题进行解决[1]。另有一些美国官员则强烈表示，华盛顿方面正在考虑就中国的网络新规则向世界贸易组织提出诉讼。美国联邦调查局（FBI）也将中国列为美国企业的"最主要威胁"，并认为中国是其探员正在调查的经济间谍案激增53%的祸首[2]。

事实上，自从美国人爱德华·斯诺登（Edward Snowden）揭露美国存在大规模监听私人通信的情况后，全球范围内掀起了一股"数据本土化"的浪潮，这一浪潮旨在让网络信息停留在国境范围内以确保信息安全。俄罗斯总统弗拉基米尔·普京在2014年签署了一项法律：自2015年9月起，所有直接处理有关俄罗斯公民数据的企业都必须将所采集的信息存储在俄罗斯境内。从市场竞争层面上看，美国对中国网络安全政策的干涉实际上是为了维护其在信息技术领域的相对优势，美国希望长期确保这一优势而使中国在该领域内继续对其保持高度的依赖性。如微软首席法律顾问布拉德·史密斯（Brad Smith）在与美国国会议员会晤后就曾坦陈，中国的政策实施使他们对于在中国的市场份额感到担忧。而从政治施压的层面上看，美国习惯性地迫使受压方考虑美国的要求或接受美国的建议，进而为美国拓展其国际影响力开辟新的领域[3]。美国在网络安全问题上常常将其意

---

[1] US "aggressively" raising cybersecurity with China: official, April 14, 2015, https://www.yahoo.com/tech/s/us-aggressively-raising-cybersecurity-china-official-114511756.

[2] 美国国家情报总监办公室（Office of the Director of National Intelligence）反情报主管威廉·埃文尼纳（William Evanina）表示，在FBI对165家公司的调查中，50%的公司承认，贸易机密或知识产权曾遭窃取，95%的公司怀疑，中国是幕后指使。参见吉娜·宗《美国称中国是经济间谍案激增元凶》，英国《金融时报》2015年7月24日，http://www.ftchinese.com/story/001063178。

[3] 王帆：《不对称相互依存与合作型施压——美国对华战略的策略调整》，《世界经济与政治》2010年第12期。

识形态化以干扰中国的社会政治进程,而其最终目的仍然在于维护美国在国际互联网秩序中的主导地位。

(二) 亚太地区再平衡问题

最近十多年来,中国经济的高速增长是推动亚太地区经济持续发展的重要因素之一。亚太地区的许多国家都将中国经济崛起视为一个机会,即从中国的经济高速增长中获取经济利益。为此,这些国家采取务实的外交政策,调整与中国的关系,以推动本国经济的发展[①]。然而在经济共同增长的同时,发展不平衡的问题也逐渐显现,导致亚太地区长久以来都难以有效地推行制度化的合作。然而自 2009 年下半年起,美国高调宣布"重返亚太"的战略计划,并随即在军事、政治以及经济领域采取了一系列政策措施。而且必须指出的是,这些政策措施都在一定程度上显示了其对中国在亚太地区影响力进行施压的意图。在军事上,美国预计将把配置在亚太地区的军事部署提高到 60%;在政治上,美国试图利用亚洲邻国由于中国经济崛起而产生的不安,强化这些国家对美国的安全依赖,并寻求在亚太地区建立一个新的安全框架;在经济上,美国则通过更高标准的贸易规则如"跨太平洋战略经济伙伴关系协议"(TPP),试图在亚太地区建立一个由其主导的高端一体化市场,并将中国排除在外。美国"重返亚太"来自多种因素的推动,其中一个重要的方面是,相比于中东地区(阿富汗或伊拉克),美国重新将亚太地区视为其全球政策的关键驱动力,且未来的全球政治格局将取决于亚洲[②]。而另一个重要的方面则来自对中国崛起的不信任感。中国经济实力与军事实力的增强使美国进一步感到自身的利益正在受到中国的挑战[③]。为此,美国力图从制度和规则的层面

---

① 马荣久:《中美权力转移与亚洲地区体系》,《当代亚太》2014 年第 1 期。
② Hillary Rodham Clinton, "America's Pacific Century," Foreign Policy, Vol. 189, No. 6, November 2011, pp. 57 – 63.
③ Robert S. Ross, "The Problem with The Pivot: Obama's New Asia Policy is Unnecessary and Counterproductive," Foreign Affairs, Vol. 91, No. 6, November/December 2012, pp. 70 – 82.

消解中国在地区经济领域的影响力,即通过在与亚太地区国家的合作进程中对中国进行一定程度的孤立。2015年3月,美国外交关系委员会(Council on Foreign Relations)的罗伯特·布莱克威尔(Robert Blackwill)和阿什利·泰利斯(Ashley Tellis)在报告中指出,美国在过去实行的对华接触引导战略并未达到预期效果,中国不会在现有国际体系下接受美国的领导,因而未来的战略定位需要美国在亚洲确定绝对主导性的经济、外交与军事地位,并不断强化对中国的防范和制衡①。该报告还认定,中国融入自由国际秩序的进程已经构成了对美国在亚洲地区主导性地位的威胁,并且最终对美国的全球影响力构成重大挑战,因而目前美国对华战略的核心应该是制衡中国影响力的上升。制衡的具体措施包括:凭借美国创新型经济的发展,制造对华的不对称优势;构建将中国排除在外的贸易优惠协定;在先进技术方面强化对华出口控制;提升美国对亚洲的武力投送能力等。

面对美国咄咄逼人的施压性政策,中国推动了一系列新的金融机构的设立:亚洲基础设施投资银行(Asian Infrastructure Investment Bank,简称"亚投行"),法定资本为1000亿美元,总部位于北京;新开发银行(New Development Bank,即"金砖银行"),总部设在上海,初始资本为500亿美元;以及配套的应急储备安排,规模为1000亿美元,中国最高出资410亿美元;此外还有完全由中国出资的总规模为400亿美元的丝路基金(Silk Road Fund)。尽管这些措施还在初始阶段,但也足以彰显出中国正以积极主动的姿态回应美国的亚太"再平衡战略"。在这一系列措施中,美国对中国构建"亚投行"的主张采取了颇为明确的压制态度。2014年10月24日,包括中国、印度、新加坡等在内的21个创始成员国签约,共同决定成立亚洲基础设施投资银行。在此次签约仪式中,日本、澳大利亚、韩国和印度尼

---

① Robert Blackwill, Ashley Tellis, Revising U. S. Grand Strategy toward China, Council Special Report, No. 72, march 2015.

西亚均未出席,这些国家的举动受到了美国的影响,后者明确反对澳大利亚、韩国等盟友参与成立"亚投行"的计划[1]。"亚投行"的建立无疑触动了美国和日本的神经[2],日美两国强烈担忧由其主导的世界银行和亚洲开发银行的影响力会受到削弱,因此在亚洲地区国家中进行了力度不小的政治博弈。在美国主导的"重返亚太"战略框架下,中国采取的任何建设独立平台(经济、金融、外交)的举动,都会被视为对美国的亚太再平衡战略的潜在威胁。但对于中国而言,建设由中国主导的独立平台的策略,正是对美国"重返亚洲"战略的应对和回击[3]。

第三节 中美经济相互依赖关系与美国的汇率政治

从政治经济学的角度看,在一国内部,汇率是相关利益集团和拥有特定政治经济政策目标的政府之间相互博弈的结果;在国际上,汇率是大国实现或巩固有利于己的世界经济政治安排的一个重要工具,国际汇率体系反映的其实是国际政治的权力结构。自从布雷顿森林体

---

[1] 2014年10月20日,美国国务卿约翰·克里(John Forbes Kerry)在雅加达参加印度尼西亚新总统佐科·维多多(Joko Widodo)的就职仪式时,对澳大利亚总理托尼·阿博特(Tony Abbott)直截了当地表达了美国对成立亚投行的保留意见。而日本财务大臣麻生太郎对亚投行的融资标准和返还计划也明确表示了怀疑:"(亚投行)有清晰的透明度吗?"此外,由于中国的出资比例大约占50%,麻生也质疑其他国家能否拥有发言权。
[2] 亚洲开发银行总裁中尾武彦明确表示:不欢迎成立目的基本相同、由中国倡议成立的另一家区域性银行。美国官员称,主要经济体现在决定加入,将放弃其在亚投行成立过程中可能掌握的筹码。他说:"相比在不确定中国将不保留否决权的情况下加入其中,大型经济体如果暂且观望并试图影响亚投行所用的标准,可以拥有更大的影响力。"
[3] 虽然美国此前对"亚投行"的批评集中在"模糊不清的性质"和缺乏"透明度",但根本原则则在于,中国此举被视为挑战美国主导的国际金融秩序,以及日本以亚洲开发银行为平台的亚洲金融格局,因此美日两国对该构想抱有强烈的戒心。中国安邦集团研究总部(ANBOUND):《亚投行开始了中美新博弈周期》,2014年10月27日,http://www.ftchinese.com/story/001058803。

系解体以后，美元的汇率问题特别是美元的间歇性贬值，[1]成为国际货币体系的一大特征。在 20 世纪 80 年代中期至 90 年代初这一期间，那些拥有对美贸易顺差的国家和地区，如日本、德国、韩国以及中国台湾，其货币都曾先后面临被低估的指责和要求其货币大幅升值的压力；但是这些国家或地区也都曾抵制过美国的打压[2]，其中当数日元的经历最为典型。同样，研究 20 世纪 90 年代以来的中美经济相互依赖关系，人民币汇率问题与美国的汇率政治也是一个不能回避的问题。

一 人民币汇率问题的缘起

如前所述，1990 年 12 月，美国财政部首次在《国际经济与汇率政策报告》中指责中国政府操纵汇率以获得不公平的贸易优势。在此后的五次报告中，美国财政部都将中国定性为汇率操纵国。东亚金融危机爆发后，由于中国坚持人民币汇率不贬值，避免了本地区货币出现竞争性贬值。为此，美国政府不但没有在该问题上对中国进行指责，而且时任美国财政部长的罗伯特·鲁宾（Robert Edward Rubin）还公开称赞中国是"一片动荡区域中的一根重要的定海神针"[3]。此后至 2002 年这一期间，人民币汇率不再是美国政府对华经济政策中的核心问题。在此期间，面对中国对美贸易顺差的不断扩大，美国继续使用传统的贸易保护主义政策对中国输美商品施以种种限制。此后，美国财政部对人民币汇率问题的态度发生转变，并以时任财政部部长约翰·斯诺在 2003 年 6 月 16 日首次就人民币汇率问题发表的讲话为标志，美国开始通过汇率保护主义，将其对华贸易逆差的增长归

---

[1] 美元的"间歇性贬值"这一表述是由张宇燕和李增刚提出的。参见张宇燕、李增刚《国际经济政治学》，上海人民出版社，2008，第 308 页。
[2] 参见周弘、〔德〕彼得·荣根（Peter Jungen）、朱民主编的《德国马克与经济增长》一书中由彼得·荣根撰写的"序二"，社会科学文献出版社，2012。
[3] 〔美〕本·斯泰尔（Benn Steil）：《布雷顿森林货币战：美元如何统治世界》，符削捷等译，机械工业出版社，2014。

咎于人民币对美元汇率的低估和中国政府对人民币汇率的操纵。在此后的十余年里，人民币汇率问题一直是中美双边经济关系中最引人关注的问题之一。

在有关人民币汇率定值这一问题上，戈德斯坦（Goldstein）、威廉姆森（Willianmson）以及弗兰克尔（Frankel）等认为，人民币汇率存在严重的低估。如戈德斯坦（Goldstein，2004）从中国和全球的贸易平衡这两个角度，得出大致相同的人民币低估程度为 15%～25% 这一结论。威廉姆森（Willianmson，2003）认为，人民币被低估的程度要更高。弗兰克尔（Frankel，2004）认为，由于中国内部经济过热同时外汇储备过高，经济处于失衡状态，人民币被低估的程度为 35%。克鲁格曼（Krugman，2003）等认为，人民币汇率确实有所低估，但是并没有那么大，而且即使人民币升值也不会从根本上改变美国贸易逆差的状况。而麦金农和蒙代尔等则认为，人民币汇率不存在低估[①]。在有关人民币汇率制度改革的问题上，艾肯格林（Eichengreen，2004）认为，中国应当尽早放弃盯住美元。戈德斯坦、弗兰克尔以及鲁比尼（Roubini）等也认为，人民币汇率的形成机制应当更灵活，但这一过程应当逐步进行。如戈德斯坦（Goldstein，2004）认为，人民币汇率改革可以分两步走，第一步升值 15%～25%，改为盯住一篮子货币，同时扩大浮动区间；第二步是在中国的银行体系健全以后，改为有管理地浮动和开放资本市场。弗兰克尔以及鲁比尼等认为，灵活的汇率并不意味着完全浮动，中国可以采取某种中间形式的浮动汇率制。[②]而麦金农、威廉姆森以及简世勋（King）等则认为，人民币汇率不应当浮动。一些中国学者认为，人

[①] 参见〔美〕麦金农、〔美〕施纳布尔《中国是东亚地区的稳定力量还是通缩压力之源——兼论鱼和熊掌不可兼得》，《比较》2003 年第 7 期；〔美〕蒙代尔：《三元货币及其对金融的影响》，《国际金融研究》2002 年第 5 期。

[②] 参见 Jeffrey Frankel, "On the Renminbi"; Nouriel Roubini and Brad Setser, "The US as a Net Debtor: The Sustainability of the US External Imbalances," finest draft, 2004, http://www.stern.nyu.edu/globalmacro/roubini-seser-US-External imbalances pdf。

民币汇率存在一定程度的低估。如张斌（2003）运用简约一般均衡框架下的单方程协整模型，得出 2003 年上半年人民币被低估了 6.5%～10%这一结论。施建淮和余海丰（2005）运用行为均衡汇率模型，得出 1999 年第三季度以后人民币一直处于低估状态、2002 年以后低估达 10%以上且低估幅度还在扩大这一结论。在如何改革人民币汇率制度上，余永定、张斌和何帆、胡祖六以及谢国忠等提出了不同的看法。如余永定（2004）认为，汇率形成机制是比汇率升值幅度更重要的问题，可以先考虑扩大浮动区间。张斌和何帆（2005）在比较了各种汇率制度的优缺点后，建议首先一次性地进行汇率水平调整，然后引入有管理的低频浮动汇率制。胡祖六主张引入名副其实的有管理的浮动汇率制，认为汇率的调整不需要等到银行改革完成之后再进行。而谢国忠（2005）则认为已经错过了汇率调整的最佳时机，经济已经出现下行的趋势，生产能力过剩，汇率升值将导致坏账，要等到金融体制改革完成后才能进行汇率改革。在中美两国有关人民币汇率之争这一问题上，弗兰克尔认为，美国对人民币汇率的做法是当年要求韩元升值和自由化，以及再往前的对日元政策的翻版。麦金农认为，人民币对美元的汇率是政治上的替罪羊；在贸易和投资全球化的当今世界，所谓中国可以通过人民币升值降低贸易顺差（净储蓄）的论调显然是一种谬论[①]。巴彻塔（Bacchetta）、本希玛（Benhima）和卡兰提斯（Kalantzis）认为，自 2005 年以来至今，人民币实际有效汇率的累计升值幅度已近 40%。因此，人们有理由认为，中国的汇率低估问题已经有了明显的缓解。分析表明，实际汇率偏低并不必然反映出汇率操纵。有鉴于此，其他国家与其指控中国的汇率操纵政策，不如帮助它切实推行扩大内需的政策。这将有助于降低中国的储蓄意愿，自然而然地推动人民币升值。华民认为，不能把

[①] 参见〔美〕罗纳德·麦金农《失宠的美元本位制：从布雷顿森林体系到中国崛起》，李延芳等译，中国金融出版社，2013，第 137 页。

中国的贸易顺差归咎为人民币汇率低估。第一，中国的贸易顺差首先是由中国的二元经济结构所决定的；第二，中国农村人口数量的庞大和劳动力供给的相对充足压制了工资的增长，从而导致内需相对不足；第三，中国在国际分工结构中所扮演的角色决定了中国在国际贸易中一定会成为一个存在持续贸易顺差的国家。[1] 高海红和徐奇渊认为，中美汇率之争不是一个货币金融问题；对美国而言，也不是一个贸易问题，但是被美国认为是一个贸易问题[2]。换言之，在人民币汇率这一问题的背后，纠缠着极其复杂的政治因素，即美国的汇率政治（exchange rate politics）。这种汇率政治贯穿于20世纪90年代以来特别是最近十多年以来的中美双边经济关系之中。

二 后布雷顿森林体系时期美国汇率政治的发展

在布雷顿森林体系时期，尽管美国面临"特里芬两难"和持续的国际收支逆差问题，但是美国政府一直忠实地履行维持美元固定平价的义务。这是因为，布雷顿森林体系下的美元固定平价得到美国国会的立法保障（除非国会对该法做出修正）。事实上，在1968年以前，美国的货币政策是使本国的目标服从于国际的目标。为此，在布雷顿森林体系的固定汇率制下，基于国际外汇市场上美元汇率下行的压力，美国政府一直在人为地维持"强势美元"政策。其中美元在1945~1958年这一期间的强势和"马歇尔计划"

---

[1] 华民在分析中国贸易顺差的根源时指出：中国至今仍有一半左右的人口生活在农村，劳动生产率和收入水平都相对较低，这就使得中国的内需相对于产出存在较大的缺口，从而需要通过出口来加以平衡。中国作为一个制造业出口国，由于制造业存在最小盈利规模，所以产量必须足够大，否则就会因为固定资产摊薄过高而不能实现规模经济；为此，就需要通过出口来突破需求约束。从国际货币基金组织等机构提供的统计数据来看，世界主要制成品生产国几乎都是贸易顺差国家，如德国、日本、中国以及东亚以制造业为主的国家。参见华民《中国贸易顺差的根源及其平衡方法》，《文汇报》2014年3月3日。

[2] 参见高海红、张明、刘东民、徐奇渊《国际金融体系：改革与重建》，中国社会科学出版社，2013，第273~277页。

的实施，赢得了美国跨国公司和劳工集团这两个利益集团的拥护。即使美国的产品在1958年以后面临主要欧洲国家的激烈竞争，美国的相关利益集团也没有积极地游说国会或政府调整汇率政策，而由于种种原因保持"集体沉默"和"失声"。自1968年起，随着约翰逊政府对《对外直接投资计划》（FDIP）强化了管制措施，美国国内受冲击的利益集团开始发起有组织的抗议活动，特别是许多中小企业通过所属的行业协会积极游说国会。此后，尼克松政府运用"善意忽视"（benign neglect）这一战略，先后通过美元的两次大幅贬值，自动终结了布雷顿森林体系，即完成了其汇率政策从美元固定平价和维系固定汇率制，向美元贬值和浮动汇率制的重大转变。而美元的两次大幅贬值则满足了那些在国会中最有代表性的利益集团特别是可贸易部门的生产者，所以国会几乎没有在汇率问题上采取行动的必要。

在后布雷顿森林体系时代即美元本位制下，美国在处理国际上的经济关系时，只需考虑如何调整美元的汇率水平以实现其利益诉求，而不必再承担捍卫美元平价的国际义务；美元作为唯一的霸权货币，享有自主贬值的自由（而其他国家由于对美国的单边依赖，则不得不接受美元间歇性贬值的"隐秘法则"）[①]。换言之，在浮动汇率制下，美国的货币政策可以完全服从于其国内目标。为此，美国的汇率政策出现了两个重大的变化：第一，美元汇率水平的高低成为美国货币当局关注的重点，由此决定了推行强势美元政策或弱势美元政策成为美国货币当局考虑的重点；第二，随着越来越多的外围国家（包括资本账户区国家和贸易账户区国家）进入由美元主导的国际货币体系，特别是当其中的资本账户区国家（如德国和日本）的经济发展对美国经济及其国际地位构成某种冲击的时

[①] 参见张宇燕、张静春《汇率的政治经济学——基于中美关于人民币汇率争论的研究》，《当代亚太》2005年第9期。

候，汇率保护主义便成为美国货币当局推行其汇率政策的一个重要手段。

尽管布雷顿森林体系的终结使美国国会失去了对美元汇率的决定权，同时也失去了对美国汇率政策的直接掌控（即国会将该权力让渡给财政部和美联储），但是国会依然拥有对政府汇率政策的监督权。作为行政机构的财政部和作为独立部门的美联储之间的非对称合作，成为美国汇率政策决策过程中最主要的组织动力；而国内外有组织的利益集团的活动也成为影响美国汇率政策走向的重要因素。这种影响既包括对作为汇率政策决策部门的财政部和美联储的直接游说，也包括通过对国会这一立法机构的游说而对决策部门施加的间接影响。其中国内的利益集团主要包括受美国汇率政策影响的实体经济部门中的工商企业、劳工组织、农业以及金融部门中的商业银行、投资银行和对冲基金；而随着经济、金融全球化进程的加快，相关的国外利益集团（主要是以"资本账户区"国家和"贸易账户区"国家政府为代表的利益集团）也积极寻求参与到美国汇率政策的制定与调整的博弈过程之中。汇率政治由此成为影响美国汇率政策制定的重要因素。

基于当时国内高通胀、高利率以及高失业的经济形势，里根入主白宫后推出了美国金融史上前所未有的强势美元政策[①]。这一持续了四年之久（1981~1984年）的强势美元政策对美国的国际收支状况产生了重大的影响，即导致进口迅速增加，而受进口产品迅速增加冲击最大的则是美国的制造业。为此，制造业成为美国国内最为积极反对强势美元政策、要求美元汇率走弱的利益集团。然而，该集团在游

---

① 需要指出的是，虽然强势美元作为美国的汇率政策由里根政府开先河，但"强势美元政策"（strong dollar policy）这一名词，则出自1994年夏季时任美国财政部副部长罗格·奥特曼在一次会议上对这种汇率政策的描述。参见 J. Bradford Delong and Barry Eichengreen, "Between Meltdown and Moral Hazard: the International Monetary and Financial Policies of the Clinton Administration", 2001, NBER Working Paper, No. 8443。

说政府改变强势美元政策时存在着"集体行动"的困境。为此,该集团在遭到财政部的断然拒绝以后便转向游说国会参众两院的个别议员。而国会一方面尝试通过立法手段压迫政府干预美元汇率的走势;另一方面则运用其对贸易政策的控制权,逼迫政府在汇率政策上做出让步。面对国内的贸易保护主义特别是来自国会的保护主义压力,詹姆斯·贝克(James Baker)在1985年1月出任财政部部长后做出了对美国汇率政策进行重大调整即实施弱势美元政策(此轮弱势美元政策实施至1992年)的决定[①]。基于日本对美贸易存在巨额顺差,美国于1985年9月22日在纽约与日本、联邦德国、英国以及法国四国财政部部长和央行行长达成"广场饭店协议"(Plaza Accord),实现了美元对这四国货币的有秩序的贬值。然而,该协议也引发了美国与这些国家之间长达两年之久的冲突。1987年2月,在巴黎罗浮宫(Louvre)会议上,詹姆斯·贝克提议停止美元的进一步贬值。尽管此后美国国内的保护性利益集团要求美元进一步贬值的呼声开始消退,但是财政部自20世纪80年代末起,在国会的压力之下,开始对韩国、新加坡等东亚经济体的汇率政策中是否存在"汇率操纵"(currency manipulation)行为进行"识别"。

三 美国的汇率政治与人民币汇率问题之争

1988年8月23日,里根总统签署了国会通过的《1988年综合贸易与竞争力法》(*Omnibus Trade and Competitiveness Act of 1988*)。国会要求财政部依照该法中的《1988年汇率和国际经济政策协调法》,对通过操纵汇率以取得贸易优势的国家进行"识别"。汇率政治由此和贸易政治一起,成为影响美国政府对外经济政策的重要因素。同年10月24日,财政部在向国会提交的第一份《国际经济与汇率政策报

[①] 值得关注的是,1970~1990年美国的两轮弱势美元政策(1971~1980年和1985~1992年)都发生在共和党执政期。参见胡祖六《财经论衡:全球化时代的汇率与宏观经济政策》,北京大学出版社,2009,第115页。

告》(Semi-Annual Report on International Economic and Exchange Rate Policies)中,首次将韩国、新加坡以及中国台湾的汇率政策定性为"汇率操纵"。[①] 这些以出口导向为经济发展战略的东亚新兴经济体的汇率政策之所以受到美国财政部的持续关注,主要是因为:第一,除韩国以外,上述以制造业为主的新兴经济体的出口占国内生产总值(GDP)的比重均已超过50%,且对美贸易均处于顺差状态(见表5-1)。[②] 第二,尽管这些经济体的名义汇率制度安排并不一致,如新加坡实行"盯住货币篮子"的汇率制度,而韩国和马来西亚则实行管理浮动汇率制度,但在实际操作中,它们无一例外地演变为事实上的盯住美元汇率制,而美国在1985~1992年这一期间实行的正是弱势美元政策。这就不难理解美国政府的汇率政策为何在20世纪80年代末发生变化,即它不再是"内看"美元自身币值的高与低,而是通过"外指"外围国家的货币相对于美元的币值的高低。

表5-1 1980~1999年部分东亚经济体的出口占GDP的比重及对美贸易状况

国别(地区)	出口占GDP的比重(%)					对美贸易顺差(百万美元)		
	1980年	1985年	1990年	1995年	1999年	1990年	1995年	1999年
韩国	32.06	31.97	27.95	28.83	39.06	2501	6075	7402
新加坡	202.61	153.12	177.45	183.01	180.16	1492	2850	3039
马来西亚	56.7	54.1	74.5	94.1	121.3	75	2732	7118

[①] 在1989年4月和10月提交的第二份和第三份报告中,韩国再次被定性为"汇率操纵国"。中国台湾在1989年4月、1992年5月以及1992年12月继续被定性为"汇率操纵"(此后,直至2002年一直都"榜上有名");马来西亚在1995年进入"被关注"的名单,此后在1998年和1999年再次受到"关注"。详情参见 U. S. Department of the Treasury, "Semi-Annual Report on International Economic and Exchange Rate Policies," various issues。

[②] 保罗·克鲁格曼早在1995年就将这些推行出口导向型经济发展战略的东亚新兴经济体称为"超级贸易体"。参见 Arvind Subramanian and Martin Kessler, "The Hyper Globalization of Trade and Its Future", http//www.iie.com/publications/interstitial.cfm? ResearchID=2443。

续表

国别(地区)	出口占GDP的比重(%)					对美贸易顺差(百万美元)		
	1980年	1985年	1990年	1995年	1999年	1990年	1995年	1999年
中国大陆	10.65	9.21	16.07	20.23	20.17	—	8610	22518
中国香港	88.93	107.17	130.66	142.93	127.02	—	22423	28705
中国台湾	95	82	90					

资料来源：World Bamk Data, http：//databank.worldbank.org/data/views/reports/tableview.aspx；World Bank research report,"The East Asian Miracle：Economic Growth and Public Policy（Vol.1of2）：Main Report", Sep.30, 1993, http：//documents.worldbank.org/curated/en/1993/09/698870/east-asian-miracle-economic-growth-public-policy-vol-1-2-main-report；UNCTND Data, http：//comtrade.un.org/data/。

美国财政部在关注东亚新兴经济体汇率政策的同时，也开始关注中国的汇率政策。如在1990年12月的《国际经济与汇率政策报告》中，美国第一次指责中国操纵汇率以获得不公平的贸易优势。此后的1992年5月、1992年12月、1993年5月、1993年11月以及1994年7月的5次报告中，中国都被定性为汇率操纵国。[1] 其主要背景是：第一，当时中国实行的是双重汇率制度。尽管中国从1988年3月起在各地设立了外汇调剂中心，放开外汇调剂市场汇率，人民币汇率制度开始经历以官方汇率为主导向以外汇调剂市场汇率为主导的演变，并在1991年确立了浮动汇率制度，而且在此过程中官方汇率也经历了数次大幅度的贬值调整，逐渐向外汇调剂市场汇率靠拢（外汇调剂市场汇率已经成为官方汇率调整的依据），但这种双重汇率机制毕竟是一种过渡机制，即两种汇率并存的背后是两种汇率形成机制的并存。[2] 因此，这种汇率制度安排必然成为美国财政部诟病的对象。第二，美国对华贸易逆差的出现和增长。如前所述，按照中方的统计，中国对美贸易顺差始于1993年，当年中国对美贸易顺差额为62.7亿美

---

[1] 参见 U.S. Department of the Treasury, "Semiannual Report on International Economic and Exchange Rate Policies," various issues。

[2] 从1994年1月1日起，人民币官方汇率与外汇调剂市场汇率并轨，并轨后的人民币实行以市场供求为基础的、单一的、有管理的浮动汇率制度；以1美元兑换8.72元人民币作为全国统一的人民币市场汇率水平比1993年底的1美元兑换5.7元人民币贬值了约35%。

元。而美方则认为,美国对华贸易逆差始于1983年,当年美国对华贸易逆差额为3.2亿美元;到1993年,美国对华贸易逆差达到227.8亿美元。需要指出的是,美国财政部这一例行报告的整个分析过程是基于一个错误的前提,即美国经常账户逆差是由外国政府的汇率政策导致的。

如前所述,东亚金融危机爆发后,由于中国坚持人民币汇率不贬值,避免了本地区货币出现竞争性贬值。为此,美国政府没有在该问题上继续指责中国。此后至2002年这一期间,人民币汇率不再是美国政府对华经济政策中的核心问题。但是五年之后,伴随着中国经济的高速增长和出口的急剧扩张,盯住美元的人民币汇率问题再次受到多国政府和经济学界的关注,同时也成为美国政府对华经济政策中的核心问题;而当时美国国内正处于弱势美元政策的回潮。为克服由互联网泡沫破灭所带来的经济衰退,美国联邦储备委员会将短期利率从2001年1月的6.5%下调至2003年7月的1.0%。这一货币政策刺激了国内的需求,而中国和日本等国对本币升值的抵制则在一定程度上抑制了美国制造业产品的出口。与克林顿政府不同,小布什政府的前两任财政部部长即保罗·奥尼尔(Paul Oneill)和约翰·斯诺(John Snow)都具有制造业背景。因此,财政部基于由美国贸易逆差增长而导致的国际收支严重失衡,从过度关注金融业利益转向制造业和劳工组织的利益。由于弱势美元政策的回潮,美元的名义汇率在2002~2007年这一期间对主要发达国家的货币全面下跌(其中对澳元、加元、欧元以及英镑的贬值分别为35.1%、31.5%、31%和25%)。尽管中日两国货币当局对外汇市场干预较小,但人民币和日元对美元的升值幅度依然超过了5%。从理论上说,这种弱势美元政策有助于美国缩减贸易赤字,即对美国制造业产品的出口有利;但事实上,美元在这一时期的贬值并没有改变美国贸易逆差逐年攀升的趋势[①],特别

---

① 根据美国商务部的统计,2002~2007年这一期间美国的贸易逆差分别为4580.87亿美元、5213.42亿美元、6337.68亿美元、7454.34亿美元、8067.26亿美元和7186.43亿美元。

是缓解美中双边贸易的失衡①。因此，自 2003 年起，在美元指数呈下降趋势和中美双边贸易失衡加剧的情况下，人民币汇率问题成为两国对外经济政策交锋的重要领域，中国成为最受美国汇率政治关注的国家。美国的"改变现状政策"的利益集团和部分国会议员作为汇率政治中的两个重要博弈方，成为在人民币汇率问题上向中国施压的主要推手。

利益集团作为美国民主政治中的一个重要组成部分，在人民币汇率这一议题上分为两个阵营：一方是以"全国制造商协会"（NAM）和劳联—产联（AFL-CIO）为代表的"改变现状政策"的利益集团，另一方是以美国商会及企业界圆桌会议等为代表的"维持现状政策"的利益集团②。三权分立的美国政治体制决定了"改变现状政策"的利益集团施压人民币升值的路径有三种，即行政表达、立法表达和司法表达。该集团向政府（即行政部门）施压的目的是促使财政部根据美国的国内法认定中国为汇率操纵国，并由两国政府通过双边磋商解决汇率问题；促使商务部、美国贸易代表办公室（USTR）以及作为独立机构的美国国际贸易委员会对人民币汇率低估行为进行审查，如果认定中国低估的人民币汇率为出口补贴行为，则依据其国内贸易法对中国输美产品征收反补贴税。如由"全国制造商协会"在 2001 年领导组建的"健全美元联盟"（Coalition for a Sound Dollar）③，

---

① 按照美国商务部的统计，中国自 2000 年起取代日本成为美国贸易逆差的最大来源国。在 2000~2002 年这三年里，美国对华贸易逆差分别为 838.3 亿美元、831.0 亿美元和 1030.6 亿美元。
② 曾雄军定义的"改变现状政策"的利益集团主要代表美国制造业中小企业及其工人的利益，而"维持现状政策"的利益集团主要代表美国金融业集团和跨国制造业集团的利益。李俊久和姜默竹则分别将它们定义为"保护性利益集团"和"相容性利益集团"。参见曾雄军《美国利益集团施压人民币升值的路径分析》，《外交评论》2013 年第 2 期，第 30~46 页；李俊久、姜默竹：《利益集团如何影响美国汇率政策？》，《世界经济研究》2014 年第 6 期，第 73~79 页。
③ 该联盟由全国制造商协会、钢铁制造商协会、美国纺织制造商协会以及美国航空业协会等数十个贸易协会组成，代表 95% 的美国出口商。需要指出的是，早在 20 世纪 90 年代初，美国的一部分制造业企业就试图利用国会反对给予中国最惠国待遇（MFN），游说美国政府向中国施压，以减缓中国对美出口的增长。

在布什刚任命斯诺为财政部部长后就游说其经济内阁对中国、日本、韩国以及中国台湾施压,要求其停止使用通过"货币操纵"扩大出口的做法①。同年9月初,该联盟致信即将访问亚洲的斯诺,敦促其迫使亚洲国家停止"货币操纵",特别是被严重低估的人民币。而劳联—产联作为民主党最为重要的盟友,其公共政策部助理主任李西娅(Thea M. Lee)分别于9月25日和10月21日在国会"美中经济安全评估委员会"和众议院国际关系委员会做证,指责中国以低估人民币40%扩大出口的做法违反了WTO的规则,要求中国停止人民币与美元的固定汇率制并停止积累美元储备;并敦促美国政府采取包括向WTO提起诉讼在内的一切手段,向中国政府发出明确的信号,不再忍受其在人民币汇率方面的行为。2004年9月9日,劳联—产联以"受够了布什政府在人民币汇率问题上的无所作为"为由,带领由23家工业和农业公司以及工会组成的"中国货币联盟"(CCC),要求美国政府对中国是否操纵货币进行"301调查"并实施制裁。该组织的财务主管理查德·杜姆卡(Richard Trumka)也在当天声称中国政府通过"操纵货币"给本国出口商大约40%的不公平优势,要求美国政府到WTO对中国的行为提起诉讼。即使在2005年7月21日人民币汇率制度改革以后,杜姆卡仍然认为"中国的汇率调整是最小程度的,远不能对由于中国的货币操纵引起的美国制造业工作的流失起到任何作用"②。在美国经济逐渐走出全球金融危机的阴影之后,"改变现状政策"的利益集团因不满于人民币重新盯住美元以及美国对华贸易逆差没有显著改善,再次指责奥巴马政府对人民币汇率问题的态度过于温和。

国会的人民币汇率政策主要由国会议员的"偏好"决定。国会

---

① 参见 Michael M. Phillips, "U. S. Manufacturers Lobby Against Asian Rate Strategies,"引自 http://www.sounddollar.org/mnews52html。

② 参见 "China's Exchange Rate Changes Woefully Inadequate", July 21, 2005, http://www.chinacurrencycoalition.org。

议员如要形成一种政策输出，其提案必须获得大多数议员的支持。"尽管美国两大政党很少形成一致，但有一件事让它们团结起来——那就是'汇率操纵'，尤其是对中国的汇率操纵的愤怒"。① 来自制造业和劳工组织影响较大的一部分州的国会议员，是在人民币汇率问题上向中国施压的主要推手。2003 年 7 月 31 日，以纽约州民主党参议员查尔斯·舒默（Charles Schumer）以及众议院小企业委员会主席、伊利诺伊州共和党议员曼佐罗（Manzullo）为首的 16 名两党议员致信布什总统应采取直接行动，迫使人民币汇率自由浮动；并要求财政部、国务院和贸易代表办公室采取更多强有力的步骤纠正人民币汇率。同年 9 月 5 日，舒默基于斯诺访华未能迫使中国在汇率问题上让步，向国会提交了第一个针对人民币汇率问题的 S.1586 号提案；而由参议员林赛·格雷厄姆（Lindsey Graham）与其他 7 名两党议员提交的要求中国政府"纠正"人民币被低估的提案，于 9 月 26 日在参议院获得通过。同年 10 月 30 日，资深民主党议员、众议院筹款委员会成员查尔斯·瑞吉尔（Charles B. Rangel）和桑德·莱文（Sander M. Levin）再次致信小布什政府，要求采取进一步行动。2005 年 4 月 6 日，参议院以 67∶33 票通过了舒默和格雷厄姆的联合提案，要求中国政府必须在 6 个月内将人民币对美元汇率升值 27.5%，否则将对中国出口到美国的商品加征 27.5% 的进口关税②。对此，史蒂芬·罗奇指出："保守党人格雷厄姆和自由党人舒默一拍即合，他们跨越意识形态的分歧，成功激起了国会两党高涨的反华情绪。"③ 与此同时，部分众议员支持"中国货币联盟"向国会提交要求人民币升值的

---

① 参见杰弗里·弗兰克尔（Jeffery Frankel）《中国"货币操纵"不是问题》，Project Syndicate，2015-02-27，http：//www.drcnet.com.cn/eDRCnet.common.web/docview.aspx? chnid=16101&docid=38405708uid=3501&version=worldeconomy#。
② 该提案因明显违反世界贸易组织规定的美国的义务而于 2006 年 10 月被撤回。参见〔美〕罗纳德·麦金农《失宠的美元本位制：从布雷顿森林体系到中国崛起》，李延芳等译，中国金融出版社，2013，第 105 页。
③ 〔美〕史蒂芬·罗奇：《失衡：后经济危机时代的再平衡》，易聪等译，中信出版社，2014，第 199 页。

HR.1498 号提案即《2005 年中国货币法草案》。由此可见，国会在 2003 年 7 月至 2005 年 7 月这一期间成为美国国内在人民币升值问题上向中国施压的主要推手①。尽管国会在全球金融危机发生后不再像此前那样"关注"人民币汇率问题，但随着美国经济逐渐走出危机的阴影，国会又开始在这一问题上向中国施压。如参议院在 2011 年 10 月 11 日以 63∶35 票的表决结果通过了《2011 年货币汇率监督改革法案》。该法案将汇率操纵与贸易补贴绑定，要求美国政府调查主要贸易伙伴是否存在直接或间接低估本国货币汇率以及为本国的出口提供补贴的行为。虽然该法案没有明确指向人民币，但从其涉及的内容来看，则主要针对中国，意在逼迫人民币升值。

从政治经济学的角度看，在美国国内，汇率是相关利益集团、国会以及拥有特定政治经济政策目标的政府机构之间相互博弈的结果。在这种汇率政治的体系中，利益集团—国会—政府之间存在着极其微妙的关系。其中利益集团作为掌握选举资源的团体，决定了它们不是（而且也不可能）从国家的整体利益来考虑问题，而是首先考虑其自身利益即局部利益；而这些利益集团在汇率政策决策过程中的诉求权利受到了美国政治体制的保障和鼓励。这就使得利益集团可以通过参与汇率政策议程的设定，制定汇率政策的备选方案，并通过游说和动员国会中的某些委员会（或小组委员会）的议员来影响汇率政策的决策，最终实现其利益目标。国会议员的地位决定了他们要对本选区的选民"负责"，即争取选民的支持不仅是其目标，而且还是其"生存"的基础。因此，国会议员在许多情况下是根据相关利益集团在本选区所带来的就业岗位的数量，选择性地支持某些利益集团与工会组织的观点和政策主张。在有组织的利益集团代表大部分选民的时候（或者说，在拥有选举资源的团体面前），国会议员就有可能甚至必然

---

① 据统计，仅在 2003 年 9 月至 11 月 6 日这两个月里，美国国会就出台了 10 项议案；在 2005 年 1 月 24 日至 7 月 19 日的近 6 个月里出台了 18 项议案。

第五章　中美经济相互依赖关系的非对称性与权力制衡 | 171

成为某些利益集团的代言人。[1] 正如美国国会众议院前议长托马斯·奥尼尔（Thomas P. O'Neill）曾经指出的，"一切政治都是地方政治"[2]。

至于政府在制定汇率政策时，则既要考虑国家的整体利益，也要考虑相关利益集团的利益，并尽可能获得选民的支持。但是总统与国会议员不同，他无须对某一特定的选区负责，而通常是从国内外的总体情况出发考虑其汇率政策的决策；由此决定了政府在许多情况下是各方冲突的平衡者。如小布什政府在2004年总统大选的前夕，最终同意纺织品制造商和纺织工人联盟有关限制部分中国纺织品进口的要求；财政部也在国会的巨大压力下，在2004年12月4日提交的半年度报告中依然坚持"汇率的挂钩或实施干预本身并不能构成对货币的操纵"[3] 这一立场。从总体上看，在2003～2008年这一期间，斯诺和保尔森这两任财长对人民币汇率的施压较为温和。如保尔森在2006年7月出任财长后，面对美国国内日益高涨的保护主义压力，试图将国会及公众的注意力从狭义的人民币汇率问题引向中美双边更长远、更广阔的战略经济对话。事实证明，这一对话推动了全球金融危机后中美两国在金融领域里的合作。尽管盖特纳（Timothy F. Geithner）在2009年1月参议院批准其任命的听证会上指控中国在"操纵其货币"，[4] 但是白宫在几天后就撤回了这一声明。由此可见，

---

[1] 何兴强认为：国会议员的许多做法是在利益集团的压力下做出的。他们在国会提出有关法案的目的就是"敲打中国"，以回应利益集团的压力，同时也保持对政府的压力。参见何兴强《美国利益集团与人民币升值压力》，《当代亚太》2006年第3期，第57页。
[2] Barfield, Thomas. *Afghanistan: A cultural and political history*. Princeton University Press, 2010, p. 162.
[3] 参见 "U. S. Department of Treasury: Report to Congress on International Economic and Exchange Rate Policies," December 3, 2004, http://www.ustreas gov/press/releases/js2127.htm。
[4] 盖特纳的这一指控，是奥巴马入主白宫后美国财政部第一次对人民币汇率问题的强硬立场。参见 Hearings on Timothy Geithner's appointment form the Senate Finance Committee, in response to written questions submitted by the Senator Charles Shumer (D-NY), January 22, 2009; US Department of Treasury Press, "Statement by Treasury Secretary Timothy Geithner on Release of Semi-Annual Report to Congress on International Economic and Exchange Rate Policies," April 15, 2009。

财政部既要对"改变现状政策"的利益集团所提出的要求做出适当的回应,同时也要避免将中国定性为汇率操纵国,以防激怒中国。这也是尽管财政部自2003年以来就面对国会的巨大压力,但是没有在向国会提交的《国际经济与汇率政策报告》中将中国定性为汇率操纵国,甚至在2010年4月还推迟了向国会提交关于中国汇率政策的报告的原因。而美国贸易代表办公室更是在2004年9月9日"中国货币联盟"向其提出对中国操纵货币的申述的4个小时之后,就驳回了这一申述。同样,当舒默和格雷厄姆在2005年4月初再次就《2005年对外事务授权法案》提出修正案后,立即遭到小布什总统的强烈反对。此外,那些在对华业务中获取了显著经济利益的"院外援华集团"(China Lobby)对政府和国会的积极游说,也促使财政部和总统在评价中国是否操纵货币和汇率时极为谨慎。除了在极个别场合,如在国会做任职听证和奥巴马在大选期间外,很少将中国界定为汇率操纵国,而代之以"人民币被低估或严重低估"这一表述。

四 中美经济相互依赖关系对美国汇率政治的影响与制约

作为中美经济失衡及其不断强化的必然结果,两国之间非对称的经济相互依赖关系构成了双边经济关系的根本特征。如前所述,就中国对美国的依赖而言,不仅表现为双边贸易依存度的非对称性,即中国对美出口在中国出口总额中所占的比重远远高于美国对华出口在其出口总额中所占的比重;① 而且还表现为双边资本依存度的非对称性,即中国不仅要通过在汇率安排上将人民币盯住美元,从而为对美

---

① 根据中国的统计,中国对美出口在中国出口总额中所占的比重在2002年和2006年分别为21.51%和21.03%,在2008年和2012年分别为17.67%和17.04%;同期美国对华出口在其出口总额中所占的比重分别为3.18%和5.33%以及5.50%和8.59%。参见项卫星、杨丽莹《美元本位制对中美经济关系的影响》,《东北亚论坛》2014年第1期,第67~74页。

贸易创造一个稳定的汇率环境（由此决定了中国必须支持美元汇率的稳定），并且需要将通过对美贸易顺差积累的美元用于为美国提供"卖方信贷"，即为美国的公共部门和私人部门提供债务融资。至于美国对中国的依赖，则不仅表现为美国通过从中国的进口实现了低储蓄和高消费，从而维持了低通胀和借贷型经济增长，而且还表现为美国的公共部门和私人部门通过从中国的融资，维持了其债券市场的运转，特别是压低了其长期利率并维持了稳定的投资率。根据约瑟夫·奈（Joseph S. Nye）的解释，非对称性依赖是指"在相互依赖中，一方比另一方较少依赖对方"；而"较少依赖的一方可以通过控制这种非对称依赖获得国际政治中的权力"。[1] 换言之，非对称依赖关系中依赖较小的一方可以要求依赖较大的另一方做某些它们本来不愿意做的事情。[2]

然而，日趋紧密的中美经济相互依赖关系在一定程度上对美国汇率政治形成的制约，证明了美国作为非对称依赖较小的一方，未能凭借其在经济相互依赖中的有利地位，通过使用经济手段将经济影响力转化为政治影响力，进而对依赖较大的一方（即中国）形成权力。而这种经济非对称依赖中权力失效的根本原因，在于中国不仅是美国贸易逆差的最大来源国，而且是美国最大的债权国；或者说，崛起中的中国成为美元本位制的重要支柱。[3] 进入 21 世纪以来，在中美经济相互依赖关系迅速发展的过程中，中国持有的美元资产特别是美国国债不断增长。在 2003～2013 年这一期间，其规模从 1590 亿美元增长为 1.27 万亿美元（见图 5-1）。特别是在 2008 年 9 月，中国取代日本成为美国国债的海外第一大持有者。与此同时，人民币恢复了完

---

[1] 参见 Joseph S. Nye, Understanding International Conflicts: An Introduction to Theory and History, New York: Pearson Longman, 2007, p. 215。
[2] 参见 Robert O. Keohane and Joseph S. Nye, Power and Interdependence, New York: Harper Collins Publishers, 1989, p. 11。
[3] 参见〔美〕罗纳德·麦金农《失宠的美元本位制：从布雷顿森林体系到中国崛起》，李延芳等译，中国金融出版社，2013，第 153 页。

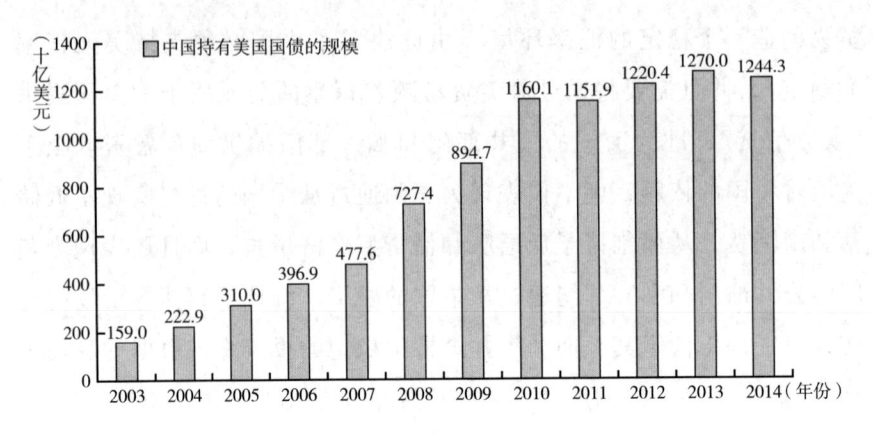

图 5－1　2003~2014 年中国持有的美国国债规模

全盯住美元的汇率安排。2009 年 1 月即全球金融危机爆发后不久，美国国务卿希拉里·克林顿（Hillary Clinton）在访华时要求中国政府继续购买美国国债；在同年 4 月的二十国集团（G20）伦敦峰会上，美方也要求以中国为代表的新兴市场国家继续购买美国国债。中国在此后至同年 7 月这一期间（除当年 4 月外）也一直在增持美国国债。为此，小布什政府和奥巴马政府明显减弱了在人民币汇率问题上对中国的施压。由于 2010 年 4 月 15 日中国国家主席胡锦涛赴美出席全球安全会议，美国财政部不仅推迟了在这一最后期限向国会提交例行的半年度报告，而且也没有在此后的报告中将中国定性为货币操纵国（当月中国增持美国国债）。然而，随着美国经济逐渐走出金融危机，奥巴马政府迫于"改变现状政策"的利益集团的压力，开始对中国施压：在决定对从中国进口的多种商品征收惩罚性关税的同时，考虑要将中国定性为货币操纵国。同年 6 月，奥巴马总统在二十国集团（G20）多伦多峰会前夕，试图复制 20 世纪 80 年代美国联合其他发达国家施压日元的成功经验，联合其他发达国家对人民币汇率问题施压，但未能获得这些成员国的支持（在峰会发表的联合声明中没有出现对中国汇率政策或经常账户顺差国的特定批评）。这主要是因为，中国货币当局在应对这种施压的过程中，曾多次交替使用增持和减持美国国债这一对策进行反制。如在 2010 年 6 月至 11 月这一期间，中国连续 6 个月增持美国国债；而在 2010 年 12 月至 2011 年 3 月和 2011 年 7 月至 12 月这两个较长的时段里，则持续减持美国国债。当然，中国的这种反制也并非一劳永逸。尽管人民币兑美元的汇率在 2005 年汇率体制改革至 2013 年 2 月这一期间已经累计升值约 30%（由于同期中国的通货膨胀水平高于美国，人民币的实际升值幅度要更高），2013 年人民币兑美元的汇率在中国经济增长速度出现明显放缓的情况下依然升值 3%；但是当人民币在 2014 年 2 月中旬至 3 月中旬兑美元贬值了 2.6% 时，便引发了美国政府的指责。[①] 但值得注意的是，美国财政部不再指责中国政府操纵汇率，以避免自动触发一项针对中国的惩罚机制。这或许说明了美国财政部在这一问题上也是投鼠忌器。这就不难理解麦金农对中美经济相互依赖关系的重要意义所做的解释："中美之间达成某种形式的暂时妥协。事实上，如果没有中国的（隐性）支持，由美国的财政和信贷危机引发的世界性货币危机将难以避免。"[②]

尽管中国货币当局通过交替使用增持和减持美国国债这两种手段，有效地制约了美国的汇率政治，但是这种制约的效果也是有限的。就增持美国国债而言，由于美元是现行国际货币体系中的中心货币，这就赋予美国政府一种独特的优势，即美国可以在发生金融危机之时将本应由自身承担的危机成本，通过隐性的美元贬值的方式推卸给该体系中的外围国家。根据古林查斯（Gourinchas）和雷伊（Rey）的研究，美国几乎所有的对外负债均以美元计价，约 70% 的对外资产以外币如欧元和英镑计价，而不是以其主要贸易伙伴国的货币计

---

① 美国财政部在 4 月 15 日向国会提交的《国际经济与汇率政策报告》中重点提到了中国，再次抱怨人民币被低估，毫不掩饰其对"中国让市场力量决定汇率的决心"持有怀疑。

② 参见〔美〕罗纳德·麦金农《失宠的美元本位制：从布雷顿森林体系到中国崛起》李延芳等译，中国金融出版社，2013，第 149 页。

价。因此,这种不对称性对美国的贸易平衡产生了"估值效应"(valuation effect)——美元贬值会使财富向美国转移,从而使贸易赤字持续更长时间而不会触发危机。[①] 尽管美国国债是全球范围内流动性最高并且最安全的金融资产之一,但由于美元指数在 2003~2012 年这十年里下降了 17%,因此美元的"间歇性贬值"[②] 已经成为美国政府稀释其对外债务即减债的最佳方法。换言之,对于美国而言,美元贬值是一种光明正大且无痛合法的债务违约途径。因此,对于中国而言,增持美国国债实际上意味着中国外汇储备中的一部分在主动贬值。换言之,中国通过增持美国国债对美国的汇率政治进行制约是以外汇储备的无形贬值为代价的。就减持美国国债而言,由于中国持有的美国国债的数量过于庞大,因此不可能在一个时点上全部抛售;更何况此举会导致"杀人一千,自损八百"。因为一旦中国投资者抛售美国国债,这将导致美国国债的收益率上升和市场价格下降,那么留在中国投资者手中的尚未来得及抛售的这一部分美国国债将遭受严重的损失。而一旦中国投资者减持美元资产、增持其他币种资产,则将导致美元汇率下跌,那么中国投资者手中尚未抛售的美国国债也同样会遭受严重的资本损失。更何况此举将导致美国减少从中国的进口,从而影响中国的经济和就业。这就是所谓的"金融恐怖平衡"的深刻含义。由此可见,中美经济相互依赖关系对美国汇率政治的制约具有双刃剑的作用。

尽管"中美经济交往给双方带来的共同利益已经大大超出了人

---

① 参见 Gourinchas, Pierre - Oliver, and Helene Rey, "International Financial Adjustment," NBER Working Paper No. 11155, February 2005。

② 美元的"间歇性贬值"这一表述是由张宇燕和张静春在《汇率的政治经济学——基于中美关于人民币汇率争论的研究》一文中提出的。根据克拉里达(Clarida)基于大量研究做出的估计,美国在全球金融危机前若干年从美元的逐渐贬值中获得的隐性资本收益超过了 1 万亿美元。转引自庄太量、许愫珊《人民币国际化与国际货币体系改革》,国务院发展研究中心信息网,2012 年 2 月 24 日,http://www.drcnet.com.cn/eDRCnet.common.web/docview.aspx? SearchRecordID = 6276844&version = integrated&DocID = 2817520&leafid = 3006&chnid = 1014&querystring。

们所理解的传统智慧的范畴",[1] 但由于中美经济失衡特别是双边贸易失衡的状况不可能在短期内出现根本的改观,而美国国内"对造成美国贸易逆差的原因存在偏见,美国一直以来都存在反对中国的政治压力",[2] 因此,美国的"改变现状政策"的利益集团和部分国会议员在人民币汇率问题上对中国的施压将继续存在,从而决定了中美两国在这一问题上的博弈也将继续存在。换言之,中美双边经济关系不可能在短期内摆脱美国汇率政治的影响。

本章小结

中美两国经济之间的非对称相互依赖关系,是"金融国家"与"贸易国家"相互依赖的一种典型模式,中国对美国的商品依赖和金融依赖远远超过美国对中国的商品依赖和金融依赖。在美国的霸权结构中,最为核心的是货币金融霸权,即由美元本位制所支撑的美元霸权。在美元本位制的框架下,新兴大国的崛起在本质上都是美国霸权主导的"系统内的地位提升"。中国的崛起就是典型的在美元本位制下的系统内提升。承认并支撑美元在国际货币体系中的核心地位,是中国融入全球自由贸易体系的必然选择。美国所建立的美元体系使其部分地与外围国家分享了经济增长尤其是贸易发展方面的权力,即所谓的"权力扩散"。就中美关系而言,两国的非对称经济依赖关系影响着美国对中国权力扩散的模式,从而影响着两国之间的权力划分的现状。中国在融入全球自由贸易体系之时,凭借本国丰裕的劳动力资源占据了全球生产网络的一端,从而在参与亚太地区事务时也逐渐获取了更多的影响力。美国在允许一部分权力向中国扩散的同时,也在

---

[1] 参见〔美〕罗纳德·麦金农《失宠的美元本位制:从布雷顿森林体系到中国崛起》李延芳等译,中国金融出版社,2013,第156页。

[2] 参见〔美〕罗纳德·麦金农《失宠的美元本位制:从布雷顿森林体系到中国崛起》李延芳等译,中国金融出版社,2013,第157页。

特定领域里遏制中国对其他合理权力的争取。在经济主权问题上，美国对中国干预最多的是人民币汇率问题。如果说"权力"是对事件的过程和结果的控制，那么美国只允许别国参与到国际事务的过程之中，而自己却始终保持对各类事务的执行结果的高度控制。

就共同利益而言，中美两国在商品市场和金融市场上的相互依赖关系，使两国之间存在着明显的利益交集，两国的宏观经济气候依然以正向相关为主。但是在利益交集的基础上，美国凭借美元霸权和由此形成的中美经济非对称依赖关系，占有着更大的利益份额。美国的弱势美元政策或强势美元政策都会对其他国家的商品市场和金融市场产生震动，美国货币政策的制定几乎从未将美元的全球流动角色考虑进去。目前全球经济面临着贸易增长减缓以及强势美元趋势的到来，这种局面对于依靠出口导向型发展战略的中国来说是极为严峻的。在不对称的相互依赖格局下，美国将继续有能力谋取不平等的利益划分。也正是由于这一不对等利益的存在，美国在对华政策方面会尽可能地维持不对称的经济相互依赖关系。不过，相比于遏制中国经济的发展，美国更多的是从影响力的角度维持这一非对称性。在两国竞争和角力的新焦点中，网络安全问题和亚太地区再平衡问题越发突出。作为中美经济传统议题的人民币汇率问题，其背后一直存在着美国的汇率政治的阴影。日趋紧密的中美经济相互依赖关系在一定程度上对美国汇率政治形成的制约，证明了美国作为非对称依赖较小的一方，不能完全通过使用经济手段将经济影响力转化为政治影响力，进而对依赖较大的一方（即中国）形成权力。

第六章

经济相互依赖与中美"新型大国关系"的构建

世界新秩序的关键在于中美两国之间的关系。中国和美国无法靠本国的力量解决这些问题,没有中美两国之间的合作也无法解决这些问题……因此,合作是我们这个时代的最大机遇。

——〔美〕亨利·基辛格:《美中关系》

第一节 经济相互依赖在构建中美"新型大国关系"中的作用

自从中国加入世界贸易组织以来,中美经济关系一直是整个中美关系的"压舱石"。然而,随着中美双边贸易摩擦的加剧特别是经济问题的政治化,这一"压舱石"的分量越来越轻,有时甚至成为战略互信的"绊脚石"。[①] 特别是在全球金融危机后,随着中美两国经济结构的变化,这一"压舱石"也一直在滚动:一方面,在中国经济崛起后,一部分在华的美国企业出于各种原因回流美国,一部分企

[①] 参见王缉思、钱颖一、王敏、贾庆国、白重恩《构建中美战略互信》,《国际经济评论》2012年第2期,第11页。

业则迁徙到其他东南亚国家；另一方面，中美两国在投资和服务业领域里的合作开始加强（如中美两国在互联网商业领域合作的热度在增加），这是过去所没有的。从总体上看，全球金融危机后中美两国经济结构的转型升级给双边经济关系带来了一些变化：过去的某些合作在弱化，但是新的合作又不断产生。为此，研究中美双边经济关系，必须将其置于一个更宽泛的框架或视角即中美"新型大国关系"之中。

一 中国的崛起与中美关系的变化

2008年的全球金融危机标志着中美关系发生了根本性的变化。特别是当中国成为全球第二大经济体以后，中美关系在政治利益和经济利益的交错驱动下处于不稳定的发展进程之中。张蕴岭指出："一个现存霸权国家与一个崛起大国之间有这么难分难解的、密不可分的利益关系是过去没有过的。"[①] 从现实主义的视角来看，中美关系是新兴大国（emerging power）与守成大国（incumbent power）之间的关系[②]，这种双边关系的重要性"是以两国冲突性利益为基础的，而不是以共同利益为基础的"[③]。在国际政治经济学中，"利益"（interest）和"制度"（institution）是两个核心概念和范畴。利益决定了行为体的偏好，而偏好则决定了制度的设计和选择。"进入20世纪90年代以后，随着'利益'成为国际政治经济学的一个基本分析概念，国家被认为是一个可以还原的单位，国内政治的差异被认为是一个不可忽视的要素；同时，经济要素不但在单位层次内部（国内或国际体系）进行水平流动，而且还在单位层次之间进行垂直流动，不但同一国际体系对不同国家有着不同的影响，而且不同国家对同一

---

① 参见张蕴岭《把握周边环境新变化的大局》，《国际经济评论》2012年第1期，第12页。
② 杨国庆、黄帅：《国际领导力视角下的中美贸易摩擦》，《复旦国际关系评论》2014年第15期，第84~98页。
③ 阎学通：《对中美关系不稳定性的分析》，《世界经济与政治》2010年第12期，第4~32页。

国际体系的影响也是有差异的。"[1]

如第一章第二节所述，按照世界银行于2014年4月30日发布的《国际比较项目报告》（ICP），以购买力评价标准，中国在2014年取代美国成为全球最大的经济体。这是最近200年来非西方国家首次成为世界最大经济体。[2] 当然，这一评价即使在美国经济学界也没有完全得到认同。如杰弗里·弗兰克尔（Jeffey Frankel）在题为《中国还不是世界第一》的论文中指出："世界银行《国际比较项目报告》（ICP）的工作非常具有价值。其数据是通过购买力平价而不是实际汇率来比较不同国家的国内生产总值。如果你对个人生活水平很感兴趣，那么这么做就正确了。在我看来，如果你对测量一个国家在全球经济中的比重很感兴趣，那么这样做就不正确了。当考虑中国在世界经济中的规模时，就应当关心人民币在世界市场上的购买力。……中国的根本情况是，在某一标准（依购买力平价修正后的人均收入或是以实际汇率计算的经济总量）赶上美国之前，还有很长的路要走。"[3] 但是，"中国已经成为能够影响国际体系的内生变量"，则已经是一个不争的事实。由此决定了中国越来越多的国家利益，需要在国际体系中实现。因此，中美双边关系中的竞争性因素日益增长并成为主要方面，而合作因素则正在下降并沦为次要方面。当然，中美双边关系还受制于国际体系的结构和机制、两国之间权力平衡的变化以及实质的双边联系。沈大伟（David Shambaugh）将这一权力平衡的变化以及实质的双边联系称为"结构性相互依赖"（structural interdependence），并认为：这些相互依赖激化了两国已有的分歧并催生新的竞争，导致一种奇怪的"合作—竞争"动态混合状况。在这

---

[1] 参见王正毅《国际政治经济学概论》，北京大学出版社，2010，第10~11页。
[2] 中国现代国际关系研究院美国所所长达巍认为："2014年是中美进入二元结构的形成之年。"参见达巍《中美关系：风浪暂归平静》，《凤凰周刊》2015年第36期。
[3] 参见Jeffey Frankel：China Is Not yet Number One, http//www.voxeu.org/article/china-not-yet-number-one。

种关系中，合作与竞争之间的平衡从前者向后者转移。这一新阶段中的中美关系是"竞争性共存"（competitive coexistence）。尽管两国仍然相互依赖，但是，它们之间的竞争日趋激烈。①

二 中美"新型大国关系"的内涵

2012年2月15日，时任中国国家副主席习近平在访问美国时首次提出中美两国共建新型大国关系的愿景。2013年6月7日，中国国家主席习近平与美国前总统奥巴马在安纳伯格庄园举行非正式会晤时提出了中美新型大国关系的三个内涵，即"不冲突、不对抗"、"相互尊重"以及"合作共赢"。② 2014年11月，习近平主席对中美构建新型大国关系做出进一步阐释：第一，加强高层沟通和交往，增进战略互信；第二，在相互尊重的基础上处理两国关系；第三，深化各领域的交流合作；第四，以建设性方式管控分歧和敏感问题（中美在一些问题上存在分歧不可避免，双方应坚持通过对话协商，妥善处理敏感问题，不做损害对方核心利益的事）；第五，在亚太地区开展包容协作；第六，共同应对各种地区和全球性挑战。

但是在经济领域中，如美国前副国务卿罗伯特·佐利克（Robert B. Zoellick）在2007年所指出的，中美两国是彼此重要的利益攸关方（Stake Holders），两国之间的经济合作有着巨大的拓展潜力③。如果将中美两国界定在一个体系内，那么这一体系的运行原理已经发展成为一种威胁机制，如冷战时期美苏两国之间的"核恐怖平衡"以及当前中美两国之间的"金融恐怖平衡"。正是这种威胁机制，使得中

---

① 沈大伟还认为：历史上，两个主要的大国只会维持最低限度的合作，而更多地处于非对称的、竞争性的、常常是敌对的关系之中。参见〔美〕沈大伟主编《纠缠的大国》，丁超等译，新华出版社，2015，第4~5页。
② 《从跨越太平洋的握手到跨越太平洋的合作——记中国国家主席习近平同美国总统奥巴马安纳伯格庄园会晤》，载《人民日报》2013年6月11日。
③ Bumpy Road Ahead for Sustainable Sino‐U.S. Ties［R/OR］. China Daily, May 8, http：//en.people.cn/200705/08/eng20070508‐372819.html.

第六章　经济相互依赖与中美"新型大国关系"的构建 | 183

美关系与美苏关系分别成为当今和冷战时期最为重要的双边关系。事实上，无论对哪一类行为体而言，深度的相互依赖必然导致深度的相互威胁；当然，威胁同样也是一种制衡。这种制衡决定了一方的调整需要另一方的合作才能完成。在相互依赖的框架下，中美两国经济的冲突性主要表现在威胁机制作用下的相互制衡，而相互制衡的结果是这种依赖关系中的任何一方都难以独立超越固有模式而实现单独的增长和发展，这又体现为某种程度的共生性。可以说，中美两国经济的共生性是近十几年来中美经济共同增长的现实见证。

在存在共生性的同时，中美两国经济之间还存在巨大的互补性，且这种互补性在两国经济的结构性调整与增长模式转型的过程中被赋予了新的含义。如前所述，中美两国是彼此重要的利益攸关者，而这种互补的利益不完全等同于共同利益，"互补利益关系是指两国能够满足对方不同的利益需要，而这些需要是有可能由第三方满足的"[1]。在全球金融危机爆发前，中国站在生产端充当终极生产者；而美国则站在消费端充当终极消费者。"中国有美国所图：廉价货物的开放式提供和大量储蓄盈余；美国有中国所需：不断增长的消费需求。"[2]可以说，中美两国经济增长模式的紧密相连，尤其是中国的低成本生产和廉价资本，使得美国可以凭借着一种杠杆作用实现其经济增长与繁荣；而与此同时，中国也通过实施出口导向型发展战略保证了国内的就业与社会稳定。在全球金融危机爆发后，并未发生变化的情况是：中美双边贸易关系依然紧密，并且依然是全球最为重要的双边贸易关系；从双边金融关系来看，中国在存量上依然是美国国债的最大海外持有者，继续为美国提供廉价资本。至于在全球金融危机后有所改变的是：中国正在将经济重心由出口和外部需求主导转向由国内消

---

[1] 阎学通：《对中美关系不稳定性的分析》，《世界经济与政治》2010年第12期，第4~32页。
[2] 〔美〕史蒂芬·罗奇：《失衡：后危机时代的再平衡》，易聪等译，中信出版社，2014，第23页。

费和国内需求主导；而美国则正着力于将"去工业化"转变为"再工业化"，特别是寄希望于先进制造业的崛起。更为重要的是，中美两国经济的结构性调整具有相互促进的潜在空间：中国提高消费水平，包含着对进口高科技产品需求的扩大；而美国大型企业致力于将研发与制造紧密结合开发高科技产品，将是其先进制造业崛起的核心内容。美国企业加大对本土生产制造活动的投资，将部分生产活动回迁国内以减少进口需求；对中国而言，这种外部需求环境的变化将通过倒逼机制加快国内制造业向价值链上游转移，并有利于服务业的发展。[①] 这种潜在的相互促进关系，不仅赋予中美两国经济的互补性以新的含义，而且也是中美两国经济向积极相互依赖方向发展的显著推动力。需要指出的是，全球金融危机后，国际贸易规则与国际金融规则在各国博弈的过程中正在逐渐演变。在国际贸易领域，美国与中国都力图构建一个新的平台：如美国政府将"跨太平洋战略经济伙伴关系协定"（TPSEP）作为其介入并主导亚太地区经济一体化进程的重要杠杆，并于2009年加入"跨太平洋经济伙伴关系协定"（TPP）谈判，使其性质发生了根本的变化。而中国则在2014年11月的APEC峰会上倡导建立亚太自由贸易区（FTAAP）。除此之外，历时多年的"中美双边投资协定谈判"（BIT）取得了一定程度的实质性进展，"对于改善中美双方服务贸易、投资准入和市场开放、高技术出口限制，改善双边贸易不平衡都存在着显著的积极影响"[②]。综上所述，作为彼此的利益攸关方，中美经济既有的巨大互补性是两国继续进行经济合作的内在动力，而双方在贸易与金融规则上的相互配合，是经济合作的重要内容。规则决定结果，新的贸易规则和金融规则与中美两国的结构性调整相结合，将有利于两国"新型大国关系"的建立。

---

① 据统计，2013年，中国的服务业占国内生产总值的比重已经达到46%，首次超过制造业的44%的比重。

② 张琳：《APEC多边舞台下的中美关系》，中国社会科学院世界经济与政治研究所工作论文，2014。

三 中美战略与经济对话机制及其对中美新型大国经济关系的影响

2003 年,"中美商贸联合委员会"(JCCT)① 的双边合作机制获得升级:中国方面派出了副总理,而美国方面的代表则是两名内阁官员即商务部部长和美国贸易代表。这一原本为促进双边合作而建立的机制,开始成为中美两国解决贸易和经济问题、回应公众对两国关系之关切的平台。2006 年,时任美国财政部部长的亨利·保尔森(Henry Paulson)搁置了中美两国财政部之间沉寂多年的对话(中美联合经济委员会),另起炉灶牵头建立了由美国财政部部长和中国国务院副总理参加的"中美战略经济对话"(Strategic and Economic Dialogue, SED)。该对话是世界上最大的发展中国家与最大的发达国家之间在经济领域的战略性对话。2006 年 12 月 14 日至 15 日,首次对话在北京举行。② 中美战略经济对话机制的启动,是进入 21 世纪以来中美关系史上具有里程碑意义的事件。这一对话表明,当中美两国在经济领域的互动已经具备全球性和战略性的影响力后,协商对话的意义已经从战术层面进入到了战略层面。2009 年 4 月 1 日,中国国家主席胡锦涛与美国总统奥巴马在伦敦参加二十国集团金融峰会期间举行首次会晤,双方一致同意建立中美战略与经济对话机制(U.S. – China Strategic and Economic Dialogue, S&ED),并于当年 7 月 27～28 日在华盛顿举行了首轮对话。到 2016 年 6 月,中美两国举行了八轮战略与经济对话。

从总体上看,这八轮对话达成成果的具体内容不尽相同,但是在经济对话领域,主要涉及宏观经济、金融体系、贸易投资、国际合作四个方面。

就宏观经济而言,在首轮对话中,中美双方根据 2009 年二十国

---

① 该委员会成立于 1983 年,被称为中美贸易摩擦的"灭火器"。
② 在 2005 年 8 月至 2008 年 12 月期间,中美两国举行了六次战略对话。在 2006 年 12 月至 2008 年 12 月期间,中美两国举行了五次战略经济对话。

集团匹兹堡峰会所确定的全球经济《强劲可持续平衡增长框架》，以"确保经济可持续和平衡增长"为双边宏观经济磋商的主题。作为呼应，在第二轮和第三轮对话中，双方在宏观经济磋商中明确强调了"强劲、持续以及平衡"这一增长目标。从第四轮对话开始，双方强调宏观经济合作。在第五轮对话中，双方突出强调各自的经济政策，而对于"强劲、持续以及平衡"这一增长目标则有所弱化。第六轮对话则强调双方在经济政策方面的合作。这六轮对话在宏观经济领域里是一脉相承，但同时也不断增添新的内容。如中方承诺：通过调整经济结构和实施宏观经济政策扩大内需，促进消费在经济增长中的拉动作用；通过实施稳健的货币政策，继续推进利率和人民币汇率的市场化改革；继续提高财政预算的信息透明度等。而美方则承诺增加国民储蓄，将政府债务维持在一个可持续的水平；促进经济的平衡、可持续增长；适时调整货币政策并考虑其货币政策的国际溢出影响。①第七轮和第八轮对话则没有更多涉及这一领域。

就金融体系而言，在前六轮对话中磋商的内容比较稳定，主要目标是加快各自金融部门的改革，完善和加强金融监管，促进金融体系稳定。其中中方的承诺主要集中在深化金融体系改革和逐步提高金融体系的对外开放度；而美方的承诺主要集中在加强金融监管改革、促进金融体系稳定以及给予中资金融机构在美国的同等待遇等。在第八轮对话中双方确定将加强人民币在美国的交易和清算的合作；中方同意给予美方2500亿元人民币"合格境外机构投资者"的额度，并指定中美各一家符合条件的银行作为人民币清算银行。

就贸易投资而言，中美两国作为全球贸易体系的参与者和受益者，同意将积极构建更加开放的全球贸易体系和投资体系，并将共同抵制贸易保护主义。同时双方重申：以建设性、合作性以及互利的态

---

① 参见熊爱宗、刘爱兰《中美战略与经济对话：评估、影响及政策建议》，《国际经济评论》2015年第3期，第63页。

度，积极解决双边贸易争端和投资争端；采取积极措施深化双边贸易关系和投资关系，营造开放和公平的环境，为两国企业和民众创造更多的机遇。中方承诺：在该领域简化政府审批程序；公平对待外国企业在华投资，创造公平竞争的市场环境；实行非歧视性的政府采购；加强对知识产权的保护；保护商业秘密等。美方承诺：为中国企业投资提供公平待遇；以一种合作的方式，承认中国的完全市场经济地位；放宽其民用及尖端技术对华出口的限制等。

就国际合作而言，双方承诺加强沟通与协调，积极推动国际贸易和国际投资合作，反对贸易保护主义；继续采取行动，积极推动落实二十国集团峰会达成的有关共识，共同推动全球经济强劲、可持续以及平衡增长；完善国际货币基金组织的份额和治理结构，提高中国等新兴市场和发展中国家在该组织的代表性和发言权，完善全球金融治理，进一步提高国际金融机构的有效性和合法性；提高多边开发银行的贷款能力，帮助相关成员国摆脱贫困，实现经济可持续增长，以扩大全球总需求，促进全球经济的复苏与增长。

作为中美关系中级别最高也最为全球所关注的中美战略与经济对话，自启动以来，一直在试图着重回答以下五个问题：一，如何看中国；二，如何看美国；三，如何看世界；四，如何看合作；五，如何看分歧。这五个问题由来已久，虽然看似简单，却一直没有得到很好的解决，始终困扰着中美两国和双边关系，直接影响了两国之间的战略互信和战略利益。然而，目前这每一个问题中又都增添了许多新的、复杂的因素。而要回答这五个问题，则离不开三个关键因素：一，当前世界面临的新挑战；二，中美两国之间结构性的旧矛盾；三，中美两国实力对比的新变化。其中第三个因素即中美两国实力对比的新变化，是最为关键的因素。由于中国自改革开放特别是加入世界贸易组织以来经济发展势头强劲，中国的崛起为国际舆论所关注；加之近几年来中国的一些硬实力指标连续刷新，新的经济数字、新的产业升级、新的军备研发、新的外交战略以及新的文化传播等，不断冲击着许多美国人的神经。至于中国超过日本成为第二大经济体，超过德国成为第一大商品出口国，超过美国成为第一制造业大国等，更是全球金融危机后世界经济格局变化的重大标志。

就中美战略与经济对话对世界经济的影响而言，主要体现在四个方面：第一，极大地促进了中美两国国际经济政策的协调。毋庸置疑，在由美国次贷危机引发的全球金融危机爆发后，中美两国政府在宏观经济政策上的协调，对于改善市场预期特别是提振全球市场的信心，从而促进全球经济的复苏和增长，都起到了极其重要的作用。第二，引领和推动了危机后二十国集团在全球经济治理方面的合作。如中美双方承诺采取行动，落实二十国集团框架下各方面的相关承诺，将该组织作为国际经济合作的主要论坛，在国际经济、金融事务中发挥更大的作用等。[①] 第三，加强了双方在 APEC 框架下的协调与合作。基于亚太经合组织（APEC）是全球重要的多边合作组织，特别是亚太地区是全球金融危机后全球经济的增长极，中美双方从第五轮对话开始，承诺在该框架下加强双边协调与合作，在谋求更密切的伙伴关系的同时，共同推进该地区的经济增长和繁荣。[②] 第四，对全球贸易和投资规则的制定产生了积极的影响。中美双方在国际贸易合作方面的磋商，从最初的"双方同意在发起贸易救济调查和实施贸易经济措施时严格遵守 WTO 规则以防止其滥用"，到"克制将贸易救济措施用于贸易救济以外的目的，尊重 WTO 争端解决机制的裁决结果"；并"本着公正、客观、透明的态度妥善处理反倾销和反补贴调查"，再到

---

① 中美双方自第一轮对话开始就同意，为提高国际金融机构的合法性和有效性，必须加强对其的治理，特别是包括中国在内的新兴市场和发展中国家应享有更大的发言权和代表性。在以后的几轮对话中，双方都围绕 2010 年国际货币基金组织基金份额和治理结构的改革以及确保完成该组织第 15 次份额总检查进行磋商。美国政府也推动美国国会于 2015 年 12 月 19 日表决通过了国际货币基金组织和世界银行 2010 年份额和治理改革方案，即认可其份额的分配应向具有活力的新兴市场国家转移。

② 如第六轮对话还涉及在亚太地区加强全方位基础设施建设和互联互通建设领域的发展。在 2014 年 APEC 北京峰会上，中美双方在气候变化、信息技术协定以及签证等领域达成诸多共识，为进一步推动双边关系的发展起到了积极的作用。

双方承诺"支持多边贸易体制，反对贸易保护主义"，对全球贸易和投资规则的制定产生了积极的影响。在国际投资合作方面，中美双方积极推动"中美双边投资协定（BIT）"谈判，以引领全球投资规则的制定。2013年7月，双方在第五轮对话中，中方同意以准入前国民待遇和负面清单模式为谈判基础，与美方进行实质性谈判。2014年7月，中美两国政府就双边投资协定的核心问题和主要条款达成了一致。

从中美战略与经济对话的具体成果来看，双方在宏观经济和金融领域里的合作要好于在国际贸易和国际投资领域里的合作。中国在对话中基本上完成了所做出的相应承诺；相比之下，美国承诺少，完成少。尤其是在承认中国的完全市场经济地位以及放宽对中国的高科技产品出口限制方面，美国的诸多承诺是"惠而不实"。换言之，中美战略与经济对话的成果在落实上存在不对称现象。而导致这种不对称的主要原因，是中美两国在经济实力上所存在的实质性差距以及美国在全球经济体系和国际经济规则制定中所拥有的主导地位。这一原因使得对话的主导权更多地掌握在美方手中，从而使美方在对话议题的设置上也具有更大的影响力；由此决定了这一对话在部分领域呈现"美国设题、中国答卷"的特征。[①]

中美战略与经济对话的机制化，意味着两国经济相互依赖程度的提升受到了两国决策层的高度重视，并希望通过正式的、连贯的以及基于规则的制度安排来发展中美双边经济关系。这种战略性的对话机制必然具备统筹性、全局性以及协调性的特点。美国意识到了全球金融危机后中国在全球经济以及政治格局中地位的变化，因此在统筹全球经济资源的战略规划中更加重视与中国方面的沟通与协调[②]。目前

---

① 参见熊爱宗、刘爱兰《中美战略与经济对话：评估、影响及政策建议》，《国际经济评论》2015年第3期，第75~76页。

② 从更深层的意义或从战略的层面上说，中美战略与经济对话机制是在世界力量对比显著变化、世界经济与政治格局多极化进程加快的大背景下、中国在世界经济政治格局中的战略地位日益上升、中国对美国的长期全球战略日益重要的产物。这正是中美间的经济对话机制要冠之以"战略"的原因。参见宋玉华、王玉华《中美战略经济对话机制：性质、定位和作用》，《国际经济评论》2007年第1期。

中美战略与经济对话机制已经成为两国相互了解彼此利益关切的关键渠道。无论是对短期问题还是长期性的和根本性的问题，都提供了重要的对话平台。从经济战略的角度看，美国最希望的是中国进一步推进市场化改革，使其能够进入中国市场以分享中国经济发展的成果；而中国则需要在确保从双边经济往来中获益的同时，坚持自主的开放模式。中美两国政府之间的这一对话机制，不仅可以避免信息不对称而导致的政策冲突与摩擦，而且也有利于两国政府之间交换信息以增强战略互信。就目前而言，中美两国之间存在着多种层次的对话平台。可以说，中美战略与经济对话机制将发挥统领性和权威性的作用，并将与已有的多重对话机制相互补充，提供支持和指导，在相当程度上进一步提升两国战略互信的程度。当然，在这一对话机制因其所获得的成果而受到称赞的同时，在美国也不乏批评的声音。如一些专家在这一对话刚开始时就对其功效表示怀疑，认为两国缺乏合作和信任并不是因为双方的政府，而是因为两国在"利益、价值观和实力上的不对称"，"提升两国关系不是解决问题的办法"。甚至还有人认为，这样一个连美国与其盟友之间都不存在的独特对话机制，会在其盟友和伙伴中引发"两国集团（G2）"共治世界的忧虑。[1]

除了中美战略与经济对话这一机制之外，中美两国还建立了60多个双边对话机制，就双方的共同利益、分歧、政策的协调以及促进双边、地区和全球范围的合作问题进行讨论。这些机制凸显了两国关系的制度化，也说明了双方越来越重视对方。近年来，中美双边经济关系的发展呈现新的趋势，即通过重大合作项目协议和谅解备忘录的形式，不断在新的层次上开展双边经济合作，中美新型大国经济关系[2]

---

[1] 参见〔美〕沈大伟主编《纠缠的大国》，中译本，丁超等译，新华出版社，2015，第120页。
[2] "中美新型大国经济关系"这一概念是由财政部国际经济关系司司长邹加怡博士于2015年3月3日在中国社会科学院美国研究所所做的题为《从中国对外经济关系新常态看中美经济关系》的学术报告中提出的。

呼之欲出。2015年9月22~26日，中国国家主席习近平在访问美国期间取得了多项建设性成果（见表6-1），为构建中美新型大国经济关系奠定了坚实的基础。

表6-1 2015年9月习近平主席访美期间达成的经济成果概览

类别	成果内容
贸易投资	1. 美方承诺促进商用高技术产品对华民用的出口；中美双方同时承诺，继续通过以中美高技术与战略贸易工作组的形式深入讨论出口管制问题。 2. 中美两国对于被审查的每项投资，无论其来源何处都按照相同的规则和标准进行审查；当某一投资存在国家安全风险时，应尽可能采取有针对性的缓和措施，避免直接禁止投资。 3. 中美两国对待海外投资应避免重复审查的情况。现有审查制度应适用于该制度建立之后开展的投资；某一投资如果在中国或美国已通过审查程序并完成投资后则在通常情况下不应被再次审查。 4. 中美两国在未来仍需对包括国家安全审查的范围继续展开交流，尤其是对审查程序中非投资方的作用仍需不断磋商。 5. 美方承诺对包括国有企业在内的中国投资者保持开放的投资环境，给予和其他海外投资者一样的待遇，将依法公平公正地对待所有投资者。 6. 中美双方进一步促进中美省州的贸易和投资合作；在中美商贸联委会期间双方签署谅解备忘录，作为这一机制的范例，双方对中国相关省份与美国加利福尼亚州、得克萨斯州和华盛顿州建立的"贸易投资合作联合工作组"给予高度评价。 7. 中美双方明确以开放、透明以及市场为导向的方式形成科技产品的国际价值标准；且价值形成过程不受政府不适当的影响。 8. 中美双方明确竞争政策需保障经营者受到公平和非歧视性待遇，避免通过实施竞争政策追求产业政策目标。 9. 中美双方承诺在商业领域内的信息通信技术网络安全法规应符合世贸组织协定，且不对商业机构在相关产品的购买、销售以及使用方面不必要地设置基于国别的条件或限制。
国际合作	1. 中美双方承诺将于2016年初搭建论坛平台、开展高层及专家对话，支持双方在司法改革、推行法治面临的挑战和采取的战略等方面展开交流①。 2. 中美双方就粮食安全、农业生物技术、农业信息技术创新、环境管理与农业支持等方面的双边合作进行对话，将进一步共同促进两国乃至世界的农业创新发展。

---

① 美方参加人员将包括美方司法机构的领导成员、政府法律政策专家和来自美国商务部、司法部和贸易代表办公室的官员。中方参加人员将包括来自中央司法改革领导小组的官员、司法机构的相关领导成员和政府法律政策专家。这一对话机制将带来商业环境透明度和可预见性的改善。该机制不取代、不重复、不削弱现有的中美间双边定期法律和人权对话机制。

续表

类别	成果内容
国际合作	3. 中美双方继续签订《中华人民共和国农业部与美国农业部农业及相关领域合作谅解备忘录》，以促进两国农业合作获得持续性的发展。 4. 中美双方就农业生物技术管理进行探讨，双方重申根据国际标准实施及时、透明和基于科学的农业生物技术产品审批程序；双方将进一步提高政策和信息交流水平，分享生物技术研发、监管和安全审批方面的经验和做法。 5. 中美双方将签署反洗钱融资信息交流合作的谅解备忘录；中美两国的金融情报机构将基于互惠原则在涉嫌洗钱和恐怖融资及其他相关犯罪的信息收集、分析和互相协查方面开展合作。 6. 中美双方承认绿色金融在减少污染和可持续发展方面的重要性，双方欢迎推进绿色金融加强双边合作。 7. 中美双方高度重视在清洁能源领域的交流与合作，进一步肯定中美清洁能源联合研究中心（CERC）合作及成果。

需要指出的是，近几年来中美两国政府达成的制度性的经济合作，不仅是双边战略与经济对话机制的重要成果，也是中美两国建立新型大国经济关系的良好基础。中美新型大国经济关系，既是新型大国关系精神的体现，反过来也为其提供了坚实的基础和实施范例[1]。中美新型大国经济关系首先符合中美两国各自经济增长转型的切实需要，进而在相互尊重对方法律和标准的基础上，以本土化经营为基本模式，在发生摩擦或矛盾时以"不对抗、不冲突"为基本准则进行协商谈判。

第二节　中美金融合作与双边投资协定谈判的进展

一　中美金融合作的进展

由于贸易问题上的紧张关系是中美两国关系长期以来的一个

---

[1] 何伟文：《什么才能叫中美新型经贸关系》，《环球时报》2015年9月24日，引自http://opinion.huanqiu.com/opinion_world/2015-09/7558116.html。

特点，因此近年来中美双边贸易合作持续成为中美战略与经济对话的核心内容之一。值得关注的是，在2008年全球金融危机爆发之后，在实现金融稳定和经济复苏的大背景下，中美两国之间的金融合作逐渐上升为两国经济外交的核心组成部分并得到了迅速的发展。中美两国作为当今全球经济体系中最具有"系统重要性"的国家，其双边经济合作的新一轮推动力被寄托在金融合作这一领域，两国之间的金融合作的进展更被视为实现全球金融治理的一块基石。也正因为如此，双边金融合作成为近年来中美战略与经济对话的核心内容之一。而从另一个角度看，"中国当前正处于经济转型的关键时期，如何通过中美金融合作助推中国的金融改革与开放，并进一步推进国际金融体系改革，提升中国在全球金融治理中的影响力，是摆在中国政府面前的一项重要工作"[①]。

需要指出的是，中美金融合作的内在需求是两国经济相互依赖关系发展的必然结果；而2008年的全球金融危机似乎在瞬间增强了中美两国开展实质性金融合作的迫切性，致使两国金融合作的进程在此后迅速加快。由于美国金融市场的开放度和金融业的竞争力均高于中国，因此在金融市场的相互准入方面，更多地表现为美方对中方的要求而不是相反。换言之，美国对华的核心经济利益之一是要求中国进一步对美国开放金融市场。在这一要求背后隐含的一个逻辑是：中国的制造业已经高度开放，美国企业在这一领域已经拥有广阔的市场；中美两国在制造业领域的差距在不断缩小。然而，中国金融业的市场化改革正在进行之中。与制造业相比，金融业的改革开放相对缓慢；金融抑制的程度依然突出，与美国形成巨大的差距。在2008年全球金融危机之前，金融业作为美国的主导产业，位居全球金融业之首是举世公认的。尽管全球金融危机使美国的金融业遭受重创，但是其金

---

① 参见刘东民、何帆《中美金融合作：进展、特征、挑战与策略》，《国际经济评论》2014年第2期，第81页。

融业依然保持着最强的核心竞争力,这是由美国的经济发展阶段及其在全球产业链中的地位所决定的,并没有因为一次金融危机而改变。全球金融危机爆发后,美国金融业及其相关政府监管部门的调整、恢复与变革的速度是发达国家中最迅速的。在国际上,美国凭借其在全球产业链中的核心地位以及在国际债务系统中的特殊地位,顺利地将危机造成的损失转嫁给其他国家特别是外围国家,从而维护了美国金融业的全球竞争力。在美国国内,政府也以坚决的态度推动金融监管改革。如奥巴马政府于2010年7月21日批准了《多德—弗兰克华尔街改革和消费者保护法》(Dodd–Frank Wall Street Reform and Consumer Protection Act)。这项法案被视为美国自20世纪30年代大萧条以来最严厉、最全面的金融监管改革法案,也是2008年全球金融危机以来发达国家中第一个完成重大监管制度变革的国家。[1] 2013年7月2日,美国联邦储备委员会以7:0的投票结果一致通过了《巴塞尔协议Ⅲ》;同年12月10日,美国五大监管部门批准了最终版的"沃尔克规则"(Volcker Rule),开始实行更为严厉的监管新规。在政府监管力度不断增强的同时,美国金融机构的去杠杆化在2012年年中已经基本完成,大型银行的资本充足率已经完全达到了《巴塞尔协议Ⅲ》的要求。[2] 美国金融业在危机后实现了一定程度的改革,其中一点体现在其跨国金融机构对业务模式进行了调整,正着力于重新开拓国际市场,这一方面反映了其在经济剧烈波动时期灵活调整的能力;另一方面也折射出其国际竞争力。这也是美方在全球金融危机后更加重视中美双边金融合作的原因之一。

尽管中国金融业的改革开放相对缓慢,金融抑制的程度依然突出,与美国形成巨大的差距,但是伴随着整体经济实力的增强,中国

---

[1] 参见刘东民、何帆《中美金融合作:进展、特征、挑战与策略》,《国际经济评论》2014年第2期。
[2] 相比之下,欧洲国家银行业的去杠杆化尚处于痛苦时期。参见 IMF,"Global Financial Stability Report – Restoring Confidence and Progressing on Reforms",October 2012。

金融业已经具备了海外发展的实力，产生了进军国际金融市场的强烈需求。2008年全球金融危机后，伴随着西方国家金融体系受到严重打击，中国的银行业成为在全球范围内利润最为丰厚的银行体系。更为重要的是，中国金融业的海外需求与中国国内的金融改革形成了相辅相成的关系。目前中国正处于转变原有经济发展模式的转型期，单一依靠投资和贸易顺差来推动经济增长的方式无法一直延续下去，因而中国国内的市场化改革必须进一步深入，而金融改革无疑是十分关键的环节。"在此背景下，进入全球最发达、最具活力的美国市场已经成为中国金融业发展的战略目标，也是中国借助金融崛起成为世界一流强国的必要步骤，这成为危机后中国大力推动中美金融合作的一个内在动力……在这样的背景下，主动、适度地利用中美金融合作的契机，推动国内的金融市场化进程，则成为中国政府既重要又务实的改革策略。"[1] 从这个意义上说，借助金融开放倒逼国内的金融体制改革，是极为必要的。

需要强调的是，从全球金融治理的角度来看，中美之间的金融合作也具有全球范围内的重要意义。全球金融治理着力于形成一套通行于国际货币体系和金融监管领域的规则体系，世界主要国家将大体遵守其中的规定。中美作为两个具有系统重要性的大国，其对国际规则的公认态度将直接影响这一规则体系的有效性。这就是说，越是具有国际影响力的国家，就越能够在推动全球金融治理的过程中发挥重要的作用。更何况从两国自身的经济利益出发，中美双方通过金融合作推动全球金融治理也是对各自经济利益的有效维护。由于国际金融规则在制定的过程中不可避免地会出现收益和成本不对称的情况，因此，为了减少不利于本国的成本利益划分，积极参与全球金融治理的过程完全符合本国的根本需求。

---

[1] 参见刘东民、何帆《中美金融合作：进展、特征、挑战与策略》，《国际经济评论》2014年第2期。

如前所述，由于美国金融市场的开放度和金融业的竞争力均高于中国，因此在金融市场的相互准入方面，更多地表现为美方对中方的要求而不是相反。在中美有关金融服务业市场准入的 20 项谈判议题中，有 14 项是中国对美国（以及其他国家）金融市场的开放；而仅有 6 项是美国对中国金融市场的开放（见表 6-2）。另外，在已经获得通过的 10 项谈判议题中，有 7 项是中国对美国（以及其他国家）金融市场的开放。由此可见，中美两国在金融服务业市场准入方面，也存在显著的非对称性。需要指出的是，在美国金融市场的准入方面，降低中资金融机构进入美国金融市场的门槛，无疑是中方在谈判中的关键诉求。在这个问题上，美方在 2012 年批准中国工商银行收购美国东亚银行至多 80% 的股权，是中美金融合作的一项重大进展。同样，中方在 2016 年 6 月同意给予美方 2500 亿元人民币"合格境外机构投资者"的额度，并指定中美各一家符合条件的银行作为人民币清算银行。尽管从总体上看，中美金融合作的进程在近年来不断加快，合作的意愿较高且真实需求显著，特别是已经成为中美战略与经济对话中进展最快和成果最为丰硕的领域；但是其实际的进展十分有限且由于某些政治因素而出现过摩擦。[1] 这也说明了中美金融合作尚未触及两国的重大利益，不仅没有对促进两国经济增长和金融发展产生显著的激励，更没有达到推动全球金融治理改革的程度。换言之，中美金融合作在总体上缺乏大手笔，即缺乏战略性的合作。当然，这一现状也充分证明，中美金融合作在未来具有广阔的空间。

---

[1] 2012 年 7 月 31 日，美国财政部宣布了对中国昆仑银行的金融制裁决定：由于昆仑银行向美国制裁名单上超过 6 家伊朗银行提供了包括账户服务、转账服务以及信用证服务价值为数亿美元的"关键金融服务"，美国政府要求其金融机构不得在美国为该行开设代理银行或者可直接被第三方用以自行交易的代理银行账户，任何持有该银行账户的金融机构必须在 10 天之内将其关闭。参见 Treasury Sanctions Kunlun Bank in China and Elaf Bank in Iraq for Business with Designated Iranian Banks，http：//www.treasury.gov/press-center/press-releases/pages/tg1661.aspx。

表 6-2 2008 年以来中美金融合作的关键领域与实际进展

中方承诺	1. 提高合格境外机构投资者(QFII)额度。 2. 同意 QFII 投资本金锁定期限从 1 年以上降为 3 个月。 3. 允许现有合资评级机构在不降低外资持股比例的情况下,申请开展证券资信评级业务资格。 4. 允许符合条件的外资法人银行发行人民币次级债券。 5. 允许符合条件的美国公司在中国交易所发行股票上市。 6. 允许非存款类外国金融机构向试点地区零售消费者提供消费金融服务。 7. 同意探讨外资保险公司的双重投资问题,即允许外资保险公司同时投资两家中资保险公司。 8. 允许外国投资者在合资证券公司中的持股比例上限由 33% 提升到 49%。 9. 允许外国投资者在合资期货经纪公司中持有不超过 49% 的股份。 10. 允许符合条件的外资法人银行和证券公司参与中国国债期货交易。 11. 把消费金融公司的试点扩大到更多的合格中外资机构和更多的地区。 12. 缩短外国银行分行提交人民币牌照申请等待期。 13. 适时增加企业年金的合格管理人,公平对待所有符合申请条件的外资和中资金融机构。 14. 在试点基础上积极推动税收递延型养老保险发展。
美方承诺	1. 承诺给予中资商业银行国民待遇,并按照相关审慎规定与程序,快速处理中资银行在美开设分支机构的申请,无不当拖延。 2. 同意研究与中方就农村保险开展进一步合作的方法。 3. 支持人民币加入特别提款权(SDR)篮子。 4. 允许中国工商银行兼并美国东亚银行。 5. 允许中国银行和中国农业银行在美设立分行。 6. 承诺实施 2010 年国际货币基金组织(IMF)份额和治理改革方案。
双方承诺	1. 双方同意在船舶和医疗设备行业建立强有力的国际出口信贷指导原则。 2. 双方倡导多边开发银行在不损害其财务稳健性的情况下提高其财务杠杆率。 3. 双方同意就审计监管跨境合作进行磋商,并尽早建立一个符合可适用法律法规的监管合作机制。 4. 双方承诺通过现有国际合作安排下的信息共享机制加强两国相关机构在证券业执法调查方面的合作。 5. 双方承诺加强在影子银行系统监管方面的合作,制定政策工具以化解影子银行风险,并根据金融稳定理事会关于影子银行的最终政策建议开展同行评估。 6. 双方承诺迅速落实 G20 承诺,集中清算所有标准化衍生品,以减少系统性风险、提高透明度并防止市场滥用。

资料来源:刘东民、何帆:《中美金融合作:进展、特征、挑战与策略》,《国际经济评论》2014 年第 2 期,第 82 页。

二 中美双边投资协定谈判及其进展

早在1993~1994年期间,中国和美国就清楚地表明了在两国之间实现自由贸易和投资的愿景。[①] 美国对华直接投资的迅速增长始于1992年,即从1991年的3.23亿美元迅速增长到1996年的34.4亿美元,增幅达到965%;至2002年,美国对华实际投资额达到54.24亿美元,年平均增长率达到29.23%。这一期间美国对华实际投资额在中国实际利用外资中所占的比重基本维持在8%~11%之间。尽管2002年以后美国对华投资额和所占比重都有所下降,但是其增长速度仍然快于其在全球其他地区投资的平均增长速度。到2008年底,美国对华投资项目累计达56610个,实际投资额累计为596.5亿美元,成为中国吸引外商直接投资最多的国家之一。与此形成鲜明对照的是,在2003~2008年期间,中国对美直接投资额从0.65亿美元增长到1.96亿美元,中国对美国的直接投资存量仅为20.8亿美元左右,远远低于美国对华直接投资的规模,从而显示了中美双边直接投资存在严重的不对称。更值得关注的是,中美两国作为全球最大的两个经济体和接受外资最多的国家,彼此之间的直接投资尽管在量上显著增长,但从规模上看,却一直在低位徘徊。按照美方的观点,中国的投资审核程序、潜在的投资壁垒以及对美国投资者不完全的法律保护阻碍了两国投资关系的进一步发展。而同样的问题也在困扰着中国:由于中美双边贸易的长期不平衡、人民币升值压力巨大、双边贸易摩擦不断显现以及由主权财富基金引发的种种争论,再考虑到巨额外汇储备的保值增值问题,中国显然更具有缔结双边投资协定的现实动力。[②]

[①] 参见〔美〕C. 弗雷德·伯格斯滕(C. Fred Bergsten)、加里·克莱德·赫夫鲍尔(Gary Clyde Hufbauer)、肖恩·麦纳(Sean Miner)《再平衡:新大国时代,中美自由贸易何去何从》,丁振辉等译,机械工业出版社,2016,第5页。

[②] 参见田丰《目前是达成中美双边投资协定的好时机吗?——基于美国双边投资协定范本(2004)的分析》,中国社会科学院世界经济与政治研究所工作论文,2008。

2006年，中美双方开始筹备投资协定谈判。2008年9月，中美双边投资协定谈判正式启动。到2013年6月，双方进行了九轮谈判。尽管双方都表达了推动谈判取得进展的意愿，但实际上双方一直在核对文本，而未进入"谈"的阶段。谈判在这一期间之所以没有取得进展，主要是由于：第一，美国与其他国家进行双边直接投资谈判的惯例是使用其范本（Model BIT）作为谈判的蓝本。而美国在2009年底开始对2004年版的BIT范本进行修订，并于2012年4月20日公布了最新的范本，即2012年版美国BIT范本。① 因此，在没有最终敲定BIT谈判范本之前，美国不能与中国进行实质性谈判。第二，中美双方在投资准入和投资待遇等多个问题上存在较大的分歧，而部分的分歧构成了对双方外资管理体制的重大挑战，因此难以达成一致。第三，由于美国的谈判范本确立了当今世界上自由化水平最高的投资规则，因此决定了中美双边谈判的难度更大。②

在2012年版美国BIT范本公布之后，中美双方在2013年6月7日即奥巴马总统与习近平主席在安纳伯格庄园举行非正式会晤期间重新启动。自2008年启动至2016年1月18日，中美双边直接投资谈判已进行了24轮。自第10轮谈判起，中美两国进入了以"准入前国民待遇加负面清单"为谈判模式的实质性谈判阶段。2014年1月15日，第11轮谈判开启了文本谈判阶段，这标志着谈判进入了实质性的讨价还价和利益博弈阶段。同年3月和6月，第12轮和第13轮谈判继续进行文本谈判，中美两国政府就双边投资协定的核心问题和主要条款达成了一致。在文本谈判阶段，中美双边投资协定谈判要解决的核心问题主要是：第一，确定中方认可的文本内容，即在谈判中贯

---

① 美国第一个双边直接投资谈判范本于1982年1月11日作为里根政府改善投资与世界资本流动计划的一个组成部分由美国贸易代表办公室发布。此后，美国政府于1983年、1984年、1987年、1991年、1992年、1994年、2004年以及2012年对范本进行过修订。参见Kenneth J. Vandelde, U.S. Bilateral Investment Treaties: The Scond Wave, Michigan Journal of International Law, Vol. 14, 1993, p. 627。

② 参见王碧珺《中美直接投资：挑战与破局》，《国际经济评论》2013年第5期，第114页。

彻十八届三中全会"以开放促改革"的精神,确定"准入前国民待遇及负面清单"在具体行业层面的开放策略,以及确定国有企业(竞争中立)、环境、劳动保护等横向议题的立场;中方文本提出后,需要考虑在与美方文本进行协调的过程中中方的利益权衡。第二,确定制度调整的路径,即谈判是在中国外商投资体制改革和国有企业改革的背景下进行,因此需要在中国特有的利益结构下,从制度、利益集团以及国内政策的角度,对各部门的利益进行调整。

中美双边投资协定的重要意义在于,这一协定是真正意义上以负面清单为基准的投资协定,意味着除了负面清单中所涉及的相关行业,两国可以在所有其他行业中进行对等的投资,并为对方投资者提供与本国类似的待遇。2015年9月15日,中美双方对第二轮负面清单交换了意见。积极乐观的观点认为,中美双边投资协定能够为两国的投资者提供保障,增强两国双向投资的意愿,从而提供更多的经济增长空间与就业机会。在行业上,有利于中国的海外投资从目前的租赁业和采矿等行业转向高端制造业和服务业。对美国而言,中美双边投资协定的签订将为美国创造更多的就业机会;由于中国对美国的直接投资主要集中在其制造业部门,因此将有助于美国产业结构的调整。而中国服务行业开放度的提高不仅有利于提升市场的竞争性,而且也将有助于美国投资者以更为直接的方式为中国经济增长做出贡献。负面清单形式的出现作为中国国内资本市场开放的象征,不仅能够更好地为中美双边投资提供机制化的保障,而且能够为中国的进一步改革提供重要支持。从亚太经济格局来看,中美双边投资协定不仅可以增进两国的就业和改善双边贸易失衡,而且还将对其他双边贸易协定的谈判起到示范作用,为更加宏大的亚太经济关系愿景注入活力。而中美双边直接投资谈判的难度之所以很大,主要是因为,该谈判作为一国对外经济政策的重要组成部分,是国家安全因素、国际经济关系因素、国内经济因素以及国内政治因素这四个层面的利益考量、碰撞以及折中的结果。因此,这四个层面的利益目标经常会出现矛盾和冲突。由此决定了最终出台的措施都是次优的折中和不同力量之间的角力的结果，是政治和经济在不同维度上的互动的体现。[①] 从某种意义上说，中美双边直接投资谈判是一种政治过程（political process），即它不仅是各方利益集团的平衡过程，也是相关决策体制的官僚过程。换言之，双方经济政策参与者尤其是决策者的意识形态和价值判断在谈判中都能发挥一定的作用。[②] 由于中美两国的政治体制存在巨大的差异，因此，如果双方缺乏对对方的行政决策机制、条约生效程序以及在背后主导谈判的有关部门的了解，就可能在谈判中产生不切实际的期望，从而导致双方在投资协定的某些条款上的沟通困难以及对可能的后果的误判，并最终影响谈判进程。可以说，在中美双边直接投资谈判背后，存在着影响谈判的制度因素。

就中国方面的制度因素而言，由于国家的经济决策过程中没有西方国家政治制度中的那种"府会制衡"，集权程度较高，容易就某一项议题达成一致意见，这似乎意味着中方"要价"的过程相对明晰和简单，即只要行政部门达成一致意见就可以完成中方文本的确定。但事实上却恰恰相反，即由于政府各部委之间的部门利益之争以及中央政府与地方政府之间的权力的重新分配贯穿整个谈判进程之中，因此中方的"要价"以及在接受美方文本条款的底线上难以达成一致意见。如中国政府在谈判伊始就成立了由十几个部委的分管副部长组成的"谈判协调委员会"，对各部门之间的"利益"进行协调；由于条块化的部委职能分工，不同行政管理部门从自身的管理目标出发，纷纷介入外资的市场准入管理，逐渐形成本部门的利益偏好。在地方政府层面，由于外资管理政策的具体执行部门都直接归属于地方政

---

① 参见梁勇、东艳《中国应对中美双边投资协定谈判》，《国际经济评论》2014 年第 4 期，第 59 页。
② 斯蒂芬·科恩（Stephen D. Cohen）指出："大多数国际经济政策的经济方面都显而易见，但却如浮在海面上一小块冰山之角；相反，政治考虑却如沉在海面之下的难以发觉的整个冰山之体。"参见 Stephen D. Cohen, The Making of United States International Economic Policy, Praeger, 2000, pp. 8-9。

府；而在 GDP 目标的驱使下，其往往把利用外资作为拉动地方经济的重要政策工具，从而偏离或扭曲项目审批的管理目标。

就美国方面的制度因素而言，第一，由于谈判的内部动力并非自身改革的需要，而是其各方利益集团的均衡体现，虽然这些利益集团的参与使谈判范本的起草过程漫长，但范本已对各方的利益进行了折中，因此透明度较高，这就意味着美方在谈判中的调整迂回的空间有限。在这种情况下，只要中方的要价超过其预期，谈判就可能陷入僵局。第二，与中国的谈判、协定的缔结以及生效的决策过程不同，在美国的政治体制下，谈判协定从缔结到最终生效均存在不确定性。美国的"府会政治"决定了在中美双边投资协定谈判中，白宫与国会的利益折冲都不可避免。从总体上说，国会对美国对外经济政策的影响，历来大于它对安全政策的影响。特别是在"9·11"事件以后，由于总统在国家安全事务上的决策权进一步加大，而国会则加强了其在对外经济政策决策上的发言权，从而凸显了美国对外经济政策的党派政治。

三　在国际新经济秩序的规则制定中增强中美战略互信

在国际社会强烈呼吁恢复经济增长的时代，很多国家倾向于将经济复苏的希望寄托于国际新经济秩序的规制当中。国际经济新秩序的载体是不断演进的国际组织和机构。作为国际规则框架的主要载体，此类机构的创新与演进需要遵守透明性、专业性与有效性等原则，同时也需要与现有环境和政策框架较好地融合，进行更为合理的设计和运营，具备更强的包容性和延展性。国际经济新秩序以多边贸易体系和多边融资体系为主，中国和美国在新经济秩序的规制中发挥着示范作用，同时也是增强中美两国战略互信的良好平台。在多边开发融资体系方面，中美两国需要以实际行动增强战略互信。在 2015 年中美两国政府达成的声明中，两国均强调继续在优化多边开发银行的资产负债表方面做出努力，继续探索多边开发银行的贷款能力，通过审议和评估的方式对现有资本金进行考核以判断未来的增资需求。中美双方在强化世界银行、亚洲开发银行，以及非洲发展银行功能等方面继续改革其治理环境，提升其效率和有效性，进一步强化其资金融通的能力。中国将在股东国和借款国的基础上积极提升作为捐款国的作用；在多边开发银行下设的国际开发协会等机构中加大捐款力度，按照自身能力扩大对软贷款窗口的捐资规模，以应对中低收入国家在减贫方面面临的挑战，满足最贫困国家的需求。

中美双方还承诺将就世界银行的股权分配改革采取合作的态度，针对其股权分配公式的设计给出合理建议。在国际货币基金组织（IMF）的框架下，中美两国应继续在完善基金的份额和治理结构等方面增强互信与合作。2015 年 12 月 19 日（美国东部时间 12 月 18 日），美国国会最终表决通过了国际货币基金组织和世界银行 2010 年份额和治理改革方案，即认可其份额的分配应向具有活力的新兴市场转移。2016 年 1 月 27 日，国际货币基金组织（IMF）宣布 2010 年份额和治理改革方案正式生效，中国份额占比从 3.996% 上升为 6.394%，排名从第六位跃居第三位，仅次于美国和日本。

2008 年全球金融危机以后，伴随着中国对外直接投资的迅速增长，特别是人民币离岸金融业务的迅速发展，人民币成为仅次于美元、欧元和英镑的全球第四大交易货币；特别是 2013 年以来中国"一带一路"倡议的全面实施和 2015 年亚洲基础设施投资银行（AIIB）的正式成立，迫使美国政府不得不改变过去一直坚持的反对态度，最终决定支持人民币加入特别提款权（SDR）货币篮子。作为交换，中国政府承诺对国际货币基金组织更多注资和在亚投行将美元作为结算货币，同时稳步推进国内金融市场开放与市场化改革。[①] 中国政府认识到满足其他主要储备货币透明度标准对于成功实施人民币国际化具有重要意义，并承诺根据国际货币基金组织的特殊数据发布

---

① 如中国在 2015 年 8 月 11 日对人民币汇率中间价形成机制进行重大改革并且在银行间外汇市场引入 14 家境外央行类金融机构。

标准披露经济数据，在提高数据透明度方面继续努力。相应的，美国政府支持中国推动金融与资本市场的改革，并正式申明在人民币符合国际货币基金组织现有标准的前提下支持将其纳入特别提款权货币篮子。中美两国都承诺将在人民币加入特别提款权货币篮子这一事宜上加强沟通，充分尊重国际货币基金组织在特别提款权审查中的程序和流程。2015年12月1日（美国东部时间11月30日），国际货币基金组织执行董事会投票通过议案，决定将人民币纳入特别提款权货币篮子并于2016年10月1日正式实施；人民币权重为10.92%，超过英镑和日元，位居美元（41.73%）和欧元（30.93%）之后。当然，人民币加入特别提款权货币篮子并不意味着中美两国货币博弈的结束，而是两国在更高、更大的平台上进行货币博弈的开始。

中美两国也针对出口信贷国际工作组自成立以来的工作达成了共识。官方支持出口信贷的国际指导原则不断更新，其原则主要涵盖由政府或代表政府提供的官方支持的出口信贷。中美双方进一步重申，新的国际指导原则应在促进国际贸易的同时，有助于确保政府对商业出口融资的补充。在两国贸易合作方面，中国企业反向贸易代表团在引进美国先进技术、推动双边贸易平衡方向发挥了积极作用，有利于推动两国企业在能源、环境、医疗、航空等优先发展领域的合作，符合两国的共同利益[①]。

第三节 中美经济相互依赖如何从"消极依赖"转变为"积极依赖"

一 中美经济失衡与"消极依赖"

如前所述，中美两国商品市场和金融市场不对称的开放程度和不

---

① 反向贸易代表团赴美考察绿色基础设施和绿色建筑领域的产品和服务，包括绿色工程与设计、绿色建筑和建筑能效、建筑垃圾回收，分布式能源和智慧城市建设。中美商贸联委会对促进中美双边经济关系和扩大两国互利合作发挥了重要作用。

均衡的开放结构，使中美经济相互依赖对中国经济的消极影响进一步加剧并且自我强化。如中国对美国最终商品市场的高度依赖，促使中国的经济增长在很大程度上依赖出口，以至于中国国内的商品价格体系、资本价格体系以及政策优惠方向都偏向于出口贸易部门的发展，从而导致中国宏观经济结构的严重失衡。正如罗奇所指出的："无论是经济体内部还是外部，失衡的程度都十分严重，包括储蓄、贸易赤字和债务危机，还有过度的资源开采、收入差距、环境污染与恶化。"[①] 而越是如此，中国就越难以降低对美国最终商品市场的依赖。然而作为经济增长潜力较小的美国，没有通过贸易顺差的方式输出资本，使国内储蓄流向国外以获得比国内更高的投资收益率；而是作为一个资本净输入国，即借用中国以及其他国家的储蓄支持消费[②]。从这个意义上说，是美国在中国提供大量廉价商品的条件下，纵容其经济陷入虚假繁荣的陷阱，导致经济泡沫急剧增长最终超出了市场可控的程度。

中美经济相互依赖中的消极依赖，主要表现为这种相互依赖在满足两国各取所需的同时，也使得各自的经济失衡失去了修正的激励并且不断自我强化。而这种消极依赖产生的根本原因，则与中美两国产业结构的失衡密切相关。自20世纪90年代末以来，美国企业的核心竞争力开始向全球价值链的顶端发展，"但追逐成本套利（而非创新与提升生产效率）的过度外包也致使国内制造业的生产基础遭受到了严重侵蚀，'产业空心化'现象日趋显著，货物贸易赤字居高不下"[③]。与此同时，在国际产业转移的大背景下，中国凭借人口红利所具备的廉价劳动力的优势，占据了全球产业链的低端，成为美国脱

---

① 〔美〕史蒂芬·罗奇：《失衡：后危机时代的再平衡》，易聪等译，中信出版社，2014，第24页。
② 张斌、胡志浩：《世界需要建立新的全球金融规则》，《国际经济评论》2013年第4期，第9~22页。
③ 刘厚俊、柴忠东：《美国制造业回归：先进制造业崛起的前奏》，2014年中美经济学会年会会议论文。

离本土的制造业将生产流程外包至海外地区的目标之一。尽管中美两国的产业结构都存在严重的失衡，但经济上的相互依赖却使这种结构失衡得以长期存在，从而使两国之间的经济相互依赖长期处于消极依赖的状态之中。

面对中美两国经济之间的这种长期存在的消极依赖，"中美两国是否有必要以及是否有能力走出这种消极依赖"，不仅是关系到中美双边经济关系能否可持续发展的重大问题，而且也是关系到中美两国经济未来能否健康发展的关键问题。如前所述，中国在出口方面的产能过剩和美国在需求方面的消费过剩，一直是两国经济之间相互依赖的基础，这也导致了"转变相互依赖"被理解为使"中国制造"远离美国市场。事实上，对中美两国而言，走出消极依赖与转变经济增长方式应该是同步的。换言之，中美两国是否有必要走出消极依赖的问题，与两国是否有必要转变各自的经济发展模式的问题是一致的，即二者之间如同一枚硬币的两面，是共同进化的关系。目前中美双方都在呼吁发展新的增长方式来取代旧的增长方式，其本质上是重建经济的平衡发展，即中国不再过度依赖出口、美国不再过度依赖消费。如果这个再平衡过程得以缓慢推进，中美经济相互依赖的模式也将得以重新塑造。可以说，现有的中美经济相互依赖关系在很大程度上是市场力量主导的结果；而两国政府的宏观经济政策则在一定程度上影响了国内经济的发展走势。至于两国经济相互作用所达到的规模，基本上是现有政策框架下市场规律作用的产物。由此，过度纵容经济失衡的发展会导致更加严重的市场失灵，从而进一步强化了由两国经济相互依赖所产生的负面影响，并最终导致双边贸易摩擦和争端不断加剧。基于这一分析，所谓的积极依赖是针对这种市场失灵的现象，引入制度化的经济合作机制，使经济相互依赖重新发挥正向激励的作用：在两国接下来的再平衡过程中，通过彼此之间再一次的"取长补短"，达到可持续发展的效果。因此，从这个意义上说，转变经济相互依赖的方式并不意味着中国放弃美国的商品市场和金融市场；而是致力于通过多层次的双边合作机制，利用相互依赖关系寻找各自的新的经济增长点，共同促进两国经济内部平衡发展。

二 基于全球价值链的中美贸易合作

特朗普执政后，其"美国优先"的执政理念使得美国在贸易领域的对外合作空间越来越窄，整个中美关系也经历了一波三折。特朗普在竞选期间和入主白宫的初期，其对华的强硬态度曾引发了中美关系对抗升级的强烈预期，为后奥巴马时代的中美双边经济关系平添了不确定性。然而在不到半年的时间里，中美关系便开始峰回路转。2017年4月，中美两国元首于佛罗里达海湖庄园会晤后，双边经济关系似乎经历了一个美好并融洽的"蜜月期"。同年7月19日在华盛顿举行的首轮"中美全面经济对话"（Sino – U.S. Comprehensive Economic Dialogue），作为海湖庄园会晤达成的中美两国对话机制的升级版，涉及的议题不仅包括两国之间具体的经贸问题，而且还聚焦长期战略挑战。中美双方就双边贸易与投资、经济合作"百日计划"和"一年计划"、全球经济治理、宏观经济政策以及金融业和农业等议题进行了深入的讨论并达成了广泛的共识。同年11月8日，特朗普总统携美国商贸代表团（包括29位商业及政界领袖）访问中国，其重要内容之一便是中美经贸的合作议题，两国的双边贸易关系再次备受世界瞩目。

如第三章第一节所述，中美贸易从传统观点看是失衡的，但从全球价值链（GVC）的角度分析则并非如此。由多个国际组织研究形成的全球价值链的发展报告显示，虽然中国对美货物贸易顺差积累比较大，但就贸易增加值而言，双方的收益是大体平衡的。由此可以看出，中美贸易顺差是"互补性的顺差"，从包括货物、服务和跨国公司海外销售在内的总贸易规模来观察，中美贸易利益总体上还是比较平衡的。据中国科学院测算，在2010~2013年，以增加值核算的中美贸易顺差，比以传统方式核算的要低 48%～56%。这一点也说明了为什么在存在巨大贸易逆差的情况下，美国依然保持与中国密切的贸易往来。换句话说，如果双方的贸易收支是平衡的，那么就会有更多的利益由美国获取，而贸易收益的不平衡反而会使中美贸易关系受到威胁。事实上，贸易逆差对美国而言，不是经济问题而是政治问题。因而，中美寻求更稳定的贸易合作，应该跳出传统思维和贸易统计方式，从改善两国参与全球价值链的效率的视角，推进中美贸易的可持续发展。目前，中国参与 GVC 分工获得的增加值较高，但却位于制造业全球价值链的低端环节，推动产业升级是中国未来发展对外贸易的主要方向；而美国正在致力于制造业的回流和先进制造业的崛起，两国在制造业和服务业方面均有广阔的合作空间。中国的产业结构升级对于美国的高科技产品具有内在需求，美国可以通过对华技术转让等方式充分发挥自身优势；而美国针对本国制造业的复兴在国内税收优惠的基础上，也需要来自中国的投资和最新的制造经验。由此，中美两国政府可积极推动"中美企业家对话会"等双边对话机制，切实推进两国企业在能源环保、信息技术、农业和医疗卫生等领域的合作，以磋商和协议的方式达成双向互利平衡的经贸成果；进而在政策扶持与市场规律的双重引导下扩大合作面，不断释放正能量，通过对话与沟通实现两国的贸易相互依赖关系向积极方向转化。

三　基于人民币汇率的中美金融合作

2017 年 4 月，特朗普在接受《华尔街日报》采访时一改之前对中国管理人民币方式的看法，明确表示不会把中国列为"汇率操纵国"。布鲁金斯学会资深研究员杜大伟（David Dollar）也认为，中国实际上在通过调控支撑人民币汇率，特朗普承认了这一点。如图 6-1 所示，自 2015 年 "8·11 汇改" 以来，中国政府已经动用了 5522 亿美元的外汇储备以支撑人民币汇率，因而美国对中国政府 "汇率操纵" 的指控已完全过时。与此同时，中国在出口方面也已经不完全是西方国家所认为的"出口机器"。在 2008~2016 年期间，中国出口占国内 GDP 的比重已经从 30.58% 降至 19.53%。显然，美国已经难以找到关于中国政府通过汇率操纵低估人民币以扩大出口的迹象。

在人民币汇率问题上，特朗普暂时解除对中国"汇率操纵"的指控这一做法，在客观上标志着中国现行的人民币汇率形成机制得到美方的承认，从而为两国更深层次的金融合作奠定了良好的制度基础。为此，中美双方应该及时把握住这一时间窗口，加快两国在金融领域的合作。首先，在"人民币汇率稳定已经成为事实上的首要目标"的情况下，中美两国可以加快推动双边货币互换协议的达成。与美国进行货币互换意味着一国可以将本币作为抵押，以交换所需的美元流动性，从而对本国的外汇市场进行稳定汇率的操作。中国作为全球第二大具有系统重要性的大国，其宏观经济或是金融市场的剧烈波动都可能对美国经济造成影响，尤其是美国不愿意看到人民币汇率的贬值，因此中美两国签订货币互换协议符合美国的长远利益。对中国来说，与美国达成货币互换协议意味着中国可支配的美元流动性的增加，此举将显著增强稳定现有人民币汇率水平的市场信心。其次，中美货币合作可以在货币互换的基础上完善全球货币互换网络。2010年5月，面对欧洲主权债务危机的持续升级，美联储、欧洲央行、英格兰银行、瑞士央行、加拿大央行以及日本央行结成了以货币互换网络为基础的全球金融安全网。当前，人民币汇率已逐步实现市场化的汇率形成机制，为人民币加入到以全球六大央行组建的金融安全网络创造了条件。更为重要的是，中国人民银行的加入可以加强其他成员国与中国构建央行层面的信息沟通，从而起到宏观经济政策协调的作用。最后，中美两国可以共同构建多元化的国际储备货币体系。在2008 年全球金融危机爆发之后，国际储备货币的多元化改革的重要性日益突出，其中将人民币纳入"特别提款权"（SDR）的货币篮子成为这项改革的一个重要环节。而在这一过程中，中国不仅需要加快改革以达到国际货币基金组织（IMF）的现有标准，同时也需要美国的支持。人民币要纳入"特别提款权",需获得IMF执行董事会85%以上的投票支持,而美国拥有一票否决权。在中美第七轮战略与经济对话举行之前,时任美国财政部部长的雅各布·卢(Jacob Lew)曾作为美国总统奥巴马的特别代表于2015年3月访问中国。在雅各布·卢访华期间,中方公开表示希望美方支持人民币纳入"特别提款权"。然而,卢在访华结束后并未支持人民币加入"特别提款权",而是声称"中国还要付出更多的努力"。不过,就在同年11月,雅各布·卢在20国集团(G20)土耳其会议上又表示,如果人民币达到IMF的标准,则美方对人民币加入"特别提款权"持支持态度。一个月后,国际货币基金组织正式宣布将人民币作为第五种货币纳入"特别提款权"货币篮子。这一历史性事件表明,中国自2010年以来实施的人民币汇率改革得到了国际社会的普遍承认,尤其是"8·11汇改"的成效已逐渐显现。更为重要的是,美国并未真正阻碍人民币纳入国际储备货币体系之中,这为两国在全球金融治理方面的合作提供了良好的制度保障。为此,中美双方都应该充分认识到,两国在多元化的国际储备货币体系中的相互合作才真正符合两国各自的长远利益。

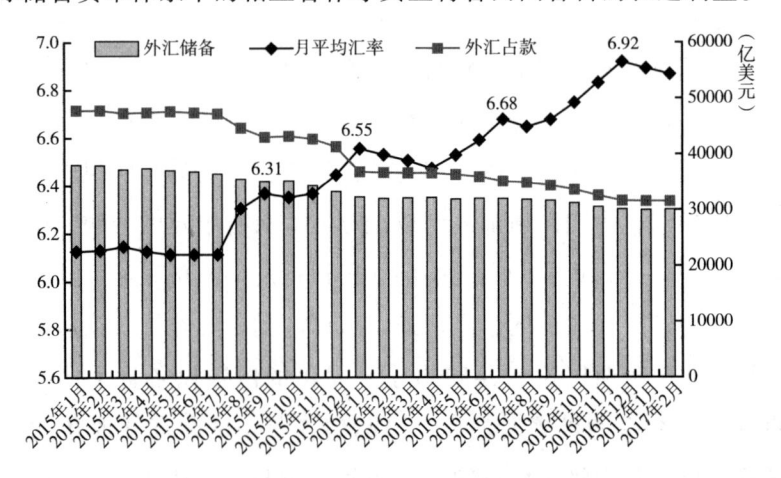

图6-1 2015年1月至2017年2月人民币兑美元汇率、外汇储备与外汇占款的月平均走势

资料来源:Wind数据库。

四 深化中美金融市场双向开放

在2017年11月特朗普总统访华的最后一天，中国金融业进一步开放的政策正式落地。其中包括未来外国投资者对证券、基金、保险以及期货市场的投资比例不再受限，同时中资银行外资持股比例与合计持股比例的限制也将取消。中国政府在特朗普总统访华之时释放出的中国金融业深化对外开放的信号，为当前和未来的中美金融合作提供了强劲的推动力，奠定了坚实的制度基础。在中美两国金融市场双向开放的问题上，中国金融业开放新政的落地，将切实提升中美两国的发行人和投资者参与对方国内金融市场的积极性和便利性，进而推动两国在金融服务业开放进程中的双边合作。一方面，银行业开放将有实质性的突破，外资银行的发展空间将显著提升。2008年全球金融危机爆发之后，跨国金融机构普遍面临内外交困的局面，故不得不根据跨境成本和收益的变化调整其在新兴市场国家的布局。多数外资金融机构都选择了回归母公司所在的本土市场以避免损失的进一步扩大。且在2012年之前，中国要求外资金融机构在国内金融机构中的参股比例不超过1/3。此后，这一比例上调至49%。根据中国证监会在市场准入方面的数据，外资参股的证券公司共有11家，其中只有中国国际金融公司的境外股东出资比例达到49%；相比于证券公司，外资参股的基金公司共有45家，其中有15家公司在这一比例上达到了上限。外资参股比例影响着合资企业的经营模式，会导致合资金融机构能够在中国开展的业务范围受到限制，从而不利于中国市场对国外金融产品和金融业务的开放。然而与此相对应的是，美国金融市场对中国金融机构开放的程度也同样较低。中资金融机构之所以在美国面临复杂的多重审查机制和程序，在一定程度上根源于中资金融机构的控股结构以及尚未完全市场化的经营模式，从而导致了其在美国设立分支机构和收购股权等方面受到了限制。此次取消中资银行外资持股比例的限制，放宽境外金融机构的市场准入限制，进而落实境外发行人和投资者的国民待遇，势必将为外资银行提供更大的利润空间。而美国作为全球金融业最发达的国家，其金融机构在各国的覆盖面最为广泛，投资于中国金融市场将符合其全球资源优化配置的核心利益。当然，一旦中国放开了银行业股权配置比例，美国的安全审查机制也会相应减少中资金融机构在进入美国金融市场时所受到的限制。另一方面，包括证券、期货、基金管理和保险公司在内的政策调整将在金融市场的广度与深度上提高金融开放的实质性与有效性。中国金融市场的发展路径与发达国家不尽相同。具体而言，中国的金融市场是在基础信用不完善的情况下建立起来的。这一情况导致国内金融市场的制度、规则与监管体系等与国际规则的接轨程度较低，市场封闭性较为严重。尤其是在金融改革的过程中，不同类型的金融子市场开放差距较大。虽然中国在加入 WTO 之后已经在形式、地域和业务范围等方面逐步放宽对外资金融机构的限制，但依然是为数不多的在银行、证券以及保险等行业严格设定外资持股比例限制的国家（如目前外资证券机构只能通过合资的形式，从事外资股与债券的承销和经纪业务等）。此次取消外国投资者在此类机构中投资比例的限制，意味着境外投资者的业务范围和管理权限将有明显提升，甚至部分金融机构在未来有可能成为外资绝对控股的企业。这一开放将显著提高金融业市场竞争的透明度，加快国内的金融市场化进程，进而提升资源配置的效率，促使资金成本下降，最终有利于实体经济的发展。在这种情况下，来自美国的境外投资者与发行人对于市场规则的顾虑会明显降低，其对于中国国内市场竞争环境的判断会更加明确，从而有利于其基于自身战略决策制定投资策略。而中国金融市场国际化程度的提高，也同样有利于中资金融机构的国际竞争力的提升，促进中国对外投资主体和方式的多样化发展。

此外，中国金融业释放深化对外开放的信号是促使中美双边投资协定（BIT）谈判成功的关键契机。中美双边投资协定自2008年正式启动谈判以来，便成为中美金融合作的重要环节。其重要意义在于，除去"负面清单"所涉及的行业外，中美两国的投资者可以在其他行业中进行对等的投资，并给予对方投资者以国民待遇和投资保障，增强两国双向投资的意愿，最终有助于缓解中美双边贸易的严重失衡以及两国经济相互依赖模式的改善[①]。近几年来，中国企业对美国直接投资的热度一直高于美国企业对中国的直接投资水平。根据中国商务部和美国经济分析局的最新数据，截至2016年底，中国企业在美国的直接投资存量已达到605亿美元。其中，中国企业对美国制造业的投资规模增长尤为迅速，从2012年的37.94亿美元增长至2016年的151.82亿美元，增长300%；而相对于制造业投资的快速增长趋势，中美两国在金融业的相互直接投资则呈现迂回曲折的特征。据统计，中国对美国金融业的直接投资存量在2014年曾达到147.46亿美元，然而在一年后又减至103.15亿美元（见图6-2）。而美国对中国金融业的投资净头寸在2012年为-8.18亿美元，在2014年达到19.5亿美元，在此后的一年又减至6.34亿美元。从目前双边投资的比较优势来看，中国对美国直接投资优势经历了从金融业向制造业部门的转变，而美国对中国的投资优势一直停留在制造业部门。2012年中国有44%的投资存量分布在金融业，制造业的比重为28%；而在2016年，金融业的比重下降为26%，制造业的比重上升至36%。在美国对华直接投资中，制造业的投资比重一直占据明显优势，从2012年的30%增长至2016年的68%，金融业的投资比重则一直处于20%以下的水平（见图6-3）。从中美两国实际的直接投资状况可以看出，中美双边金融合作水平尚停留在初级阶段，同时也

[①] 对美国而言，中美双边投资协定的签订将为美国创造更多的就业机会，鉴于中国对美国的直接投资主要集中在制造业领域，从而将有助于美国国内产业结构的调整。对中国而言，服务行业开放度的提高也将有利于提升市场的竞争性，同时也将有助于外国投资者以更为直接的方式为中国经济增长做出贡献。

存在着巨大的潜在收益。由此，中国金融市场准入的实质性扩大，将有助于美国扩大对中国金融业的投资规模，进而有助于推进中美双边投资协定的谈判。

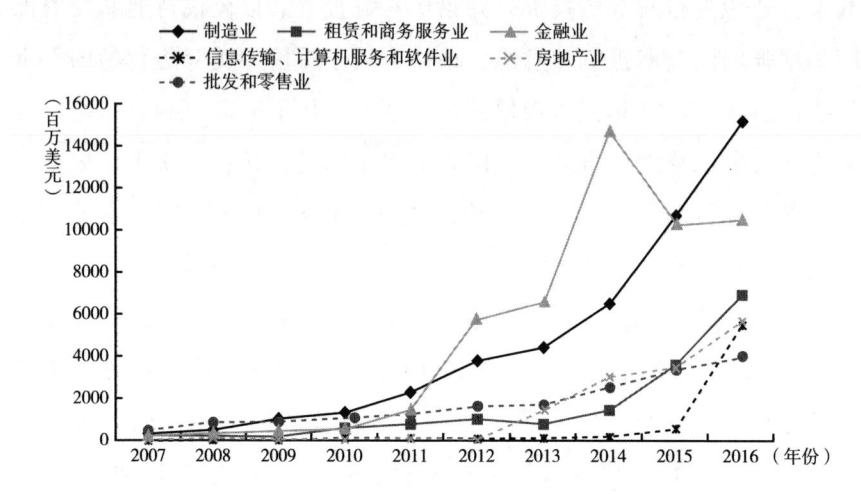

图 6-2　2007~2016 年中国对美国直接投资的增长趋势

资料来源：Wind 数据库。

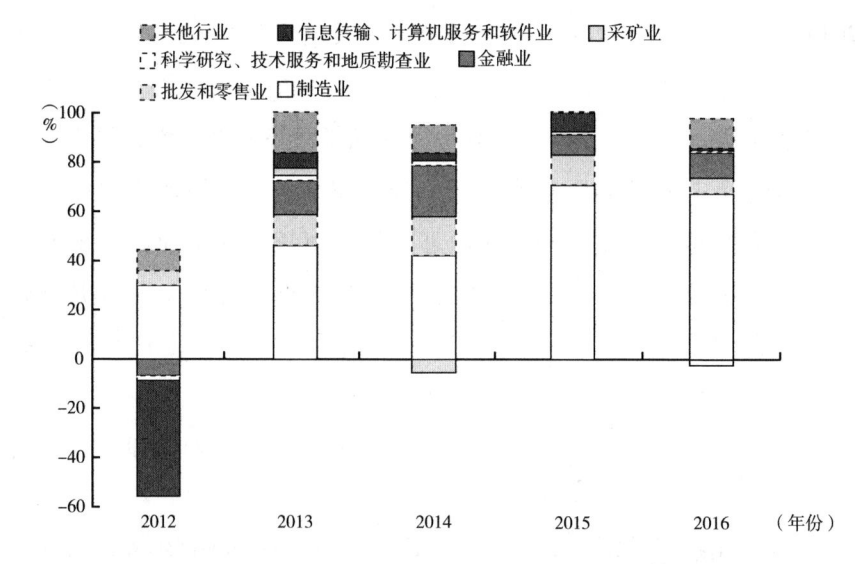

图 6-3　2012~2016 年美国对华直接投资头寸的行业分布

资料来源：美国经济分析局（BEA）。

本章小结

中美建设新型大国关系，对于确保两国关系的长远发展具有重要意义。中美新型大国关系建设的顺利与否，在很大程度上首先取决于中美两国彼此之间能否正确定位。近年来，中美关系在政治利益和经济利益的交错驱动下处于不稳定的发展进程之中。中美两国之间的经济利益既存在冲突性，又存在明显的互补性与共生性。这一复杂的双边关系的基础是中美两国在商品市场和金融市场方面的相互依赖模式。中美两国经济之间所存在的互补性在两国经济的结构性调整与增长模式转型的过程中被赋予新的含义。在后危机时代，中国正在将经济重心由出口和外部需求主导转向由国内消费和国内需求主导；而美国则正着力于将"去工业化"转变为"再工业化"，特别是寄希望于先进制造业的崛起。中美两国经济的结构性调整具有相互促进的潜在空间。对中美两国而言，走出消极依赖与转变经济增长方式应该是同步的，中美两国是否有必要走出相互依赖这一问题，与两国是否有必要转变各自的经济发展模式的问题是一致的，即二者之间如同一枚硬币的两面。

中美之间的积极依赖可以理解为针对市场失灵的现象，引入制度化的经济合作机制，使经济相互依赖重新发挥正向激励的作用。在两国接下来的再平衡过程中，通过彼此之间再一次的"取长补短"，达到可持续发展的效果。因此，从这个意义上说，转变经济相互依赖的方式并不意味着中国放弃美国的商品市场和金融市场；而是致力于通过多层次的双边合作机制，利用相互依赖关系寻找各自的新的经济增长点，共同促进两国经济内部平衡的发展。在贸易领域，中美寻求更稳定的贸易合作，应该跳出传统思维和贸易统计方式，从改善两国参与全球价值链的效率的视角，推进中美贸易的可持续发展。中美两国政府可积极推动"中美企业家对话会"等双边对话机制，切实推进两国企业在能源环保、信息技术、农业和医疗卫生等领域的合作，以磋商和协议的方式达成双向互利平衡的经贸成果；进而在政策扶持与市场规律的双重引导下扩大合作面，不断释放正能量，通过对话与沟通实现两国的贸易相互依赖关系向积极方向转化。在金融领域，特朗普暂时解除了对中国"汇率操纵"的指控这一做法，在客观上标志着中国现行的人民币汇率形成机制得到美方的承认，从而为两国更深层次的金融合作奠定了良好的制度基础。为此，中美双方应该及时把握住这一时间窗口，加快两国在金融领域的合作。第一，中美两国可加快推动双边货币互换协议的达成；第二，完善全球货币互换网络；第三，构建多元化的国际储备货币体系。通过提升中美两国的发行人和投资者参与对方国内金融市场的积极性和便利性，推动两国在金融服务业开放进程中的双边合作，并由此推进中美双边投资协定的谈判。

目前中美双方都在呼吁发展新的增长方式来取代旧的增长方式，其本质是重建经济的平衡发展，即中国不再过度依赖出口、美国也不再过度依赖消费。如果这个再平衡过程能够稳步推进，中美经济相互依赖的模式也将得以重新塑造，即从危机前的消极依赖转变为积极依赖。至于中美两国围绕新型大国关系上的博弈，与两国的经济结构失衡的调整密切相关。为此，需要明确中美关系的相互定位：新型大国关系既存在一定的战略竞争，又能在一定范围内实现较为稳定的合作。在这个过程中，中美战略与经济对话机制和中美双边投资协定谈判的实质性进展，都将发挥关键性的作用。

结语
对中美经济关系前景的展望

世界银行于2018年初发布的《全球经济展望》认为，全球经济前景仍然受制于下行风险，未来三年的全球经济增长可能会呈现先升后降的变化趋势。其中，发达经济体的增长率会进一步下降，而新兴市场经济体与发展中国家的增长率会在继续增长两年后停滞。由此可见，全球经济形势依然严峻。近年来，中美双边贸易与投资关系一直是全球经济增长的重要驱动力，两国经济相互依赖关系的稳定发展是全球经济平稳运行的重要保障。基于这一背景，中美经济关系的发展前景并不会轻易被某一国家的国内经济政策所左右。更值得一提的是，中美两国已经建立起若干比较成熟的高层对话交流机制，在管控分歧的道路上迈进了一大步。

从世界经济格局的视角来看，中美两国无疑将继续是互为举足轻重的贸易与投资伙伴。在双边贸易领域，中方统计的2017年中美双边贸易额达到5837亿美元，占中国对外贸易总额的14.2%；其中对美出口额占出口总额的19%，如果加上经香港转口的出口额则达到23.3%。美方统计的双边贸易额为6501亿美元，占美国对外贸易总额的16.4%，其中从中国的进口占21.8%。2017年11月，中美签署了2535亿美元的经贸大单，然而不到四个月的时间，美国总统特朗普正式签署对华贸易备忘录，宣布对从中国进口的600亿美元商品加征关税。对此，中国商务部做出回应，也公布了拟加征关税的清单并征求公众意见。一时间"中美贸易战"引起全球关注。虽然中美贸易关系面临恶化的风险，但贸易战源起于经济，根源却在政治，只要多边贸易体制即 WTO 还在，中美贸易关系就依然在一个可控的框架内发展。在双边投资领域，根据美国荣鼎咨询公司的统计，到 2017 年底，中国对美非金融类投资（含经港澳和免税区）累计为 1364 亿美元；美国对华非金融类实际投资（含经港澳和台湾地区）累积为 2280 亿美元。在中美两国签署的经贸大单中，中国企业赴美投资项目将达到 1317 亿美元，占经贸大单的 52%。如果能够全部落实的话，将推动中美双边投资额的大幅增长，并有利于逐步减少美国对华贸易逆差，促进中美经贸合作的稳定发展。

虽然中美双边贸易关系的发展不会脱离现行的全球多边贸易框架，但是中美两国之间的贸易摩擦和纷争则有可能进一步加剧。在特朗普执政之后，中美经济关系的走势一波三折。2017 年，美国的贸易政策明显朝保守主义和单边行动的方向转变。如当年的《美国国家安全战略报告》在国家战略层面上强调了经济安全的重要性，在对外贸易问题上突出了对等性原则，并声称将采取一切适当手段应对不公平贸易行为。尽管这些转变并非仅仅针对中国，但由于中美双边贸易的严重失衡，中国不可避免地被锁定为主要对象国。据统计，美方对中国企业的贸易争端的立案总数，从 2016 年 44 起的历史峰值上升为 2017 年的 51 起。如果按照历史上立案数与制裁数之间的统计关系推测，2018 年美方对华贸易制裁的频率会显著上升。2017 年 11 月 30 日，美国政府宣布拒绝承认中国完全市场经济地位。与此同时，中资企业对美国的直接投资在 2017 年也不断受到美国国家安全审查的限制。

简言之，特朗普执政以来所实施的贸易政策，为当前和未来一段时间的中美双边经济关系平添了不确定性。不容否认，自进入 21 世纪以来，迅速发展的中美经济相互依赖关系是经济全球化背景下国际产业分工和资源优化配置的必然结果,其走向对经济全球化的发展具有深刻的影响。如果中美两国遵循 WTO 规则、共同推动经济全球化,将会对经济全球化的进程和全球经济的共同繁荣做出重大的贡献;反之,如果美国在有关 WTO 规则的执行上自行其是,甚至退回到丛林规则的强权政治,则不但会扰乱国际贸易秩序,而且会对中美经济相互依赖关系本身产生负面影响。为此,在经济全球化时代,构建中美新型大国经济关系是两国唯一的理性选择。

参考文献

图书类文献及图书中析出文献：

[1]〔美〕本·斯泰尔（Benn Steil）：《布雷顿森林货币战：美元如何统治世界》，符削捷等译，机械工业出版社，2014。

[2]〔美〕弗朗西斯·加文：《黄金、美元与权力——国际货币关系的政治》，严荣译，社会科学文献出版社，2011。

[3]〔美〕C.弗雷德·伯格斯滕、加里·克莱德·赫夫鲍尔、肖恩·麦纳：《再平衡：新大国时代，中美自由贸易何去何从》中译本，丁振辉、张慧敏译，机械工业出版社，2016。

[4]〔美〕肯尼思·华尔兹：《国际政治理论》，信强译，上海人民出版社，2003。

[5]〔美〕罗伯特·基欧汉、约瑟夫·奈：《权力与相互依赖》，门洪华译，北京大学出版社，2005。

[6]〔美〕罗伯特·基欧汉：《霸权之后：世界政治经济中的合作与纷争》，苏长和等译，上海世纪出版集团，2001。

[7]〔美〕罗伯特·吉尔平（Robert Gilpin）：《全球政治经济学：解读国际经济秩序》，杨宇光等译，上海人民出版社，2013。

[8]〔美〕罗伯特·吉尔平：《国际关系政治经济学》，杨宇光等译，经济科学出版社，1989。

[9]〔美〕罗伯特·吉尔平：《世界政治中的战争与变革》，武军等译，

中国人民大学出版社，1994。

[10] 〔美〕罗伯特·杰维斯：《系统效应、政治与社会生活中的复杂性》，杨少军等译，上海人民出版社，2008。

[11] 〔美〕罗纳德·W. 琼斯，彼得·B. 凯南：《国际经济学手册》，姜洪译，经济科学出版社，2008。

[12] 〔美〕罗纳德·麦金农：《美元本位下的汇率——东亚高储蓄两难》，王信等译，中国金融出版社，2005。

[13] 〔美〕罗纳德·麦金农：《失宠的美元本位制：从布雷顿森林体系到中国崛起》，李延芳等译，中国金融出版社，2013。

[14] 〔英〕马丁·雅克（Martin Yacques）：《当中国统治世界》，张莉等译，中信出版社，2010。

[15] 〔英〕马丁·雅克（Martin Yacques）：《大国雄心：一个永不褪色的大国梦》，孙豫宁等译，中信出版集团，2016。

[16] 〔美〕乔纳森·科什纳：《货币与强制：国际货币权力的政治经济学》，李巍译，上海世纪出版集团，2013。

[17] 〔美〕沈大伟：《纠缠的大国：中美关系的未来》，丁超等译，新华出版社，2015。

[18] 〔美〕史蒂芬·罗奇：《失衡——后经济危机时代的再平衡》，易聪等译，中信出版社，2014。

[19] 〔美〕斯瓦尔·普拉萨德：《即将爆发的货币战争》，刘寅龙译，新世界出版社，2015。

[20] 〔美〕苏珊·斯特兰奇：《国家与市场》，杨宇光等译，上海世纪出版集团，2006。

[21] 〔美〕詹姆斯·多尔蒂：《争论中的国际关系理论》，阎学通等译，世界知识出版社，2002。

[22] Angell Norman. The Great Illusion, 2nd. N. Y.：Puntan's, 1933.

[23] Barfield, Thomas. Afghanistan：A cultural and political history. *Princeton University Press*, 2010.

[24] Cobden Richard. The Political Writings of Richard Cobden. London: T. Fischer Unwin, 1903.

[25] Cohen Benjamin J. The future of money. Princeton University Press, 2004.

[26] Cooper, R. N.. The Economics of Interdependence: Economic Policy in the Atlantic Community. New York: McGraw-Hill, 1968.

[27] Joseph S. Nye, Understanding International Conflicts: An Introduction to Theory and History. New York: Pearson Longman, 2007, p. 215。

[28] Mearsheimer John. Discord Restored. Graham Allison, Gregory Treretton. Rethinking America's Security: Beyond Cold War to New World Order. New York: W. W. Norton, 1992.

[29] Rogowski Ronald. Commerce and Coalitions: How Trade Affects Domestic Political Alignments. Princeton: Princeton University Press, 1989.

[30] Rosecrance Richard. The Rise of the Trading States: Commerce and Conquest in the Modern World. N. Y.: Basic Books, 1986.

[31] Solingen Etel. Regional Orders at Century's Dawn: Global and Domestic Influences on Grand Strategy. Princeton: Princeton University Press, 1998.

[32] Wallensteen Peter, Structure and War: On International Trade. N. Y.: Harperand Brothers, 1973.

[33] 陈晓晨、徐以升：《美国大转向：美国如何迈向下一个十年》，中国经济出版社，2014。

[34] 戴金平、熊爱宗、谭书诗：《国际货币体系：何去何从?》，厦门大学出版社，2012。

[35] 戴金平：《全球不平衡发展模式：困境与出路》，厦门大学出版社，2012。

[36] 付争：《对外负债在美国金融霸权维系中的作用》，吉林大学博士学位论文，2013。

[37] 高海红、张明、刘东民、徐奇渊：《国际金融体系：改革与重建》，中国社会科学出版社，2013。

[38] 国际货币基金组织：《世界经济展望》，中国金融出版社，1997。

[39] 国际货币基金组织：《世界经济展望》，中国金融出版社，2002。

[40] 和晋予：《中美宏观经济政策协调研究》，北京师范大学博士学位论文，2008。

[41] 胡守钧：《社会共生论》，复旦大学出版社，2012。

[42] 胡祖六：《财经论衡：全球化时代的汇率与宏观经济政策》，北京大学出版社，2009。

[43] 姜默竹：《利益集团与美国汇率政策调整》，吉林大学博士学位论文，2013。

[44] 李慎之、何家栋：《中国的道路》，南方日报出版社，2000。

[45] 李巍：《恐怖平衡的中美金融关系》，孙哲主编《全球金融危机与中美关系变革》，时事出版社，2010。

[46] 李晓：《国际货币体系改革：中国的视点与战略》，北京大学出版社，2015。

[47] 李晓、丁一兵：《亚洲的超越》，当代中国出版社，2006。

[48] 刘斌：《国内外中央银行经济模型的开发与应用》，中国金融出版社，2003。

[49] 刘晓鑫：《基于金融视角的中美经济关系问题研究》，吉林大学博士学位论文，2009。

[50] 马跃、曾澍基：《中国内地、香港特区与世界经济的融合：一个计量经济模型》，载刘树成、赵志君、马跃《金融开放与宏观稳定》，社会科学文献出版社，2004。

[51] 王三兴：《亚洲的超额外汇储备：成因与风险》，中国人民大学出版社，2011。

[52] 王胜:《新开放经济宏观经济学理论研究》,武汉大学出版社,2006。

[53] 王正毅:《国际政治经济学概论》,北京大学出版社,2010。

[54] 杨生茂主编《美国外交政策(1775-1989年)》,人民出版社,1989。

[55] 〔美〕约瑟夫·M. 格里科:《无政府状态和合作的限度:对最近自由制度主义的评论》;〔美〕当肯·斯奈德:《相对获益和国际合作的模式》,〔美〕大卫·A. 鲍德温:《新现实主义和新自由主义》,浙江人民出版社,2001。

[56] 甄炳禧:《从大衰退到新增长——金融危机后美国经济发展轨迹》,首都经济贸易大学出版社,2015。

[57] 詹宏毅:《全球经济的非对称依存》,中国人民大学出版社,2010。

[58] 张宇燕、李增刚:《国际经济政治学》,上海人民出版社,2008。

[59] 周弘、彼得·荣根(Peter Jungen)、朱民主编《德国马克与经济增长》,社会科学文献出版社,2012。

[60] 朱民:《改变未来的金融危机》,中国金融出版社,2009。

会议论文与研究报告

[1] Baldwin R E, Venables A. 2011. "Relocating the Value Chain: Offshoring and Agglomeration In The World Economy," Department of Economics, University of Oxford, Discussion Paper Series ISSN 1471-0498.

[2] Barry Eichengreen, "Chinese Currency Controversies," Paper Prepared for the Asian Economic Panel, Hong Kong, April 2004.

[3] Christopher J. Erceg、Luca Guerrieri、Christopher Gust: "SIGMA: A New Open Economy Model for Policy Analysis," International Finance Discussion Papers, Number 835, July 2005.

[4] Francis E. Warnock, "International Capital Flows and U. S. Interest

Rates," FRB International Finance Discussion Paper No. 840, September 2006.

[5] Frankel, Jeffery 2004. "On the Renminbi: The Choice between Adjustment under a Fixed Exchange Rate and Adjustment under a Flexible Rate," Working Paper Series, RW pp. 4 – 37.

[6] Glick, Reuven, and Sylvain Leduc. "The Effects of Unconventional and Conventional US Monetary Policy on the Dollar," Federal Reserve Bank of San Francisco, 2013.

[7] Gourinchas, Pierre – Oliver, and Helene Rey, "International Financial Adjustment," NBER Working Paper No. 11155, February 2005.

[8] J. Bradford Delong and Barry Eichengreen, "Between Meltdown and Moral Hazard: the International Monetary and Financial Policies of the Clinton Administration," NBER Working Paper, No. 8443, 2001.

[9] Jeffrey Frankel, "On the Renminbi: The Choice between Adjustment under a Fixed Exchange Rate and Adjustment under a Flexible Rate," Faculty Research Working papers Series, RW pp. 4 – 37, 2004.

[10] John Willianmson, "The Renminbi Exchange Rate and the Global Monetary System," An outline of a lecture delivered at the Central University of Finance and Economics, Beijing, China, Oct. 29, 2003.

[11] Lawrence H. Summers, "The United States and the Global Adjustment Process," Speech at the Third Annual Stavros S. Niarchos Lecture, Institute for International Economics, March 23, 2004.

[12] Michael P. Dooley, ed., "An Essay on the Revived Bretton Woods System," NBER Working Paper No. 9971, September 2003.

[13] Michael P. Dooley, ed., "The US Current Account Deficit and Economic Development: Collateral for a Total Return Swap," NBER

Working Paper No. 10727, August 2004.

[14] Morris Goldstein, "Adjusting China's Exchange Rate Policies," IIE, Paper Presented at the International Monetary Fund seminar on China Foreign Exchange System, Dalian, China, May 26 – 27, 2004.

[15] Obstfeld M., 2002, "Exchange Rates and Adjustment: Perspectives from the New Open Economy Macroeconomics," NBER working paper NO. 9118.

[16] Robert Blackwill, Ashley Tellis, Revising U. S. Grand Strategy toward China, Council Special Report No. 72, March 2015.

[17] Rutkowski, Ryan. Show me the Money: Chinese Banks Retain Profits Despite Interest Rate Reform Working Paper of Peterson Institute for International Economics, March 4, 2013.

[18] Simon, J. "U. S. Debt to China: Implications and Repercussions," Hearing before the U. S. – China Economic and Security Review Commission, Feb. 25, 2010.

[19] Stephen King, "To Be a Rock and Not to Roll," HSBC Research Paper, Jan. 2005.

[20] Summers, Lawrence. "The United States and the Global Adjustment Process," Speech at the Third Annual Stavros S. Niarchos Lecture, March 23, 2004.

[21] Setser, B. and Pandey, "A. China's ＄1.5 Trillion Bet: Understanding China's External Portfolio," Working Paper of Center for Geoeconomic Studies, Council on Foreign Relations, May 2009.

[22] U. S. Department of the Treasury, "Semi-Annual Report on International Economic and Exchange Rate Policies," Various Issues.

[23] 华小戎：《美国经济完成"金融化"》，《第一财经研究院·中国战略思想库系列研究报告》2011年第2期。

[24] 刘厚俊、柴忠东：《美国制造业回归：先进制造业崛起的前奏》，《2014年中国美国经济学会年会会议论文》，2014。

[25] 马涛：《更好厘清国际贸易失衡问题》，中国社会科学院世界经济与政治研究所工作论文，2014年。

[26] 马涛：《全球价值链和附加值贸易统计的发展》，中国社会科学院世界经济与政治研究所工作论文，2014年。

[27] 田丰：《目前是达成中美双边投资协定的好时机吗？——基于美国双边投资协定范本（2004）的分析》，中国社会科学院世界经济与政治研究所工作论文，2014年。

[28] 熊爱宗：《美国货币政策新规则》，中国社会科学院世界经济与政治研究所讨论稿，2012年。

[29] 余永定：《如何分析当前的宏观经济形势》，中国社会科学院世界经济与政治研究所工作论文，2004年。

[30] 余永定：《新兴经济体的"资产危机"》，中国社会科学院世界经济与政治研究所国际金融研究中心工作论文，2011年。

[31] 张斌：《中美经济战，谁会扛不住？》，中国社会科学院世界经济与政治研究所国际金融研究中心工作论文，2010年。

[32] 张琳：《APEC多边舞台下的中美关系》，中国社会科学院世界经济与政治研究所工作论文，2014年。

[33] 张明、高蓓、邹晓梅：《衔枚疾进爆发在即——2014年中国资产证券化年度报告》，中国社科院世经政所国际金融研究中心工作论文，2015年。

[34] 张明：《QE3对中国经济影响几何？》，中国社会科学院世界经济与政治研究所国际金融研究中心工作论文，2012年。

[35] 张明：《畅想中国梦：人民币国际化与国际货币体系改革》，中国社会科学院世界经济与政治研究所国际金融研究中心工作论文，2013年。

[36] 张明：《近期人民币贬值现象的回顾与展望》，中国社会科学院

世界经济与政治研究所国际金融研究中心工作论文，2014年。

[37] 张明：《美国国债迷思》，中国社会科学院世界经济与政治研究所国际金融研究中心工作论文，2010年。

[38] 张明：《如何走出当前的宏观经济困境？》，中国社科院世界经济与政治研究所工作论文，2014年。

[39] 张明：《透视中美货币博弈》，中国社会科学院世界经济与政治研究所国际金融研究中心工作论文，2014年。

[40] 张明：《外储如何逃出"金融恐怖平衡"》，中国社会科学院世界经济与政治研究所国际金融研究中心工作论文，2014年。

[41] 张明：《中国国际收支双顺差：演进前景及政策涵义》，中国社会科学院世界经济与政治研究所国际金融研究中心工作论文，2012年。

[42] 张明：《中国投资者在持续减持美国国债吗？》，中国社会科学院世界经济与政治研究所国际金融研究中心工作论文，2011年。

期刊文献：

[1] 〔美〕马克·布莱恩：《美国资本主义的终结？》，《新交流》2009年第4期。

[2] 〔美〕罗纳德·麦金农、冈瑟·施纳布尔、霍丛丛、洪郑冲、宋晓丹：《中国的金融谜题和全球失衡》，《国际金融研究》2009年第2期，第34~46页。

[3] 〔美〕麦金农、施纳布尔：《中国是东亚地区的稳定力量还是通缩压力之源——兼论鱼和熊掌不可兼得》，《比较》2003年第7期。

[4] Betts, C., and M. Devereux. 1996. "The Exchange Rate in a Model of Pricing-To-Market," European Economic Review, 40 (1): 1007 – 1021.

[5] Candelon Bertrand, Alain Hecq, Willem F. C. Verschoor, "Measuring Common Cyclical Features During Financial Turmoil:

Evidence of Interdependence not Contagion," Journal of International Money and Finance, 2005, 24 (8): 1317 – 1334.

[6] Chan Leo, Donald Lien, Wenlong Weng, "Financial Interdependence between Hong Kong and the US: A Band Spectrum Approach," International Review of Economics and Finance, 2008, 17 (4): 507 – 516.

[7] Costinot A, Vogel J, Wang S. "An Elementary Theory of Global Suppy Chains," The Review of Economic Studies, 2013, 80 (1): 109 – 144.

[8] Devereux, M., K. Shi, and J. Xu, "Global Monetary Policy under a Dollar Standard," Journal of International Economics, 2007, 71 (1): 113 – 132.

[9] Dorn, James. "The Role of China in the U. S. Debt Crisis," Cato Journal, 2013 (1): 77 – 89.

[10] Duncan Snidal, "The Limits Of Hegemonic Stability Theory," International Organization, 1985, 39 (4): 579 – 614.

[11] Ehrmann Michael and Fratzscher Marcel, "Equal Size, Equal Role? Interest Rate Interdependence between the Euro Area and the United States," The Economic Journal, 2005, 115 (10): 928 – 948.

[12] Enrique G. Mendoza, Vincenzo Quadrini and José-Victor Rios-Rull, "Financial Integration, Financial Development and Global Imbalances," 2009, 117: 371 – 416.

[13] Farhi, Emmanuel, Ricardo Caballero, and Pierre – Olivier Gourinchas. "An Equilibrium Model of Global Imbalances and Low Interest Rates," American Economic Review 98. 1 (2008).

[14] Ferguson, Niall and Schularica, Moritz. The End of Chimerica International Finance, 2011, 14 (1): 1 – 26.

[15] Ferguson, Niall. China and the Global Asset Market Boom

International Finance, 2007, 10 (3): 215 – 239.

[16] G. John Ikenberry, "The Future of the Liberal World Order: Internationalism after America," Foreign Affairs, 2011, 90 (3): 56 – 68.

[17] Gartzke Erik, Quan Li, Charles Boehmer, "Investing in the Peace: Economic Interdependence and International Conflict," International Organization,2001, 55 (2): 391 –438.

[18] Gasiorowski Mark J., "Economic Interdependence and International Conflict: Some Cross-National Evidence," International Studies Quarterly,1986, 30 (1): 23 – 38.

[19] Gereffi, Gary, John Humphrey, and Timothy Sturgeon. "The governance of global value chains," Review of international political economy 12. 1 (2005): 78 – 104.

[20] Gilpin, R. "Economic Interdependence and National Security in Historical Perspective," Economical issue and national security, 1977: 19 – 66.

[21] Glick, R. and Leduc, S. "Unconventional Monetary Policy and the Dollar," Frbsf Economic Letter, 2013 – 09: 1 – 4.

[22] Grossman and Rossi-Hansberg E. 2012. "Task TradeBetween Similar Countries," Econometrica, 80 (2): 593 – 629.

[23] Hausmann, R. and sturzenegger, F. "Global Imbalances or Bad Accounting? The Missing Dark Matter in the Wealth of Nations and Its Implications for Global Imbalances," Economic Policy 22, July 2006.

[24] Hillary Rodham Clinton, "America's Pacific Century," Foreign Policy, 2011, 189 (6): 57 – 63.

[25] Hudson, G. "Balancing Financial Terror: The Game Theoretic Dynamics of Massive Debt," Journal of Public and International

Affairs, Nov. 2011: 48 - 210.

[26] Mansfield Edward D. and Brian M. Pollins, "The Study of Interdependence and Conflict: Recent Advances, Open Questions, and Directions for Future," The Journal of Conflict Resolution, 2001, 45 (6): 834 - 859.

[27] Mansfield Edward D., "Power Politics and International Trade," American Political Science Review, 1993, 87 (2): 408 - 420.

[28] Meltzer, Allan H. "U. S. Policy in the Bretton Woods Era," Federal Reserve Bank of St. Louis Review, 73 (May/June), 1991: 54 - 83.

[29] N. Ferguson and M. Schularick, "Chimerica and the Global Asset Market Boom," International Finance, 2007 (10): 215 - 239.

[30] Obstfeld M., and K Rogoff, "Exchange Rate Dynamic Redux," Journal of Political Economy, 1995: 624 - 660.

[31] Odell and John. S, "The U. S. and the Emergence of Flexible Exchange Rate: An Analysis of Foreign Policy Change," *International Organization*, 1979, 33 (1): 57 - 81.

[32] Oneal John R., Frances H. Oneal, Zeev Maoz, Bruce RussettReviewed, "The Liberal Peace: Interdependence, Democracy, and International Conflict," Journal of Peace Research, 1996, 33 (1): 11 - 28.

[33] Robert S. Ross, "The Problem with The Pivot: Obama's New Asia Policy is Unnecessary and Counterproductive," ForeignAffairs, Vol. 9, No. 6, November/December 2012: 70 - 82.

[34] Rosecrance R., A. Alexandroff, W. Koehler, J. Kroll, S. Laqueur, J. Stocker, 1977, "Whither Interdependence," International Organization, 31 (3): 425 - 471.

[35] Solomon W. Polacheck, "Conflict and Trade," Journal of Conflict Resolution, 1980, 34 (1): 57 - 58.

[36] Tervala, J, 2010, "The International Transmission of Monetary Policy in a Dollar Pricing Model," Open Economies Review, 21 (5): 629–654.

[37] Tetreault Mary Ann, "Measuring Interdependence," International Organization, 1980, 34 (3): 429–443.

[38] Thea M. Lee, "Before the Commission on U. S.–China Economic and Security Review," Federal News Service, Sep. 25, 2003.

[39] Turnovsky, S. J.. "Domestic and Foreign Disturbances in an Optimizing Model of Exchange–Rate Determination," Journal of International Money andFinance, 1985, 4 (1), 151–171.

[40] Walter R. Mead, "America's Sticky Power," Foreign Policy, 2004 (141): 46–53.

[41] Zbigniew Brzezinski, John and J. Mearsheimer, "Clash of the Titans," Foreign Policy, 2005, 146 (1): 46–49.

[42] 安琪:《非对称相互依赖关系对中美经贸的影响及中国对策》,《国际贸易》2009 年第 11 期,第 26~31 页。

[43] 曾雄军:《美国利益集团施压人民币升值的路径分析》,《外交评论》2013 年第 2 期,第 30~46 页。

[44] 曾忠东、谢志超、丁巍:《美国金融危机对中国贸易影响的价格溢出效应分析》,《国际金融研究》2012 年第 2 期,第 24~31 页。

[45] 常欣欣:《和平与经济相互依赖关系的理论考察》,《北京行政学院学报》2001 年第 5 期,第 64~69 页。

[46] 陈云:《国际宏观经济学的新方法:NOEM—DSGE 模型》,《经济学家》2010 年第 2 期,第 38~46 页。

[47] 达巍:《中美关系:风浪暂归平静》,《凤凰周刊》2015 年第 36 期。

[48] 丁志国、徐德财、赵晶:《美国货币政策对中国价格体系的影

响机理》,《数量经济技术经济研究》2012年第8期,第3~20页。

[49] 丁志杰、谢峰:《美元过度特权、经济"暗物质"与全球治理变革》,《国际金融研究》2014年第11期,第3~11页。

[50] 方毅、王雄威、桂鹏:《中美经济"脱钩"还是"挂钩"》,《国际金融研究》2010年第8期,第21~28页。

[51] 高海红、余永定:《人民币国际化的含义与条件》,《国际经济评论》2010年第1期,第46~64页。

[52] 郭彦峰、肖倬:《中美黄金市场的价格发现和动态条件相关性研究》,《国际金融研究》2009年第11期,第75~84页。

[53] 何兴强:《美国利益集团与人民币升值压力》,《当代亚太》2006年第3期,第57页。

[54] 胡援成、张朝洋:《美元贬值对中国通货膨胀的影响:传导途径及其效应》,《经济研究》2012年第4期,第101~112页。

[55] 黄在鑫、覃正:《中美主要金融市场相关结构及风险传导路径研究——基于Copula理论与方法》,《国际金融研究》2012年第5期,第74~82页。

[56] 黄志刚:《加工贸易经济中的汇率传递:一个DSGE模型分析》,《金融研究》2009年第11期,第32~49页。

[57] 金应忠:《共生国际体系与中国和平发展》,《国际观察》2012年第4期,第46页。

[58] 鞠建东、余心玎:《全球价值链研究及国际贸易格局分析》,《经济学报》2014年第2期,第127~150页。

[59] 邝艳湘:《中美学者的相互依赖理论研究一种比较的视野》,《世界经济与政治论坛》2011年第5期,第160~172页。

[60] 雷达、赵勇:《中美经济失衡的性质及调整:基于金融发展的视角》,《世界经济》2009年第1期,第62~71页。

[61] 雷达、赵勇:《中美经济相互依存关系中的非对称性与对称

性》,《国际经济评论》2008 年第 3 期,第 29~33 页。

[62] 李成、王彬、黎克俊:《次贷危机前后中美利率联动机制的实证研究》,《国际金融研究》2010 年第 9 期,第 4~11 页。

[63] 李俊久、姜默竹:《货币权力视角下的美国对华汇率外交》,《社会科学》2013 年第 5 期,第 60 页。

[64] 李俊久、姜默竹:《货币权力视角下的美国对华汇率外交研究》,《社会科学》2013 年第 5 期,第 50~60 页。

[65] 李俊久、姜默竹:《利益集团如何影响美国汇率政策》,《世界经济研究》2014 年第 6 期,第 73~79 页。

[66] 李晓、李俊久:《美国的霸权地位和新兴大国的应对》,《世界经济与政治》2014 年第 1 期,第 114~141 页。

[67] 李晓:《全球金融危机下东亚货币金融合作的路径选择》,《东北亚论坛》2008 年第 5 期,第 3~25 页。

[68] 李晓、周学智:《美国对外负债的可持续性:外部调整理论的扩展》,《世界经济》2012 年第 12 期,第 130~156 页。

[69] 梁勇、东艳:《中国应对中美双边投资协定谈判》,《国际经济评论》2014 年第 4 期,第 54~64 页。

[70] 廖泽芳、雷达:《全球经济失衡的利益考察——基于估值的视角》,《世界经济研究》2012 年第 9 期,第 3~10 页。

[71] 林伟斌、王艺明:《汇率决定与央行干预——1994~2005 年的人民币汇率决定研究》,《管理世界》2009 年第 7 期,第 67~76 页。

[72] 刘东民、何帆:《中美金融合作:进展、特征、挑战与策略》,《国际经济评论》2014 年第 2 期,第 87~88 页。

[73] 刘澜飚、张靖佳:《中国外汇储备投资组合选择》,《经济研究》2012 年第 4 期,第 137~148 页。

[74] 卢林:《国际相互依赖理论的发展轨迹》,《世界经济研究》1990 年第 7 期,第 49~92 页。

[75] 路继业:《外部需求冲击、美联储政策取向与中国通货膨胀动态》,《国际金融研究》2014年第7期,第18~28页。

[76] 〔英〕罗斯玛丽·福特:《中国与亚太的安全秩序:"和谐社会"与"和谐世界"》,《浙江大学学报》(人文社会科学版)2008年第1期,第10页。

[77] 马荣久:《中美权力转移与亚洲地区体系》,《当代亚太》2014年第1期,第21~34页。

[78] 梅冬州:《经常账户调整的福利损失——基于两国模型的分析》,《管理世界》2012年第4期,第33~46页。

[79] 〔美〕蒙代尔:《三元货币及其对金融的影响》,《国际金融研究》2002年第5期,第8~13页。

[80] 彭斯达、陈继勇:《中美经济周期的协动性研究:基于多宏观经济指标的综合考察》,《世界经济》2009年第2期,第37~46页。

[81] 施建淮、余海丰:《人民币均衡汇率与汇率失调:1991~2004年》,《经济研究》2005年第4期,第34~45页。

[82] 石巧荣:《不成熟债权国困境与人民币国际化》,《世界经济研究》2010年第20期,第27~31页。

[83] 宋国友:《美元陷阱、债务武器与中美金融困境》,《国际观察》2010年第4期,第72~80页。

[84] 宋国友:《中美经济相互依赖及其战略限度》,《现代国际关系》2007年第5期,第58~64页。

[85] 宋国友:《中国购买美国国债:来源、收益与影响》,《复旦学报》2008年第4期,第31~38页。

[86] 宋玉华、王玉华:《中美战略经济对话机制:性质、定位和作用》,《国际经济评论》2007年第1期,第52~55页。

[87] 王碧珺:《中美直接投资:挑战与破局》,《国际经济评论》2013年第5期,第109~118页。

[88] 王聪、张铁强：《经济开放进程中金融危机冲击比较研究》，《金融研究》2011年第3期，第97~111页。

[89] 王达、项卫星、刘晓鑫：《后危机时代的中美经济关系：基于全球金融危机视角的分析》，《亚太经济》2010年第6期，第19~24页。

[90] 王冠楠、项卫星：《金融摩擦与宏观经济的外部脆弱性——基于美联储加息政策的分析视角》，《国际金融研究》2017年第7期，第13~23页。

[91] 王冠楠、项卫星：《中美金融国际竞争力差距与双边金融市场开放》，《亚太经济》2017年第5期，第38~46页。

[92] 王冠楠、项卫星：《全球金融危机后的中美金融合作——基于美国汇率政治视角的分析》，《东北亚论坛》2018年第1期，第49~65页。

[93] 王帆：《不对称相互依存与合作型施压——美国对华战略的策略调整》，《世界经济与政治》2010年第12期，第31~55页。

[94] 王胜：《中美经济发展与中国货币政策有效性》，《世界经济研究》2012年第1期，第81~88页。

[95] 王树同、刘明学、栾雪剑：《美联储量化宽松货币政策的原因、影响与启示》，《国际金融研究》2009年第11期，第39~44页。

[96] 王信：《经济金融全球化背景下国际货币博弈的强与弱》，《国际经济评论》2009年第4期，第15~19页。

[97] 吴剑飞、方勇：《中国的通货膨胀：一个新开放宏观模型及其检验》，《金融研究》2010年第5期，第13~29页。

[98] 夏春秋、绍志勤：《中美两国利率政策的有效性探讨》，《世界经济研究》2011年第7期，第43~48页。

[99] 夏立平：《21世纪初的中美关系非对称相互依存》，《美国问题研究》2006年第1期，第37~56页。

[100] 项卫星、刘晓鑫：《美国借贷型经济增长模式及其对中国的影

响》，《当代亚太》2006年第2期，第24~29页。

[101] 项卫星、刘晓鑫：《中美金融关系的动态演进》，《当代亚太》2007年第11期，第41~47页。

[102] 项卫星、王达：《论中美金融相互依赖关系中的非对称性》，《世界经济研究》2011年第7期，第10~16页。

[103] 项卫星、王冠楠：《"金融恐怖平衡"视角下的中美金融相互依赖关系分析》，《国际金融研究》2014年第1期，第44~54页。

[104] 项卫星、王冠楠：《中美经济相互依赖关系中的"债务人逻辑"》，《世界经济研究》2014年第9期，第75~80页。

[105] 项卫星、王冠楠：《美国的汇率政治与人民币汇率之争》，《东北亚论坛》2015年第2期，第65~75页。

[106] 项卫星、王冠楠：《美国的贸易政治对贸易政策决策的影响》，《世界经济研究》2015年第11期，第21~29页。

[107] 项卫星、王冠楠：《中美经济相互依赖关系对美国汇率政治的制约》，《当代亚太》2014年第6期，第32页。

[108] 项卫星、王冠楠：《中美经济相互依赖关系中的敏感性和脆弱性——基于"金融恐怖平衡"视角的分析》，《当代亚太》2012年第6期，第90~111页。

[109] 项卫星、王冠楠：《中美经济相互依赖中的消极依赖与积极依赖》，《经济学家》2015年第8期，第90~97页。

[110] 项卫星、杨丽莹：《美元本位制对中美经济关系的影响》，《东北亚论坛》2014年第1期，第67~74页。

[111] 项卫星、张赛赛：《中美双边投资协定谈判中的冲突与趋同》，《东北亚论坛》2017年第3期，第84~96页。

[112] 熊爱宗、刘爱兰：《中美战略与经济对话：评估、影响及政策建议》，《国际经济评论》2015年第3期，第62~78页。

[113] 肖娱：《美国货币政策冲击的国际传导研究——针对亚洲经济体的实证分析》，《国际金融研究》2011年第9期，第18~

29 页。

[114] 邢予青：《国际分工与美中贸易逆差——以 iPhone 为例》，《金融研究》2011 年第 3 期，第 198~206 页。

[115] 徐奇渊、杨盼盼：《东亚货币转向钉住新的货币篮子》，中国社会科学院世界经济与政治研究所，《金融研究》2016 年第 3 期。

[116] 阎学通：《对中美关系不稳定性的分析》，《世界经济与政治》2010 年第 12 期，第 4~32 页。

[117] 杨国庆、黄帅：《国际领导力视角下的中美贸易摩擦》，《复旦国际关系评论》2014 年第 15 期，第 84~98 页。

[118] 杨雪莱、张宏志：《金融危机、宏观经济因素与中美股市联动》，《世界经济研究》2012 年第 8 期，第 17~23 页。

[119] 叶荷：《中国面临不一样的战略机遇期》，《国际经济评论》2012 年第 5 期，第 35 页。

[120] 应展宇：《中美金融市场结构比较——基于功能和演进的多维考察》，《国际金融研究》2010 年第 9 期，第 87~97 页。

[121] 余万里：《中美相互依赖的结构——理论分析的框架》，《国际论坛》2007 年第 2 期，第 52~57 页。

[122] 余永定、覃东海：《中国的双顺差：性质、根源和解决办法》，《世界经济》2006 年第 3 期，第 31~41 页。

[123] 余永定：《美国经济再平衡视角下中国面临的挑战》，《国际金融研究》2010 年第 1 期，第 23~35 页。

[124] 余永定：《见证失衡——双顺差、人民币汇率和美元陷阱》，《国际经济评论》2010 年第 3 期，第 7~44 页。

[125] 张斌、胡志浩：《世界需要建立新的全球金融规则》，《国际经济评论》2013 年第 4 期，第 9~22 页。

[126] 张斌、何帆：《如何调整人民币汇率政策：目标、方案和时机》，《国际经济评论》2005 年第 2 期，第 17~22 页。

[127] 张斌：《人民币均衡汇率——简约一般均衡下的单方程实证模

型研究》,《世界经济》2003 年第 12 期,第 3~12 页。

[128] 张兵、范致镇、李心丹:《中美股票市场的联动性研究》,《经济研究》2010 年第 11 期,第 141~151 页。

[129] 张定胜、成文利:《人民币升值和中美贸易关系》,《世界经济》2011 年第 2 期,第 5~15 页。

[130] 张明、何睿:《宏观经济低速增长进口限制风险加大》,《国际经济评论》2011 年第 1 期,第 57~66 页。

[131] 张明:《中国投资者是否是美国国债市场上的价格稳定者》,《世界经济》2012 年第 5 期,第 46~62 页。

[132] 张明:《中国外汇管理成本思路的应有变化》,《国际经济评论》2009 年第 5 期,第 46~50 页。

[133] 张宇燕、张静春:《汇率的政治经济学——基于中美关于人民币汇率争论的研究》,《当代亚太》2005 年第 9 期,第 3~20 页。

[134] 张宇燕:《关于世界格局特点及其走势的若干思考》,《国际经济评论》2004 年第 3 期,第 1~17 页。

[135] 张蕴岭:《世界经济中的相互依赖关系》,《西欧研究》1988 年第 4 期,第 1~10 页。

[136] 郑超愚、赵旸:《中国经济波动的需求驱动力与国际耦合性》,《金融研究》2010 年第 10 期,第 1~10 页。

[137] 周方银:《中国崛起、东亚格局变迁与东亚秩序的发展方向》,《当代亚太》2012 年第 5 期,第 19~20 页。

报纸及其他文献

[1] "China's Exchange Rate Changes Woefully Inadequate", 2005 - 07 - 21. http://www.chinacurrencycoalition.org.

[2] "Statement of China Currency Coalition in Response to USTR Rejection of 301 Petition", 2004 - 09 - 21. http://www.chinacurrencycoalition.org.

[3] Arvind Subramanian and Martin Kessler, "The Hyper Globalization of

Trade and Its Future", http//www. iie. com/publications/interstitial. cfm? ResearchID = 2443.

[4] Bumpy Road Ahead for Sustainable Sino – U. S. Ties, China Daily, 2007 – 05 – 08, http: //en. people. cn/200705/08/eng2007 0508_ 372819. html.

[5] Goldstein, "Adjusting China's Exchange Rate Policies", 2004. http: // www. stern. nyu. edu/globalmacro/roubini – seser – US – External imbalances pdf.

[6] Hearings on Timothy Geithner's appointment form the Senate Finance Committee, in response to written questions submitted by the Senator Charles Shumer (D – NY), January 22, 2009; US Department of Treasury Press, "Statement by Treasury Secretary Timothy Geithner on Release of Semi – Annual Report to Congress on International Economic and Exchange Rate Policies", April 15, 2009.

[7] Helmut Reisen, "Shifting Wealth: Is the U. S. Dollar Empire Falling?". http: //www. VoxEu. org.

[8] Jeffrey Frankel, "On the Renminbi"; Nouriel Roubini and Brad Setser, "The US as a Net Debtor: The Sustainability of the US External Imbalances", finest draft, 2004. http: //www. stern. nyu. edu/globalmacro/roubini – seser – US – External imbalances pdf.

[9] Michael M. Phillips, "U. S. Manufacturers Lobby Against Asian Rate Strategies", http: //www. sounddollar. org/mnews52html.

[10] New Biparisan Congressional Colition Urges President to Increase Pressure on China to Float its Currency, 2003 – 07 – 31, http: // www. sounddollar. org/mnews75. html.

[11] Niall Ferguson and Moritz Schularick, "中美经济共生体"再认识, 华尔街日报 (中文版), 2007 – 02 – 06, http: // chinese. wsj. com/gb/20080206/.

[12] Niall Ferguson and Moritz Schularick, The Great Wallop, New York Times, 2009 – 11 – 15.

[13] Opening Statement of the Honorable Sander M. Levin, a Representative in Congress from the State of Michigan", 2003 – 10 – 31, http：//waysandmeans house gov.

[14] Paul Krugman, "The China Syndrome", New York Times, 2003 – 09 – 05.

[15] Paul Krugman. China's Dollar Trap, New York Times, 2009 – 04 – 02.

[16] Philippe Bacchetta, Kenza Benhima, and Yannick Kalantzis：The Appreciating Renminbi, http//www.vovxeu.org/article/appreciating – renminbi.

[17] Senate Unanimously Passes Graham Resolution on Chinese Trade Abuses", 2003 – 09 – 26, http：//lgraham. senate. Gov.

[18] U. S. Department of Treasury：Report to Congress on International Economic and Exchange Rate Policies", 2004 – 12 – 03, http：//www. ustreas gov/press/releases/js2127. htm.

[19] 吴晓鹏：《美元贬值或导致中国投资损失20% ~30%》，《21世纪经济报道》2009年4月15日，第3版。

[20] 〔英〕查尔斯·克洛弗：《美国商界忧虑中国"数据大坝"》，英国《金融时报》2015年4月15日。

[21] 《从跨越太平洋的握手到跨越太平洋的合作——记中国国家主席习近平同美国总统奥巴马安纳伯格庄园会晤》，《人民日报》2013年6月11日。

[22] 高海红：《亚投行，国际金融体系新的一页》，《人民日报（权威论坛）》2015年4月16日。

[23] 何伟文：《什么才能叫中美新型经贸关系》，《环球时报》，http：//opinion. huanqiu. com/opinion_ world/2015 – 09/7558116.

html。

[24] 华民：《中国贸易顺差的根源及其平衡方法》，《文汇报》2014年3月3日。

[25] 吉娜·宗：《美国称中国是经济间谍案激增元凶》，英国《金融时报》，2015 - 07 - 24，http：//www.ftchinese.com/story/001063178。

[26] 杰弗里·弗兰克尔（Jeffery Frankel）：《中国"货币操纵"不是问题》，Project Syndicate，2015 - 02 - 27，http：//www.drcnet.com.cn/eDRCnet.common.web/docview.aspx？chnid = 16101&docid = 38405708uid = 3501&version = worldeconomy#。

[27] 克里斯蒂安·德塞格利斯：《新兴市场变革的引擎》，英国《金融时报》2015年7月15日。

[28] 马丁·费尔德斯坦：《美国应叫停汇率操纵报告》，引自国务院发展研究中心网站，2014 - 05 - 22，http：//www.drcnet.com.cn/eDRCnet.common.web/DocSummary.aspx？leafid = 16101&docid = 3573577。

[29] 潘英丽：《为何需要加快金融转型》，《解放日报》2010年11月15日。

[30] 沈建光：《中美金融关系进入再平衡》，《FT中文网》，2015 - 09 - 29，http：//www.ftchinese.com/story/001064190？full = y。

[31]《世界应为"强美元时代"做好准备》，英国《金融时报》2015年8月4日。

[32] 斯蒂芬妮·佛兰德斯：《全球贸易停滞的隐忧》，《金融时报》2015年8月3日。

[33] 陶冬：《施压人民币，美国光叫不咬》，《财经时报》2006年6月11日。

[34]《温家宝总理会见中外记者答问实录》，参见 http：//news.xinhuanet.com/misc/2009 - 03/13/content_ 11005906.htm。

[35] 文贯中：《市场机制，政府定位和法治——对市场失灵和政府失灵的匡正之法的回顾与展望》，中评网，http://www.china-review.com/sao.asp?sid=233&id=5307。

[36] 吴佳柏、米强：《中国为何未受益于美元走强?》，《金融时报》，http://www.ftchinese.com/story/001060128。

[37] 《习近平主席对美国进行国事访问中方成果清单》，《人民日报》2015年9月26日。

[38] 肖恩·唐南：《中国新规引发对"数字保护主义"担忧》，英国《金融时报》世界贸易编辑，2015年3月6日，http://www.ftchinese.com/story/001060918。

[39] 谢国忠：《人民币汇率风云辩》，《财经》2005年2月25日。

[40] 徐国琦：《中国人和美国人"共享的历史"》，《文汇报》2014年12月5日。

[41] 叶檀：《人民币汇率震荡，进入一种新常态》，《解放日报》2014年12月29日。

[42] 〔美〕约瑟夫·奈：《金融危机后的中美实力》，《文汇报》2010年12月25日。

[43] 《中国成为世界银行第三大股东国》，新华网，2010-04-26，http://news.xinhuanet.com/2010-04/26/c_1255712.htm。

[44] 庄太量、许愫珊：《人民币国际化与国际货币体系改革》，国务院发展研究中心信息网，2012-02-24，http://www.drcnet.com.cn/eDRCnet.common.web/docview.aspx?SearchRecordID=6276844&version=integrated&DocID=2817520&leafid=3006&chnid=1014&querystring。

后　记

　　本书是我在博士与博士后期间基于中美经济相互依赖关系的研究成果。中美经济关系作为全球经济最重要的双边关系之一，长期以来是国内外学者颇为关注的话题。本书希望从相互依赖的视角对中美之间贸易与投资关系的形成发展、动力机制以及演进趋势做出解释和判断，以有助于更好地理解中美经济关系的发展变化。

　　能够进入中美经济关系领域进行学术研究并取得成果，离不开我的导师项卫星老师对我一直以来的引领、指导与监督。自从踏入研究生学习阶段，项老师就开始指导我从"金融恐怖平衡"的视角分析中美经济相互依赖关系，由此开启了我从事学术研究的道路。在五年的博士学位攻读期间，我在导师的指导下先后对中美经济相互依赖中的敏感性、脆弱性、非对称性、债务人逻辑以及美国的汇率政治等问题进行了研究。博士毕业后，我进入应用经济学博士后科研工作站，进一步以中美金融关系为主要研究课题。然而比起毕业前简单有序的学习生活，毕业后这两年的时光着实让人应接不暇。博士后进站、婚姻起步、孩子出生，生活瞬间丰富多彩，然而巨大的压力也接踵而至。在这个过程中，依然是项老师不停地给予我耐心指导和巨大鼓励，才使我在学术研究上坚持了下来。本书的写作同样承蒙项老师的无私帮助，每每想到项老师牺牲自己的休息时间，在深夜或是在凌晨依然在帮我修改书稿，我都满心愧疚。在这里，向我的导师项卫星老师致以衷心的感谢和崇高的敬意！

能够完成本书，同样离不开吉林大学经济学院各位老师对我多年的培养。感谢李晓老师、李俊江老师、丁一兵老师、赵放老师在我博士开题、论文写作、毕业答辩以及项目申报过程中给我提出的宝贵意见。在博士后流动站工作期间，感谢王倩老师作为我的博士后合作导师给予我的巨大支持与无私帮助。感谢我的同门师兄王达老师，在我毕业初期深感迷茫的时候，以亲身经验帮助我找到方向。与此同时，在有幸参加全国博士生论坛和世界经济学会年会期间，得到辽宁大学国际关系学院院长刘洪钟老师对我的帮助，以及中国社会科学院世界经济与政治研究所研究员张明老师与熊爱宗老师对我参会论文的细致点评。还要感谢在博士后工作期间，中国银行国际金融研究所研究员钟红老师对我的信任与帮助。如果没有各位老师的教导与帮助，我无法开启自己的学术生涯，更不可能完成本书的写作。

最后要万分感谢我的家人。感谢我的父母，一直以来，是父母无条件地包容我的任性与不成熟，事无巨细地照料我的生活，做我最坚强的后盾，才让我有底气和信心去做出人生中每一次重要的选择。同样要感谢我的先生邓永停，从相识起便帮助我克服许多困难，并始终鼓励我提高科研水平。还要感谢我的公公婆婆，待我如女儿一般，默默承担着全部的家庭事务并全心全意支持我的工作。

在本书即将出版之际，感谢所有给予我帮助的老师和同事。由于水平有限，书中尚有许多不足之处。我将以此书的出版作为一个新的起点，争取在未来的科研道路上取得更大的进步。

王冠楠
2018年3月于吉林大学

图书在版编目(CIP)数据

中美经济相互依赖及其非对称性研究 / 王冠楠著.――北京：社会科学文献出版社，2018.5
 ISBN 978-7-5201-2742-4

Ⅰ.①中… Ⅱ.①王… Ⅲ.①中美关系－国际经济关系－研究 Ⅳ.①F125.571.2

中国版本图书馆 CIP 数据核字（2018）第 084658 号

中美经济相互依赖及其非对称性研究

著　　者 / 王冠楠

出 版 人 / 谢寿光
项目统筹 / 王玉山
责任编辑 / 王玉山

出　　版 / 社会科学文献出版社·经济与管理分社（010）59367226
　　　　　　地址：北京市北三环中路甲 29 号院华龙大厦　邮编：100029
　　　　　　网址：www.ssap.com.cn

发　　行 / 市场营销中心（010）59367081　59367018
印　　装 / 三河市尚艺印装有限公司

规　　格 / 开　本：787mm × 1092mm　1/16
　　　　　　印　张：17　字　数：235 千字
版　　次 / 2018 年 5 月第 1 版　2018 年 5 月第 1 次印刷
书　　号 / ISBN 978-7-5201-2742-4
定　　价 / 79.00 元

本书如有印装质量问题，请与读者服务中心（010-59367028）联系

▲ 版权所有 翻印必究